탈공산주의
다민족 국가들의 정체성 정책

한국외국어대학교 러시아연구소
HK 연구사업단 인문공간번역총서 03

탈공산주의 다민족 국가들의 정체성 정책

발레리 아차카소프 지음
김민수, 장세호 옮김

HU:iNE

POLYETHNICITY

한국 독자들께 드리는 글

나는 이 책이 번역되고 한국 독자들에게 소개될 수 있게 되어 매우 기쁘고 감사하게 생각한다. 이 책이 러시아어로 출판된 후 4년간 러시아는 물론 세계적으로도 다수의 유의미한 사건들이 발생했다. 2013년 말에는 첨예한 우크라이나 위기가 시작됐고, 2014년 봄에는 크림 공화국이 주민투표 결과 러시아에 병합됐다. 이와 관련하여 러시아와 서방의 관계가 극도로 악화됐음은 물론이다. 그러나 이러한 국제적 상황의 심각한 변화에도 불구하고, 이 책에서 논의되고 있는 문제들은 여전히 그 학술적 당면성을 잃지 않고 있다.

현재까지 러시아는 정당성과 효율성을 담보할 수 있는 정치 제도의 구축과 '착근', 사회의 정치적 안정과 국가의 통일성 유지를 가능케 하는 민족 정체성 형성이라는 복잡하고 날카로운 문제에 직면해 있다. 이런 점에서, 미지의 러시아 민족 이념(национальная идея России)이 부정적 이념소(ideologemes)뿐만 아니라, 긍정적인 이념소를 담아내야 함은 물론이다. 또한, 왜 희생과 박탈을 기꺼이 감수해야 하는 지를 설명하는 스스로의 이념적 목표까지 반드시 그 내용에 포함해야 한다. 그러나 러시아 사회학자들이 언급한 것처럼, 현재 "당국이 '새로운 결속'을 호소하고 있지만, 시민들 사이의 제노포비아적 경향이 이러한 결속의 기초로 기능하는 역설이 발생하고 있다."[1] 반대로 전문가 집단 그리고/또는 시민사회 단체의 이름으로 제시된 모든 대안적 견해들은 점점 더 자주 반국가적인 것으로 해석되거나, 러시아의 헌법적, 문화적, 정신적 토대의 파괴를 목적으로 한 것들로 평가되고 있다. 결국, 이런 일들이 발생하는 근거를 만들어내는 유일한 합법적 중심은 다름 아닌 현직 대통령이다. 왜냐하면, 자신의 측근들로부터 적극적인 지지를 확보하지 못한 왕은 결코 강력한 왕권을 행사할 수 없기 때문이다

우크라이나 위기를 활용하여 러시아 정체성 문제(российская идентичность)를 해결하려는 시도는 외적(미국과 유럽연합), 내적(반정부적 자유주의 성향의 인텔리) 적들에 대한 대립을 통해 일정한 성과를 창출하고 있다. 예컨대, 레바다 센터의 조사 자료에 따르면, 2013년 1월, 단 8%의 응답자가 "현 세계의 다수 선진국들이 러시아를 어떻게 대하고 있는가?"라는 질문에 "적으로"라는 항목을 선택했다면, 2016년 1월, 같은 항목을 선택한 응답자는 무려 30%에 달했다.[2] 그러나 이는 매우 저급한 방법을 활용한 것이다. 왜냐하면, '타자'에 대한 배제와 대립을 통한 부정적 정체성(негативная идентичность)의 형성이라는 낡은 메커니즘은 극히 위험할 뿐만 아니라, '적대시된 타자'의 구체적 모습에서 부정적 색체가 없어지면 이러한 정체성의 기초 또한 사라져버리기 때문이다.

우크라이나 남동부와 그 주변 지역에서 발생한 이 사건은 공식적 수준에서 빈번하게 '루스키 미르'(русский мир)의 수호라는 의미로 평가된다. 키릴 총대주교의 의견에 따르면, "루스키 미르에는 러시아는 제외하고도 고대 루시의 공간에 존재하는 여러 독립 국가들이

1) *Мукомель В.* "Ксенофобия как основа солидарности" // Вестник общественного мнения 3-4 (116), 2013. С.67.
2) Аргументы и факты.10-16 февраля 2016. *№* 6 (1839).

포함된다. 이들 국가들은 스스로 공통의 문명적 소속감을 느끼고, 민족 간 소통을 위한 언어로 러시아어를 사용하며, 러시아 문화를 발전시키고, 공통의 역사적 기억과 사회건설의 공통 가치를 보존하고 있다."[3] 실제로 '루스키 미르'의 주요 표식으로 공통의 역사, 러시아어, 러시아 문화 등이 거론되고 있으며, 이는 민족국가들 사이의 물리적 경계에 의해 나뉠 수 없는 다양성 속의 어떤 정신적 통일성이라는 의미를 가진다. '루스키 미르'의 핵은 러시아, 우크라이나, 벨라루스이다. 이런 점에서, 러시아가 탈소비에트 국가들 내에서 스스로의 영향력을 공고히 하는 것은 서구 국가들이 자신들의 문화적·정치적 가치를 물리적으로 강요하는 것에 저항하여, '루스키 미르'에 포함된 여러 민족들(народы)로 하여금 실질적인 자기결정을 할 수 있도록 보장하기 위한 합목적적인 행위로 정식화됐다.

그러나 2013~2014년 유로마이단 시위 이후 우크라이나에서의 사태 전개는 급진적인 반러(антирусский) 우크라이나 종족 민족주의와의 충돌을 통해 '루스키 미르'의 전일성이라는 개념의 실현 가능성을 회의케 했다. 결국, 새로운 통합 (문명) 프로젝트의 토대, 그리고 권력의 정당화 수단으로서 정교를 활용하려는 시도가 착수됐다. 예컨대, 그러한 시도는 이미 러시아라는 개별 국가의 틀 속에서 러시아어를 사용하는 근외(近外)의 정교도 '동포' 일부를 '러시아 민족'(российская нация)에 포함시키는 방식으로 수행되고 있다. 이로써 '전통적 가치'와 러시아(российское) '국가·문명'의 자족(自足), 러시아 역사(российская история) 속의 긍정적 영웅들과 긍정적 장면들의 자국 역사로의 소환, 수천 년간 러시아 문명의 정신적, 도덕적 토대를 형성해온 전통적 가치에 대한 호소 등이 공식적인 정체성 담론에서

---

3) Выступление Святейшего Патриарха Кирилла на торжественном открытии III Ассамблеи Русского мира. URL:http:// www. Vesti.ru/doc.html?id=323938.

중요한 위치를 차지하게 된다.[4)]

스미스(Anthony Smith)가 언급한 것처럼, 시민적 민족 이념은 민주주의 조건하에서 선거 우위를 점하는 집단, 즉 사회적 집단으로서 종족적 다수의 이데올로기이다. 반대로 민족에 대한 종족적 견해는 종족적 소수에 의해 견지된다. 특히 이들은 기존 공동체 내의 위기 또는 그들 문화에 대한 강제적 변화의 위기가 발생할 때 그러한 입장을 강하게 드러낸다.[5)] 그러나 러시아의 상황은 이와 많이 다르다. 현재 러시아에서 종족적 다수의 이름으로 논의를 주도하는 자들은 시민적 민족 모델이 아닌 제국적·종족적 민족 모델을 제시하고 있다. 2014년 11월 11일 제18차 전세계러시아민족대회(Всемирный русский народный собор)에서 채택된 「러시아 정체성 선언」(Декларация русской идентичности)에 따르면, "러시아인(русский)은 다른 종족적 선호를 갖지 않고, 러시아어로 말하고 생각하며, 정교를 민족적·정신적 문화의 기초로 인정하고, 단결을 러시아 민족의 '천명'으로 느끼며, 자신을 러시아인(русский)이라 생각하는 사람이다."[6)] 특히 선언문은 "모든 러시아인(русский)은 정교를 자신의 민족문화적 기초로 인정해야 한다. ... 이에 대한 부정, 특히 다른 민족문화의 종교적 기반에 대한 탐색이 러시아 정체성의 약화를 초래했으며, 이 과정은 러시아 정체성이 완전히 소멸될 때까지 지속될 것이다."라고 강조한다. 흥미로운 점은 '해야 한다'라는 표현이 잘 보여주는 것처럼 동일화(identification)를 자각(自覺) 행위가 아닌 정치적 명령으로 규정하고 있다는 점이다. 결국, 자각 행위(러시아인 - 스스로를 러시아인으로 간주하는 사람)로서의 정체성에 대한 개념정

---

4) *Путин В.В.* Выступление на заседании клуба «Валдай» // Российская газета. – 19 сентября 2013.
5) См.: Smith A. Theories of Nationalism. London, 1986.
6) Декларация русской идентичности. 2014.- Официальный сайт Московского патриархата.- http:www.patriarchia.ru/db/print/508347.html

의로부터 시작되는 이 선언문은 규범적 정치이념적 명령(정교에 대한 입장, 그리고 '민족의 천명으로서의 단결' 등과 같은 기타 불명확한 기준)으로 마무리된다. 그뿐만 아니라, 선언문 본문에서는 (종족적 의미의) '러시아의'(русское)가 (시민적 의미의) '러시아의'(российское)를 완전히 대체하고 있으며, 국가 내 통합 정책의 기초로서 제안되고 있다. 이로부터, "시민적 러시아 공동체(общегражданская российская общность)의 창출에 있어서 러시아 민족(русский народ)의 중심적이고 단합된 역할", 국가형성 민족으로서 러시아인(русский народ)의 지위에 대한 법적 강화 등에 대한 호소가 논리적 근거를 확보하게 된다.[7)]

그러나 상기 형태의 민족 정체성 구성 결과는 기존의 그것과 다르지 않을 것이다. 즉, 설정된 목표가 달성 되지 못할 것이라는 근거는 충분하다. 왜냐하면 광대한 다종족적·다종교적 러시아에서 종족문화적·종족언어적 총체로서의 민족 개념에 따른 민족건설 프로젝트가 시도되고 있으며, 또한 이러한 기획 속에 내재한 거대한 분쟁의 가능성이 완전하게 무시되고 있기 때문이다.

한국어로 번역되는 나의 첫 책을 통해 한국 독자들이 러시아와 탈소비에트 국가들에서 발생하는 일련의 현상들을 더욱 정확히 이해할 수 있게 되길 간절히 바란다.

---

7) Там же.

목차

POLYETHNICITY

서론

> 우리 러시아에는 민족 이념의 탐색이라는 '오래된 러시아식 소일거리'가 존재한다. 마치 삶의 의미를 탐색하는 것과 같은 이 일은 유익하고 재미있어서 언제나 그리고 영원히 할 수 있다.
> -블라디미르 푸틴-

종족중심주의(ethnocentrism), 지역 민족주의, 종족 정체성(ethnic identity)과 민족 정체성(national identity) 문제는 오늘날 정치학의 핵심적 연구 주제 중 하나이다. 이미 1980년대에 저명한 노르웨이 학자인 로칸(Stein Rokkan)이 지적했듯이, "최근 수십 년 간의 사태는 '지역주의'와 '종족민족주의'(ethno-nationalism)를 서구 산업사회 연구에서 정치적이고 학술적인 유행이 되게 만들었다."[1] 하지만 이 문제들이 러시아 정치학계에 유입된 것은 꽤 시간이 흐른 뒤였다. 실상 20세기 말에서 21세기 초까지 세계적인 반향을 불러일으킨 일련의 사태는 종족 정체성이나 민족 자의식, 대중적인 종족정치적(ethnopolitical) 동원과 종족정치적 분쟁 등의 요인을 고려하지 않고서는 설명될 수 없다. 그런 예로서 독일의 통일, 유럽의 지역 분리주의, 미국의 민족 정체성, 체코와 슬로바키아의 자발적이고 평화적인 분리를 들 수 있다. 세르비아와 체르노고리예의 정치동맹 분열

1) Introduction: Centres and Peripheries in Western Europe // The Politics of territorial Identity/ Studies I European Regionalism / ed. by St. Rokkan, D.W. Urwin. L.: Beverly Hills; New Delhi, 1982. P. 1.

이 아직도 지속되고 있음을 말해주는 유고슬라비아의 유혈 분리와 코소보 독립 인정을 둘러싼 상황, 소련의 붕괴와 탈소비에트 국가(특히, 체첸, 압하지야, 나고르노 카라바흐, 프리드네스트로비에, 남오세티야)들에서 전개되는 상황, 핵 강대국인 인도와 파키스탄 간에 지속되는 종족정치적 분쟁, 중동의 아랍과 이스라엘 간 분쟁도 마찬가지이다. 일각에서 현재 세계적으로 약 160개 지역에서 종족정치적 긴장이 나타나고 있다고 평가할 만큼 유사한 예는 무수히 많다.

현대 세계에서 나타나는 다양성의 가장 중요한 유형은 다종족성(polyethnicity)이다. 오늘날 거대 국가들은 약 50개에서 200개의 다양한 종족 공동체로 구성되어 있으며, 현대 러시아에는 100개 이상의 종족 공동체가 거주하고 있다. 이점은 종족문화적 다양성이 중요한 가치라는 점을 말해주는 한편, 종족 집단들의 평화적 공존 경험의 필요성을 부각시키고 있다. 현재 세계적으로 종족성(ethnicity)의 의미가 커지고 있는데, 그것은 동시에 종족중심주의의 강화로 이어지고 있고, 모든 사회에 수많은 부정적인 결과를 낳고 있다. 종족중심주의는 '자'와 '타' 사이의 차이를 강화시키며, 지나치게 부각시키고 절대화하여 거의 예외 없이 종족 간 분열을 초래한다. 따라서 이를 극복하거나 완화시키는 것이 오늘날 민족적 통일성 유지의 중요한 조건이 된다. 하지만 모든 주권국가들이 이러한 문제를 성공적으로 해결하는 것은 아니다. 예를 들어, '비국제연합 비국가 민족조직기구'(Unrepresented Nations and Peoples Organization, UNPO) 프로그램에는 오늘날 종족 분쟁의 약 90%가 국제적 성격이 아닌 국내적 성격을 가진다는 점이 강조되어 있다.[2)]

세계적으로 민족자결을 위한 투쟁이 지속되고 있고, 2009년 말

---

2) *Неменский О.* Европейские нации и кризис системы международных отношений // Вопросы национализма. 2010. №4. С. 82.

18개 국가에서 종족정치 집단의 독립 투쟁과 관련된 대규모 유혈 분쟁이 발생하고 있다.[3] 이처럼 "스스로 독립을 선언한" 새로운 국가들이 늘어나고 있지만, 국가들로 구성된 국제연합(UN) 등의 국제 공동체는 그런 과정을 반대하고 있다. 이와 관련하여, 영국의 역사학자 리벤(Dominic Lieven)은 "오늘날 민족국가 대부분이 공식적으로는 민주와 평등을 핵심 이념으로 내세우고 있지만, 그 현실은 서기 1500년보다 더 차별적이다. 일찍이 정치적 이념과 현실이 이렇게 불일치한 경우는 없었다. 이런 상황이 국제정치적 안정에 영향을 주지 않을 것이라고 보기 어렵다."라고 언급했다.[4]

정치인들도 국제 공동체의 미래를 낙관적으로 전망하지 않는다. 특히 미국 국가정보위원회 전 의장인 풀러(Graham E. Fuller)는 다음과 같이 주장한다. "현대의 국가민족(государство-нация)이 아니라 스스로를 종족 집단으로 규정하는 집단들이 다가올 세계질서 구축의 핵심 주체가 될 것이다." 또한, 풀러는 이번 세기 동안에 국제연합 회원국 수가 세 배 정도 증가할 것이라고 예측한다. "비록 민족주의적 국가가 정치, 경제, 사회, 문화적 측면에서 다종족 국가보다 덜 문명화된 국가 형태지만, 이들 국가의 도래와 수적 우세는 피할 수 없는 일이다."[5]

또한 이미 지난 세기 말 국제지리학연합(International Geographical Union)의 정치지형위원장인 미국인 미지(Д. Миджи)는 호주의 4개 국가로의 분할, 유럽에 몇 개의 신생국 형성, 러시아의 붕괴, 아시아 정치지형의 전면적인 재구성, 주권 국가로서 캐나다 소멸, 미국

---

3) URL: http://www.systemicpeace.org/Global%20Report%202009.pdf, P. 5 (дата обращения: 21.11. 2010).

4) *Ливен, Д.* Российская империя и её враги с XVI века до наших дней. М., 2007. С. 145.

5) Цит. по: *Коцюбинский Д.* Регионы против государств. Философский камень XXI столетия // Дело. 2007. 12. февр. С. 12.

의 국경선 변경 등을 예측했었다. 또한, 그는 정치적 자결 경향이 '현상유지'를 옹호하려는 집단의 맹렬한 저항에도 불구하고 지배적인 경향이 될 것이라고 했다.[6] 그리고 많은 분석가들의 견해에 따르면, 분리주의, 실지회복주의(irredentism)가 향후 수십 년 동안 세계 정치 과정의 가장 중요한 특징이 될 것이다. 인류는 새로운 역사적 단계에 진입할 것이며, 지방과 지역 정체성이 새 시대를 지배할 것이고 그 바탕 위에 등장하게 될 종족정치적 분쟁이 만연하게 될 것이다.

이처럼 최근 수십 년 동안 관찰되는 급격한 "종족성의 정치화", "민족건설의 비약적 증가"(Phili Roeder), "종족적·종교적 혐오의 만연" 등이 개별 민족국가들은 물론이고 국제체제의 안전에 극히 파괴적인 결과를 초래할 것이다. 특히 그런 변화를 발생시키는 문제들의 본질에 대한 무지나 몰이해가 이를 더욱 가속화시킬 것이다. 따라서 민족건설과 정치적 정체성 문제, 하나의 국가 경계 내에서 여러 종족 공동체 공존의 합리적인 공식과 종족적·종교적 토대에서 발생하는 분쟁을 조정하는 효과적인 방법, 그리고 "분쟁과 종족성", "테러와 종족성"이라는 주제는 현대 사회에 대한 사고의 중심적인 항목들 가운데 하나가 된다. 그리고 이런 문제들에 대한 논의가 러시아에서는 아직 명백히 저평가되고 있는 종족정치학을 비롯한 다양한 사회과학 분과들에서 이루어지고 있다.

미국의 저명한 사회학자 칼훈(Craig Calhoun)의 관찰에 따르면, 세계화에 대한 열정이 가득했던 1990년대에 많은 사람들이 '세 번째' 민주화 물결에 의해 범세계적 민주주의(cosmopolitan democracy)라는 개념에 사로잡혔고, 문화적 다양성, 탈경계적 혼종 정체성, 만

6) См.: *Camilleri J., Falk J.* The End of Sovereignty? The Politics of a Shrinking and Fragmenting World. Aldershoot, 1992. P. 27-31.

인의 만인에 대한 책임을 전제로 하는 세계윤리 등을 주장했고, 심지어 이 세계가 하나의 폴리스가 될 것이라고 주장하기도 했다. 이후 10년 동안의 사건들은 세계화에 대한 논의를 더욱 현실적인 것이 되게 만들었다. 그러나 1989년이 낙관적인 기대를 상징했다면, 2001년 9월 11일은 세계화의 이면을 명확히 드러냈다. 국제 테러의 폭발적 증가는 우리 세계의 종교적 정체성과 종족적 정체성의 중요성을 실증하는 한편, 국가안보 문제를 전면에 부각시켰다.[7]

많은 분석가들의 의견에 따르면, 세계는 새로운 역사적 시대에 들어섰고, 이를 시너지학적 용어로 표현하자면 '분기점'이라고 부를 수 있다. 이것은 현존하는 체계가 위기에 도달하고, 넓은 가능성의 회랑 속에서 선택할 수 있는 다양한 대안들이 최대로 등장하는 시점이다.

이와 관련하여, 현대 정치 공동체들 속에서의 민족주의의 역할을 설명하면서 칼훈은 민족주의에 대해 다음과 같이 언급했다. 민족주의는 "현재까지 집단적 정체성을 조직하는 핵심적 수단이다. 그것은 바로 민족주의가 종족의 기원이나 문화 공동체 또는 국적이나 특정 국가에 대한 소속감 가운데 무엇이 정치적 공동체를 구성하느냐는 질문에 대한 답을 주기 때문이다. 그러나 포스트코뮤니즘에 대한 연구에서 민족주의는 전적으로 피해야할 위험요소로 기술되고 있다."[8] 그런 상황을 이해하기는 어렵지 않다. 왜냐하면 공산주의 붕괴 이후 동유럽에서만 다양한 수준의 영토 단위 내에서 200개 이상의 민족운동이 발생했기 때문이다. '사회주의권' 민족들(народы) 내에서 재생된 종족민족(ethno-national) 의식은 1990

7) См.: *Calhoon C.* Nations matter, Culture, history, and the cosmopolitan dream. L.; N.Y., 2007. p. 12.
8) См.: *Calhoon C.* Nations matter, Culture, History and the cosmopolitan dream. L.; N.Y., 2007.

년부터 시작하여 단 17개월 동안 유럽 대륙에서 17개의 새로운 '주권' 국가가 발생하는 원인이 되었다.[9]

대중적 정치참여 제도를 조직하는 근거를 제공하는 사회적 기반에 대한 논의에 있어 탈공산주의 국가들에서는 '시민사회'라는 범주가 사용되는데, 칼훈의 견해에 따르면, 그것은 잘못된 것이다. "민주화 이행론이 집단적 정체성 형성 문제를 피해갈 수 없으며, 민족주의가 곧 탈공산주의 국가들을 포함한 현대 세계 전체에서 집단적 정체성에 관한 가장 영향력 있는 담론 가운데 하나이기 때문이다. 시민사회가 통합되기 위해서는 그 저변에서 문제들에 대한 논의와 해결의 공통적인 논거가 있어야만 한다. 따라서 민주세력은 국가적 담론장에서 핵심적인 위치를 차지해야 하며, 급진 우익세력에게 민족 문제에 대한 논의의 특권을 부여해서는 안 된다."[10]

저자는 이 책이 위에 언급한 문제들 가운데 몇 가지를 논의하는데 커다란 기여를 할 수 있다고 생각한다. 그런 중요한 문제로서 탈공산주의 국가들, 물론 가장 먼저 러시아에서 나타나고 있는 종족정치적, 사회문화적 과정들에 주목할 것이다.

---

9) Национализм в поздне- и посткоммунистической Европе / под ред. Я. Эгберта. Т. 1. Неудавшийся национализм многонациональных и частичных национальных государств. М., 2010. С. 20.

10) *Calhoon C.* Nations matter, Culture, History and the cosmopolitan dream...

제1장

'정체성' 연구를 위한 접근 방법

제1장 '정체성' 연구를 위한 접근 방법

금세기 초 벤하비브(Seyla Benhabib)는 "우리 시대에는 세계 곳곳에서 새로운 형태의 정체성 정책이 등장하는 것을 볼 수 있다. 이 새로운 형태의 정체성 정책은 미국, 프랑스, 러시아 혁명을 통해 선언된 보편적 원리들과 민족적·종족적·종교적·성적·인종적·언어적 소속과 연계된 특수성 사이에서 수세기에 걸쳐 누적된 모순들을 더욱 복잡하고 극심하게 만든다. 그리고 정체성의 탐색 과정에서 나타나는 분쟁은 이제 일상적인 현상이 되었다."고 언급했다.[1] 이와 관련하여, 무엇보다 오늘날 민족적 정치공동체 내에서 나타나는 비(非) 특권 집단들의 결속과 그들의 자기결정 과정의 특성이 '정체성 정책'이라는 개념을 통해 규명되고 있다는 점을 지적해 둘 필요가 있다.

학자들 사이에서도 소위 정체성 정책에 대한 태도는 극히 다양하게 나타난다. 가령, 저명한 미국의 역사학자 슬레진저(Arthur

---

1) *Бенхабиб С.* Притязания культуры. Равенство и разнообразие в глобальную эру. М., 2003. С.XXXI.

Schlesinger)는 "정체성 정책은 잠재적으로 미국의 통일성 상실을 초래할 것"이라고 주장한다.[2]

하지만 사실상 모든 국가가 정체성 정책을 시행하게 된 현 상황에서 또 다른 미국 학자 존슨(Carol Johnson)은 "만일 정체성이 우리가 세상과 자신에 대해서 언급해온 역사의 핵심 영역이라면, 정체성 정책을 반대하는 논거들을 제시하는 것은 마치 담론[3] 또는 이데올로기의 존재를 반대하는 것과 마찬가지로 전적으로 무의미하다."고 언급했다.[4]

민족 정체성은 현대에 이르러 역사학자와 철학자들이 고안하고 대중매체가 확산시킨 개념이다. 그리고 이러한 민족 정세성이 "법적으로 추상적인 국가·시민의 결속이라는 개념에 세계관, 감정, 신념을 가득 채워 넣었다."[5]

현대 과학은 '정체성'이라는 개념을 어떻게 해석할까? 이 문제에 답하는 것은 그리 간단치 않다. 한 미국 분석가가 명확히 지적한 바에 따르면, 정체성 개념은 "매우 필수적인 것이지만 그만큼 명확하지 않다." 그것은 한편 "명확히 정의되지 않으며 표준적인 측정 방법으로는 파악되지 않는 불명확한 다수이며", 다른 한편, "정체성은 마치 죄악처럼 우리가 아무리 저항하려고 해도 벗어날 수

---

2) *Schlesinger A.* The disuniting of America: Reflections on a multicultural society. N.Y., 1998. P. 88.
3) 이 책에서 담론(дискурс)이라는 용어를 실용적, 사회문화적, 심리적 요소들, 그리고 기타 요소들의 총체 속에서 연관성을 가지는 텍스트라는 의미로 규정하여 사용한다.
4) *Johnson C.* Narratives of identity: Denying empathy in conservative discourses on rase, class and sexuality // Theory and Society. 2005. Vol. 34, N 1. P. 37-61.
5) Хабермас Ю. Политика Европы в тупике. Речь в защиту политики постепенной интегратии // Хабермас Ю.Ах, Европа. Небольшие политические сочинения. С. М., 2012. С. 87.

없는 것이다."[6] 이런 맥락에서, 브루베이커(Rogers Brubaker)와 쿠퍼(Frederick Cooper)는 '정체성' 개념의 의미를 첫째, 집단적 자아 현상으로서 정체성, 둘째, 개성 측면의 정체성, 셋째, 사회적 상호작용 결과로서 정체성, 넷째, 사회적 활동의 기반으로서 정체성, 다섯째, 경쟁적 담론들의 산물로서 정체성, 이상 다섯 가지 측면으로 나누어 파악했다.[7] 이 모든 의미들이 정체성 현상을 상호 배제적이 아니라 상호 보완적이며 다양한 측면에서 보여준다는 점은 분명하다.

말레세비치(Sinisa Malesevic)의 견해에 따르면, "정체성이라는 현상이 놀라울 정도로 유명해진 것은 기본적으로 정체성 이론이 역사적으로 그리고 이념적으로 '인종', '민족적 특성' 그리고 '사회적 인식'이라는 세 가지 다른 사회적 개념들을 대체한 상황에서 발생한 일이다."[8]

프랑스의 사회학자 투렌(Alain Touraine)의 가장 일반적인 정의에 따르면, "정체성은 사회적 주체의 의식적인 자기규정이다."[9] 무엇보다 정체성은 나를 당신들로부터 또는 우리를 그들로부터 구별해 주는 그 어떤 속성을 당신 또는 내가 가지고 있다는 것을 의식하는 과정이다. 헌팅턴(Samuel Huntington)은 특히 이렇게 지적했다. "사람들이 자신의 사회적 환경과 상호작용하는 동안에는 타인에 대한 관계를 통해 자신을 규정하고 드러난 유사성과 차이를 동일화(identification)하는 것 이외에는 다른 선택이 없다."[10]

사회학 사전에서는 더욱 확장된 정의를 볼 수 있다. "사회적 정체

6) Цит. по: Хантингтон С. Кто мы? Вызовы американской национальной идентичности. М., 2004. С. 49.
7) См.: *Brubaker R.*, Cooper F. Beyond "Identity" // Theory and Society. 2000. Vol. 29, N 1.
8) *Malecewic S.* Identity and Ideology. Hampshire, 2006. P. 35-36.
9) *Touraine A.* Production de la societe. P., 1973. P. 360
10) *Хантингтон С.* Кто мы? Вызовы американской национальной идентичности... С. 50.

성은 사회적 범주에 대한 소속감과 그 사회적 범주가 중요한 의미를 가지는 맥락에서 뚜렷해지는 사회적 범주와의 동일화로부터 나오는 개인적 자의식의 여러 측면이다."[11] 이처럼 정체성은 나에 대한 관념, 자기이해, 자기중심주의 그리고 다른 밀접하지만 동일하지 않은 관념들과는 달리 사회적이다. 정체성의 의미는 소속감, 긍정적인 자기평가, 안전이라는 인간의 세 가지 기본적인 요구에 의해 결정된다. 달리 말하면, "정체성은 행동하는 인간의 자신과 남에 대한 의미 있는 표상들의 윤곽으로서 행동의 도구, 집단, 개인 수준을 매개하며 모순적이고 대안적인 모티브, 관심, 의도, 희망 또는 사회적 요구라는 다양한 맥락에서 사회적 개인의 특정성(동일성)을 유지한다."[12]

한편, 정체성은 "특정한 문화적 속성을 기반으로 또는 의미의 다른 기원들과의 관계에서 우선시되는 문화적 속성들의 상응하는 총합을 기반으로 의미를 구성하는 과정이며,"[13] 개인은 자신의 그룹 구성원에 대한 상징적 이해 덕분에 다양한 형태의 정체성을 제안할 수 있고 수용할 수 있지만, 이때 "정체성의 잠재력은 의미, 목적, 규범을 제시하는 사회에 의해서 규정된다(Roy Baumeister)."

이처럼 정체성의 확립은 개인이나 사회적 집단이 다른 사람이나 다른 집단 또는 표본을 감정적, 인지적으로 자기와 동일화하는 과정이며, 가치와 자신의 사회적 지위를 내면화하고 의미 있는 사회적 역할을 수용하는 과정이다.

정체성 개념의 창시자 가운데 한 사람인 에릭슨(Erik Erikson)은 정체성을 1) 정체성에 대한 느낌, 2) 정체성 형성 과정, 3) 결과로서

11) Большой толковый социологический словарь. М., 1999.
12) *Гудков Л.* Негативная идентичность. Статьи 1997-2002. М., 2004. С. 271.
13) *Castells M.* The Power of Identity. Cambridge(Mass.), 1997. P. 6.

의 정체성이라는 세 가지 측면으로 나눈다.[14] 이에 따라 동일화는 불특정한 결과를 가지는 과정이다. 젊은 시절 인간은 극히 다양한 사회적, 개인적 선택과 동일화의 형태로 자기규정의 필요성과 관련된 위기를 여러 방식으로 겪게 된다. 만일 젊은이가 적시에 그 과제를 해결하지 못하면, 그에게는 혼란스럽고 경계가 모호한 정체성이 형성된다. 즉 개인이 인생에서의 자기 자리, 직업 또는 세계관 등에 대한 책임 있는 선택을 하지 못한 상태가 되며, 그것은 그의 '나'라는 형상을 모호하고 불확정적인 것이 되게 한다. 대가를 치르지 않은 정체성 - 그것은 젊은이가 복잡하고 고통스러운 자기분석과 '나는 누구인가?'에 대한 답을 찾는 탐색 과정을 피하고 외부에서 강요된 정체성을 수용한 상태로서, 그는 이미 성인들의 관계 체계에 포함되었지만, 그의 선택은 의식적으로 이루어진 것이 아니라 외부의 영향 또는 기존의 표준에 따라 이루어진 것이다. 유예된 정체성(отсроченная идентичность) 또는 정체성의 모라토리움은 개인이 직접적으로 직업적, 세계관적 자기규정 과정 속에 있지만 최종적인 결정을 나중으로 미루는 상태이다. 성취된 정체성은 개인이 이미 자신을 찾고 실질적인 자아실현 시기에 진입한 상태이다.

한편, 현대 러시아 학자들은 다음과 같은 정체성 형성 과정에 대해 쓰고 있다.

- 명명 - '나'를 사회적으로 인정된 범주에 배치시키는 것, 즉 명명의 과정,
- 의미 있는 타인들과의 상호작용
- 소개를 통한 '나'의 확인과 가치 부여.[15]

14) См.: *Эриксон Э.* Детство и общество. СПб., 2000.
15) *Ядов В.А.* Социальная идентичность и изменение ценностного сознания в кризисном обществе. Методология измерения социальной

이처럼 “정체성은 개인이 사회적 실재를 해석하는 여러 측면들 가운데 하나, 즉 사회적 실재와 상응하게 개인이 자신의 형상과 구조를 해석하는 여러 측면들 가운데 하나로 이해해야 한다.”[16] 그런데 우리의 정체성은 전적으로 ‘우리의’ 사회적 산물이 아니라 ‘의미 있는 타인들’이 우리를 어떻게 대하며 우리를 어떻게 평가하는가에 달려있다. 구성주의 범위 내에서 사용되는 ‘인정 게임’(игры признания)이라는 용어가 있는데, 우리에 의해 형성되는 ‘역할 정체성’(ролевая идентичность)은 주변 환경에 의해 단순하게 받아들여지는 것이 아니라 주변 환경에 의해 법제화되고 인정된다. 이처럼 “사회적 정체성은 사람이 스스로 자신에게 매달거나 타인들이 그에게 매다는 꼬리표이며, 사회적 범주에 소속될 자격에 대해 말하자면, 자신 또는 그 공동체의 타인들이 자신의 역사 또는 현재의 행태와 관련된다고 여기는 꼬리표이다.”[17]

카스텔(Manuel Castells)은 동일화 과정에서의 의식성이라는 요소를 강조하면서 정체성 “구성”의 세 가지 형태를 분리한다.

- 주도적인 사회 제도에 대한 소속감이 사회적 행위자에 의해 합리화되는 것과 관련된 **합법적 정체성**. 이 정체성은 곧 시민사회 및 민족국가에 대한 전통적인 이해를 동반한 산업사회의 발생이다.
- 특정 사회에 확산된 원칙에 저항하여 그것과는 다른 원칙에 기반을 둔 저항과 표현의 메카니즘을 형성하는 사회적 행위자들에게 나타나는 **저항적 정체성**. 그런 정체성의 발생은 지역적 공동체들에 의해 창출되는 새로운 가치 유형으로의 전이와 관련된다.

идентичности. М., 1992. С. 6.

16) *Greenfeld L.*, Eastwood J. National Identiry // The Oxford Handbook of Comparative Politics / ed. by S.C. Stokes. Oxford(UK), 2009. P. 256.

17) Этническая мобилизация межэтническая интеграция / сост. и отв. ред. М.Н. Губогло. М., 1999. С. 73.

- 사회적 행위자들이 사회 속에서의 입장을 새롭게 규정하는 새로운 정체성을 구성할 때, 그리고 사회적 관계의 모든 구조를 변화시키려고 노력할 때 나타나는 것이 **시도의 정체성**이다.[18]

사회적 정체성의 구조 속에서 보통 인지적 성분과 정서적 성분이라는 두 가지 기본적인 성분을 분리할 수 있다. 인지적 성분은 지식, 자신이 속한 집단의 특징들에 대한 표상과 일련의 특징들을 바탕으로 한 소속감 인식, '의미 있는 타인들'에 대한 지식 등이다. 정서적 성분은 자신이 속한 집단의 속성 평가, 집단에 소속된 것에 대한 태도, 그런 소속감의 의미, '의미 있는 타인들'에 대한 평가 등이다. 몇몇 학자들은 사회적 정체성의 행위적 성분을 분리하여 그것을 자신이 특정 집단 소속이라는 점을 인식하는 것뿐 아니라 부각시키거나 관계와 행위의 체계를 구성하는 실질적인 메커니즘으로 이해한다.[19] 이처럼 정체성 형성은 행동하는 개인이 이미 특정한 면에서 집단으로부터 자신을 분리시키지 않으며, 발생하는 상황을 개별적인 자신이 아니라 특정한 '우리'와 관련된 것으로 받아들이는 수준으로 집단의 전통, 관습, 규범, 가치를 주관적으로 내면화하는 것을 전제로 한다. 이때 "동일화(개인이 타인들과)는 몇 가지 공통적인 특징들에 대한 인식에서 구성되는데, 그 공통의 특징들은 태어날 때 획득하거나 수용된 것으로 타인 또는 집단 또는 그 어떤 이상적인 형상에도 있는 것이며, 집단 성원들과의 연대감이라는 자연스런 연결고리 그리고 그것을 기반으로 다른 성원들을 지지할

---

18) *Castells M.* The Power of Identity // The Information Age: Economy, Society and Culture. Vol. 2. Cambridge(MA); Oxford(UK); Black well, 2004. P. 6
19) *Дробижева Л.М., Аклаев А.Р, Коротеева В.В., Солдатова Г.У.* Демократизация и образы нацианализма в Российской Федерации. М., 1996. С. 296.

의무를 바탕으로 획득되거나 수용된다."[20]

어떤 정체성을 수용하는 것은 동일화(정체성의 형성, 기능, 발전 과정)를 개인 또는 집단의 사회적 현실 속에서 정체성을 실현하는 과정으로 이해되는 기호화와의 관계를 매개한다. 한편, 동일화와 기호화는 개인의 사회화 메커니즘에 포함되어 있으며 중요한 적응 기능을 수행한다.

많은 학자들이 현대 글로벌 세계에서의 문화적 정체성의 역할 증대를 지적하고 있다. 카스텔은 이렇게 주장한다. "조직 해체, 제도의 불법화, 대규모 사회운동의 쇠퇴, 문화적 현상들의 소실 등의 대규모 확산이 특징인 역사적 시대에서 정체성은 중요한 것, 때로는 사고의 유일한 근원이 되기도 한다. ... 사람들은 점점 더 자주 자신들이 행하는 것을 중심으로 자신의 사고를 조직하는 것이 아니라 자신들이 누구인지 또는 자신들이 누구인지에 대한 표상에 근거하여 자신의 사고를 조직한다." 그는 또한 정체성보다 문화적 요인들이 우위에 있다는 점, 그리고 그에 따라 현대적인 '망적(網的) 공동체'에서 문화적 정체성들이 지배적이라는 점을 지적한다.[21]

'동일화'라는 개념은 1921년 프로이트(Sigmund Freud)의 에세이 "대중심리학과 자아 분석"에서 처음 제시되어 학계에 도입된 것으로 알려져 있다. 이와 관련하여 노르웨이의 학자 노이만(Iver Neumann)은 "그렇지만 특별히 '나/남'이라는 개념 쌍을 정체성 형성 문제와 처음으로 연결시킨 이론가는 헤겔(Georg Wilhelm Friedrich Hegel)이었다. 그는 '남'에 대한 인식을 수단으로 하여 '나'가 인정하거나 인정받을 가능성을 얻게 되며 동시에 '나'로 구성된

---

20) *Hall S.* Who Needs Identity? // Questions of Cultural Identity / ed. by S.Hall & P.de Gay.L., 1996. P. 2.

21) *Кастельс М.* Информационная эпоха. Экономика, общество, культура. М., 2000. С. 27, 89.

다고 생각했다."고 언급했다.[22]

'정체성'이라는 말 자체는 '동일한 것'이라는 의미의 라틴어 'idem'에서 기원되었다. 이 용어는 그 무엇과의 동일성, 일치, 합치 등을 의미한다. 현대 학자들은 '심리학의 아버지'인 프로이트가 이 용어에 '모방'이라는 개념과 유사한 의미를 포함시켰는데, 이 개념은 19세기 말 프랑스 학자인 타르드(Gabriel Tarde)의 핵심적인 사회심리학적 개념과 유사하다고 지적한다. 특히 엘렌베르거(Henri F. Ellenberger)는 다음과 같이 쓰고 있다. "타르드가 모방이라고 부른 그것을 프로이트는 동일화라고 했으며, 많은 점에서 프로이트의 관념은 정신분석 개념으로 표현된 타르드의 관념과 같은 것으로 보인다."[23] 이 점을 입증하는 것은 어렵지 않다. 프로이트의 저작 가운데 하나에서 동일화는 "하나의 '나'를 타인들에게 동화시키고 그 결과 첫 번째 '나'가 특정한 관계 속에서 마치 두 번째 나처럼 행동하며, 어떤 의미에서는 자신 안에서 두 번째 나를 선택하는 것"이라고 정의되어 있다.[24] 프로이트의 견해에 따르면, 각 개인은 동일화 망을 통해 연결된 다중의 한 부분이다. 그렇기 때문에 인간은 자신이 어느 정도 의식적으로 선택하는 수많은 표본이나 모델의 행태를 따라 자신의 이상적인 '나'를 구성한다. 나아가 프로이트는 개인의 발달로 의식과 무의식 간 갈등이 촉발된다고 주장했고, 개인 간, 집단 간 적대감을 피할 수 없는 것이라고 했다.

앞서 말한 것처럼, 동일화 과정의 역할은 이중적이다. 동일화 과정은 첫째, 인간의 사회화 과정에 포함되며, 둘째, 보호(적응) 기능

22) *Нойманн И.* Использование «Другого»: образы Востока в формировании европейских идентичностей. М., 2004. С 27.

23) *Ellenberger H.F.* The discovery of the Unconscious. Basic Books. N.Y., 1970. P. 528.

24) Цит. по: Московичи С. Век толп. Исторический трактат по психологии масс. М., 1996. С. 311.

을 수행한다. 정체성의 분리나 약화조차도 인간의 일상 환경을 이해되지 않는 낯선 세계, 나아가 적대적인 세계로 변모시킨다. 인간은 자기 혼자만 위험 앞에 노출되어 있다는 인상을 가지는데, 그것이 그를 "각자 자신만을 위하여!"라는 원칙에 따라 행동하는 반사회적인 존재로 만들 수 있다. 프로이트는 그런 상태를 "대중의 심리적 빈곤"이라고 칭했으며, 저명한 프랑스 사회학자 뒤르켐(Emile Durkheim)은 정신착란(амония)이라고 불렀다. 그리고 사회심리학자 메이(Rollo May)는 인간이 문화 규범들을 따르고 싶지 않거나 그럴 수 없는 상황에서 발생하는 '역할의 불확정성'이라는 개념을 사용했다. 그런 상황은 좌절로 인한 심리적 긴장을 초래하며, 이것은 세계에 부합하지 못하는 자신을 스스로 보호하는 메커니즘인 잔인성과 동기 없는 공격성을 발생시킨다.

종족·민족 정체성 문제에 대해서는 뒤르켐도 언급한 바 있다. "태어났음으로 인해 나는 강제적으로 어떤 민족(народ)에 소속된다. 그리고 나중에 나이를 먹게 되면, 나는 그런 강제성이 내가 고향에 남아있기 때문에 나타난 것이라고 받아들인다. 그러나 그런다고 해서 달라질 게 없다. 내가 그렇게 여긴다고 해도 강제적인 성격을 가지는 내 의무들이 사라지는 것은 아니다. 그리고 그런다고 해서 내가 참아내는 압력, 내가 자발적으로 복종하는 압력이 사라지는 것은 아니다."[25] 사실 그에게 이 주제는 주변적인 특징을 가진 것으로서 연대적인 집단의식과 행태의 예로서 사용된 것이었다.

앞에서 이미 언급했던 것처럼, 정체성이라는 개념은 저명한 미국의 사회심리학자 에릭슨이 전반적으로 발전시켰다. 개인과 사회를 대립적 관계로 보는 고전적 정신분석에 반대하여 에릭슨은 특히 개인 행태의 적응적 특징을 강조했고, 그것의 중심적인 통합적 자

25) *Хюбнер К.* Нация: от забвения к возрождению. М., 2001. С. 244.

질로 나타나는 것이 정체성이라고 했다. 그는 이 개념을 개인의 자신의 역사적 시대와 그 시대의 속성이 되는 개인 간 상호작용 유형에 대한 유기적 소속감으로 정의했다. 따라서 개인의 정체성은 개인 고유의 이념, 형상, 가치, 행태 등이 특정 역사적 시기의 지배적인 사회심리적 인간 형상과 조화되고, 개인이 사회적 실제를 자신의 것으로 수용하는 것을 전제로 한다.[26] 에릭슨은 정체성을 두 가지 측면으로 나눈다.

첫째는 '나의 정체성'으로서 유기적 성분과 개인적 성분으로 구성된다. 유기적 성분은 인간의 주어진 신체적 외형과 자연적으로 주어진 것들이며, 개인적 성분은 개인이 자신의 유일성을 인식하고 고유의 재능을 발전시키고 관심을 실현하려는 노력이다.

둘째는 사회적 정체성으로 집단 정체성과 심리사회적 정체성으로 나누어진다. 에릭슨은 집단 정체성을 주변의 사회적 환경과의 내적인 단일성에 대한 주관적 느낌으로 강화된 개인의 다양한 공동체에 대한 소속감이라고 본다. 마지막으로, 심리사회적 정체성은 특정 공동체 범위 내에서(또는 공동체의 시각에서) 인간에게 자신의 존재 가치에 대한 느낌을 부여해주는 바로 그것이다.[27]

인간의 욕구에 관한 현대적 이론에서 정체성에 대한 욕구는 의미면에서 가장 중요한 것들 가운데 하나이다. 나들러(O. Надлер)는 정체성에 대한 욕구는 개인의 기본적인 욕구이며, 그것의 대안은 곧 분리와 죽음이라고 보았다. 한편 오늘날 정체성에 대한 욕구는 "실현하고자 하는 열망과 관련된 다중적 통합적 정체성에 대한 욕구"로 본다.[28] 개인 정체성과 집단 정체성 간에는 넘을 수 없는 경계가

---

26) *Erikson E.* Insight and Responsibility. N.Y., 1964. P. 203-204.
27) *Eriksen T.H.* Ethnicity and Nationalism: Antropological Perspectives. L., 1993. P. 675-679.
28) Conflict: Human Needs Theory / ed. by J. Burton. N.Y., 1990. p. 281.

있는 것이 아니라는 점을 특별히 밝혀둔다. 그것은 개인 정체성이 개인의 '머릿속'에 존재하는 집단 정체성의 하나의 모습이기 때문이며(개인의 자아는 곧 사회적, 시민적 자아이다.), 집단 정체성은 언젠가 개별적인 인간들의 행태에서 시작된 일반적인 규범과 표본들의 총합이기 때문이다. 사회 정체성 이론의 주창자 가운데 한 명인 타지펠(Henri Tajfel)은 이렇게 썼다. "집단 정체성은 인간의 자기 자신에 관한 표상들의 일부로서, 자신이 어떤 집단에 소속되었는가에 대한 지식을 기반으로 구성되며, 해당 집단 성원들이 공유하는 평가와 감정적 의미를 자신에게 포함시킨다."[29] 그리고 "나의 정체성이 양적으로 확대된 것이 집단 정체성이라고 생각하는 것은 옳지 않다. 집단 정체성과 개인 정체성 간에는 유사성이 아니라 상호보완성이라는 관계가 있다."[30] 달리 말하자면, "개인들은 정체성을 획득하며 그것을 오로지 집단 속에서만 바꿀 수 있다. ... 개인은 동시에 여러 집단의 성원이 될 수 있고, 따라서 정체성을 '전환시킬 수' 있다. 집단 정체성은 당연히 보다 덜 유연한데, 그것은 더 일찍 주어진 파라미터들에 기반을 두고 있기 때문이다."[31] 게다가 집단 정체성은 "여럿의 개인들(또는 보다 복잡한 수준의 집단들)에 의해 형성되며 행동의 방향 그리고 그 행동이 이루어지는 가능성과 한계의 공간과 관련된 상호적이고 공통적인 정의다."[32]

오늘날 '정체성'과 '동일화'라는 개념으로 "가치들과 내적으로 이해 가능한 자기동일성의 합치를 집단적·민족적으로 지시하는 현상

29) *Tajfel H.* Human groups and social categories. Cambridge(UK), 1981. P. 63.
30) *Хабермас Ю.* В поисках национальной иденчичности. Филосовские и политические статьи. Донецк, 1999. С. 76.
31) *Хантингтон С.* Кто мы? Вызовы американской национальной идентичности... С. 50-51
32) *Melucci A*, Challenging codes: collective action in the information age. Cambridge, 1996. P. 70.

들뿐만 아니라 자기규정 및 '남'을 인식하는 비합리적인 메커니즘도 의미한다. 이때 정신분석에서 특별한 권능을 가지게 된 '잠재의식', '무의식'이라는 개념에는 호소하지 않는다.[33] 다양한 문맥에서 이 범주들은 사회심리학(자아심리학과 종족심리학)에서, 사회학(사회인류학, 상징적 상호작용주의)에서, 철학(현상학)에서, 그리고 민속학, 정치학에서도 널리 사용되고 있다. 이와 관련하여, 일련의 학자들은 이 개념이 "너무 다의적이어서 학문적 과제에는 무용한 용어"가 되었다고 주장하기도 한다. 브루베이커와 쿠퍼는 "모든 것이 정체성이라면, 이것은 전혀 없는 것과 마찬가지다."고 지적했다.[34] 이들은 그 대신 그들이 보기에 사회적 현상들의 다양한 측면을 보다 정확하게 반영하는 일련의 개념(예를 들어, '상황적 동일화')을 제안했다. 그러나 그들도 학술 언어에서 '정체성'이라는 개념을 대체하는 데는 성공하지 못했다. 칼훈은 하나의 정체성이 '유동적인 동일 표식'으로 기능할 수 있다는 점, 즉 문맥에 따라 다양한 의미를 가지면서 자신의 내용을 바꿀 수 있다는 점에 동의한다. 그러나 또한 정체성이 종종 개인의 선택 범위를 넘어서는 외적 범주화·귀속화·차별화에 의해 형성되기도 한다는 점을 지적한다.[35]

정체성의 안정은 인간이 자신에 관한 고유의 표상과 다른 사람들의 표상들 간, 사회적인 '나'와 개인적인 '나' 간의 조화로운 상관관계를 성취할 능력을 확보해 주며, 인간의 행위에 목적성·일관성·예

---

33) *Малыгина И.В.* Этнокультурная идентичность: статика и динамика // Высшая школа культурологии - статьи (1). URL: http://yanko.lib.ru/hi-schocl/articles/articles-vshk.html_Toc95347713 (дата обращения: 23.11.2011)

34) *Брубейкер Р.,* Кунер Ф. За пределами идентичность // Ab Imperio. 2002. N 3. C. 71.

35) См.: *Calghoun C.* Is It Time to Be Postnational? // Etnicity, Nationalism, and Minority Rights / eds. S. May, T. Modood and J. Squires. Cambridge, 2004. P. 250.

측가능성을 부여해 준다. 한편, 인간의 발달 과정에서 정체성이 변화하는 외부 세계라는 현실에 의해 '시련을 겪는 만큼, 적응이라는 것은 역동적인 과정이다. 바로 여기서 규범의 위기, 심리사회적 위기의 가능성이 발생한다. 에릭슨에 따르면, 그런 위기는 세계 속에서의 자신의 위치, 목표, 지향 그리고 타인과의 관계에 대한 적극적인 숙고·재고에서 나타난다.

위기는 개인과 집단에게 동일한 반응, 즉 심리적 긴장, 낙심, 공격성, 내적 갈등 등을 초래한다. 또한, 에릭슨에 따르면, 심리사회적 위기는 개인이 새로운, 보다 성숙한 정체성을 획득하는 발전 과정에서 필수적인 단계이다. 그는 또한 정체성 위기의 심각성 수준과 사회 발전의 위기 사이에 밀접한 관련이 있음을 강조했다. 정체성의 심각한 위기는 이전 에 주도적이었던 문화의 기반이 되는 이상과 가치가 커다란 사회적 위기로 붕괴되기 시작하면서 사람들로 하여금 변화하는 사회 속에서 자신의 위치와 국가적·사회적 환경과의 관계를 인식하는데 필요한 새로운 정신적 지향을 모색하게 만들 때 찾아온다.

버거(Peter L. Berger)와 루크만(Thomas Luckmann)은 이렇게 언급했다. "주관적 현실의 변화 과정은 개인이 하나의 세계에서 다른 세계로 전환될 때 발생한다. ... 이 과정은 일방적인 것도 기계적인 것도 아니지만, ... 객관적인 정체성과 주관적으로 설정한 정체성 간의 변증법적 관계를 조건으로 한다." 이와 관련하여 일련의 연구자들은 정체성을 두 가지 유형으로 분리한다. 첫 번째 정체성은 "사회적 과정으로 형성된다." 즉, "사회적 관계에 의해 지지되고 변형되며 또는 재조직되기도 한다."[36] 두 번째는 '미디어 정체성'(медиа-идентичность)으

36) *Бергер П.*, Лукман Т. Социальное конструирование реальности. Трактат по социологии знания. М., 1995. С. 215,254,279.

로 "'사고(思考) 생산 공장'인 대중매체가 생성하는 관념·상상·꿈에서 만들어지고 형성된 것이다(Pierre Bourdieu)."[37]

에릭슨이 정체성의 구조 속에서 긍정적인 요소들과 부정적인 요소들을 분리한다는 점도 유념해야 한다. 정체성의 형성은 항상 이 두 가지 구성요소들의 대립을 동반한다. 위기 사회에는 '부정적 전환'의 위험성이 존재한다. 그런 경우 부정적 정체성 구성요소들이 지배적인 것이 된다. 사회적 위기의 강도에 따라 대부분의 집단에서 긍정적인 정체성이 무너지고 부정적인 요소들이 전면으로 등장하는 상황이 발생할 수 있다. 부정적 정체성은 "나/우리는 그렇지 않다"는 구도에 따라 형성되며, 어떤 사회적인 대상에 대한 거부 또는 부정을 포함하고 있으며 그리고(또는) 전체적으로 '우리'를 '그들'에 대비시킨다. "이때 낯설거나 적대적인 부정적 요인에 대한 관계에 의해 공동체 자체가 구성되며, 부정적 요인은 공동체 구성원들의 결속을 위한 조건이 된다. 이처럼 공동체 구성원들이 통합되며, 그들은 자신들에게 유사한 의미와 가치를 가지는 단일성의 범위 내에서 자신을 인식하며 자신을 남들(우리와 다른)과 대비시킨다. 그런 부정적인 성분에 대한 태도는 집단의 연대감을 설명하는 상황이 되고 집단 자체의 상징이 된다. 그런 의미 부여에 따라서 자신과 남 사이의 경계가 발생하며, 그런 경계는 집단 내의 단일한 행동규범을 지지해주며 ... 경계 너머의 다른 규범들을 마치 사회적 형태의 기반으로서 자신들의 규범과 남들의 규범 간 사회적 거리를 설정하는 것처럼 지지한다. 원칙적으로 그것은 가장 일차적인 또는 아마드 가장 오래된 집단 형성과 사회화 방법이며, 금기, 터부 또는 제안 형식의 위협을 통한 단일한 전체를 형성하는 방법일 것이

37) *Denzin N.* Symbolic Interactionism and Cultural Studies. The politics of interpretation. Oxford(UK); Cambridge(USA), 1992. p. 115.

다."[38] 부정적 정체성 보유자들은 적이 필요한데, 그것은 그들이, 부버(Martin Buber)의 말을 빌리자면, '남들'을 '우리'처럼 인정하고 수용하는 데 바탕을 둔 '우리 – 그들' 간 대화에 대한 능력이 전혀 없기 때문이다. 그들은 '남들'을 대상물, '우리' 집단에 위험한 그 어떤 속성과 의도를 가진 자들로 여긴다.

로트만(Юрий М. Лотман)은 이렇게 언급했다. "인류 역사에서 각각의 급격한 변동은 새로운 세력을 드러낸다. 앞으로 나가는 움직임은 극히 낡은 문화 모델들과 의식 모델들의 재생을 촉진시킬 수 있으며, 행복도 ... 대중의 공포라는 전염병도 발생시킬 수 있다."[39] 일반적으로 정체성은 새롭게 등장한 사회, 정치적 삶 속에서 개인의 존재와 발전을 위한 추가적인 가능성이 아니라 국가가 국민을 '기만'하고 (내부의 또는 외부의) '적'을 만들어 내거나 또는 '인민', '민족', '노동자' 등에 반하는 '음모'를 꾸미는 모습을 간파하는 개인들 또는 사회 집단들로부터 생겨난다. 이들은 이루어지고 있는 변화들과 '낯선 것'으로 보이는 모든 사회적·정치적 공통성을 극히 부정적, 공격적으로 대한다.

부정적 정체성은 종종 정치가들에 의해 의도적으로 형성되기도 한다. 기업가들은 사회생활의 현존 질서를 표면상 급진적으로 부정하지만, 정치적으로는 모든 이에게 익숙한 형식으로 가려진 낡은 관념들에 따라 움직인다. 아주 작은 수의 상호 관련성을 가지고 지속적으로 반복되는 '믿음의 상징들'의 활용이 상징체계 및 의식(儀式)의 간소화와 결합된다. 시민들은 특정 집단, 정당 또는 이데올로기의 상징체계에 대한 부정을 통해 통합되어야 한다. 이때 선언되는

---

38) *Гудков Л.* Негативная идентичность. Статьи 1997-2002. М., 2004. С. 272.

39) См: *Лотман Ю.М.* Технический прогресс как культорологическая проблема // Зеркало. Семиотика зеркальности: труды по знаковым системам XXII. Тарту, 1988.

관념 체계는 일반적인 세계상의 형성에 대한 불만을 가지고 있어야 한다. 이데올로기의 단순하고 허용 가능한 기본 입장들은 현실을 통한 검증이라는 위협을 겪지 않아야 한다. 그런 관념 체계는 영구적인 것으로 선언되는데, 그렇지 않은 경우 자기 파괴의 위협이 나타난다. 추종자들의 행태를 전체주의적으로 통제하는데 대한 불만도 허용된다. '적'이라는 형상은 파괴적인 기능 이외에도 해당 집단과 그 지도자들의 기본적인 가치들을 중심으로 한 단결을 촉진시키고 내부적인 분열을 극복하도록 도움을 주는 동원 기능을 수행한다. '남'을 적으로 대하는 태도는 심리적인 거부·분리를 포함하며, 적을 제거하기 위한 행동을 전제로 한다. 그런 태도는 부정적 정체성을 가진 집단이 사용하는 언어, 형상과 스테레오타입, 이데올로기적 틀과 낙인 속에서 드러난다. 대립적인 어휘도 사용된다. 이 집단은 받아들일 수 없는 것은 모두 반대편에 있는 것으로 치부함으로써 현존하는 문제들을 '폐기'하고 집단의 가치를 보존하고 단결하는데 도움이 되도록 한다. 학자들은 '우리', '우리' 집단, '내부' 집단과 '저들', '남들', '외부' 집단 간의 차이가 분쟁 속에서 그리고 분쟁을 통해서 발생한다는데 의견을 같이한다.[40] 오늘날 사회심리학자들은 부정적인 지향과 스테레오타입이 보다 빨리 습득되고 변화되기 어렵다는 점을 잘 알고 있다.

부정적 정체성은 특정 집단의 정체성을 획득하려고 노력한 개인을 해당 집단이 강제적으로 분리시킨 결과로 나타날 수도 있다. 헌팅턴은 이렇게 지적했다. "사람들이 정체성 가지려고 노력할 수 있지만, 그것은 그런 정체성을 이미 획득한 사람들의 집단이 그들을

40) См: *Попова О.В.* Развитие Теории политической идентичности в отечественной и зарубежной политологии // Идентичность как предмет политического анализа. М., 2011. С. 13-29.

받아들이는 경우에만 가능할 수 있다."[41] 이와 관련하여 사회심리학자들은 '과도배제' 현상을 밝혀냈는데, 그 요점은 사람들이 '우리'에 속하는가의 여부를 규정할 때, 집단 구성원들이 외부 집단 구성원을 자신의 집단에 포함시키는 것에 앞서 먼저 '우리' 가운데 집단의 '규범'을 어긴 사람을 먼저 배제시킨다는 것이다. 예를 들어, 이슬람 공동체는 이슬람이 아닌 자를 자신들의 집단에 포함시키기에 앞서 자신들의 집단에서 이슬람 신자가 아닌 자와 결혼한 자를 먼저 배제시킨다.

니체(Friedrich W. Nietzsche)도 그가 '르상티망'(ressentiment)이라고 부른 것, 즉 '타인'을 부정함으로써 자신의 정체성을 획득하는 것의 위험성을 걱정했다. "나약함에서 발생되는 르상티망은 약한 자 자신에게 무엇보다 더 해롭다. 정신적으로 풍부한 자질을 가진 그 반대의 경우라면, 르상티망은 불필요한 감정이며, 그런 감정을 통제한다는 것은 이미 정신적 풍요의 증거이다."[42]

길게 이어지는 사회적 위기 속에서 개인은 부정적 정체성 요소들을 긍정적인 것으로 변화시킬 기대를 상실할 수 있다.[43] 그리고 그런 경우 억눌린 부정적 에너지는 바로 부정적 정체성을 자신의 존재의 사회적 근거로 삼는 사이코패스 지도자들에 대한 대중적 지지로 나타났다. 포포바(Ольга В. Попова)는 이렇게 지적한다. "위기 사회의 부정적 정체성은 세계관적 기능과 보상적 기능을 수행하며, 사회적 신분이 낮은 집단들의 가장 큰 특징이 된다."[44]

---

41) *Хантингтон С.* Кто мы? Вызовы американской национальной идентичности... С. 53.

42) Цит. по: *Нойманн И.* Использование «Другого».... С. 39.

43) 에릭슨이 '은밀한 영역' 형성의 필요성을 언급한 것은 우연한 일이 아니다. 자신에게 위험한 것으로 보이는 힘이나 사람들의 형상을 거부하고 고립시키고 필요하다면 파괴하려는 의도, 즉 그런 거리가 바로 그 영역의 중요한 부분이 된다. (*Эриксон Э.* Идентичность: юность и кризис. М. 1996. С. 147.)

44) *Попова О.В.* Негативная политическая идентификация // Политическая

모든 인간 공동체의 일반적이고 원형적인 자기인식과 자기규정의 원리는 단결시켜주는 속성에 관한 표상들을 포함한 '우리'라는 것이다. 한편, 집단 정체성, '우리'에 대한 자기규정은 반드시 의미 있는 '일반화된 타인들'에 대한 긍정적 또는 부정적 파악을 전제로 한다(George Herbert Mead).[45]

상징적 상호작용주의의 창시자인 미드의 시각에 따르면, 인간은 고유의 '사회적인 나'를 단지 '일반화된 타인들'의 역할을 자신에게 적용하는 집단적 행위 속에서만 획득한다. 미드와는 달리 에릭슨은 동일화의 매개 수단('일반화된 타인' 대신)이 '이데올로기'라고 본다. "실제로 청년 시절에는 환경의 이데올로기적 구조가 '자아' 형성에 매우 중요해 지는데, 세계에 대한 이데올로기적 단순화 없이 청년의 '자아'는 자신의 구체적 가능성과 더 많은 사례로의 인입이라는 목표에 부합하게 경험을 조직할 능력이 없기 때문이다." 사회적 위기는 일반적으로 사회의 '이데올로기적 총체성'의 붕괴나 이전 가치체계의 동요라는 특징을 보인다. 이때 일부 특출한 개인들은 '사회심리학적 모라토리엄' 상태에 빠진다. 즉 일반적으로 인정된 가치를 수용하지 않고 이전과는 다른 자신만의 가치 체계와 정체성을 형성하려고 한다.[46]

한편, 정체성의 역할은 사회의 개별 구성원들이 집단들과 마찬가지로 실제 그리고 상상의 공동체 속에서 방향을 설정하고, '우리' - '그들'이라는 감정을 획득하도록 해주는 사회적 경계를 형성하는

наука и политический процесс в России. Сб. материалов Всероссийской научной конференции, посвященной 10-летию первой в стране кафедры политологии. Сантпетербург, октябрь 1999 года. СПб., 1999. С. 46.

45) *Mead G. H.* Mind, Self and Society. Chicago, 1936.

46) *Erikson E.* Psychosocial Identity // A Way of looking at Things Selected Papers / ed. by Stephen Schlein. N.Y., 1995. P. 677-679.

데 있다. 베버(Max Weber)도 인간 공동체들 사이에서 경계를 지우는 '사회적 폐쇄성'의 상징적 형식들을 제안하는 개인들의 독특한 능력에 대해 언급했다.[47] 이처럼 정체성은 해당 공동체를 다른 것들로부터 분리하는 것, 그들 간에 경계를 짓는 것, 공동체들의 사회적 위치가 '자신이 속한 것으로 인정되는 공동체', 즉 가장 선호되는 공동체의 위치로부터 가깝거나 먼 정도를 밝히는 것이다. 따라서 '우리'는 반드시 '그들'과의 심리적 대비(차별적 속성들에 대한 표상을 포함하는)를 전제로 한다. 그것은 '우리'라는 공동체가 '의미 있는 타인'없이는 정의될 수 없기 때문이다(Talcott Parsons). '그들'은 다른, 어느 정도 차이가 나는 지위, 생활양식, 언어, 문화, 서로 다른 경제적, 정치적, 관심과 목표, 가치, 이미지 등을 가진 사회적 공동체이다.

따라서 정체성은 비교나 소통, 대화 너머에서는 불가능한 것이며, 단지 다른 집단과의 직간접적인 상호작용의 결과로 특정 공동체가 자신의 '독특한' 속성을 획득하는 것이다. 저명한 러시아의 언어학자이자 철학자인 바흐친(Mikhail Bakhtin)은 주체는 실제로 '타인' 없이 자신과 세계에 관한 지식을 가질 수 없는데, 그것은 가치가 의식들이 교차하는 담론 속에서만 형성되기 때문이라고 주장했다. 노이만은 "바흐친이 1920년대 초에 이미 '타인'이 인식론적 필수성뿐만 아니라 존재론적 필수성의 지위를 가진다고 주장했다."고 지적했다.[48] 미국 학자 해를(Vilho Harle)의 견해에 따르면, '타아의 형상'은 일련의 중요한 기능을 수행한다. 첫째, '타인'은 동일화를 확보해 준다(의미 있는 내적, 외적 타인들). 둘째, '타인'은 확립된 사회 질서를 지지해 주며 현존 정치 체제를 합법화하는 기능을 한다.

---

47) См: *Weber M.* Wirtschaft und Geselschaft. Tübingen, 1976.
48) *Нойманн И.* Использование «Другого».... С. 40.

셋째, '타인'은 인구와 자원을 동원하며, '자신들'의 형상은 그저 긍정적이어야만 하기 때문에 '타인들' 앞에서 '자신들'의 정당성과 우월성의 근거를 제시해준다. 넷째, '타인'은 '희생양'이 되어 '자신들'이 실패에 대한 책임을 벗어나게 해준다.[49]

따라서 정체성은 하나와 통합되고 다른 것들로부터는 분리되는 상징적인 수단이다. 이와 관련하여 소위 '타지펠(Tajfel)의 법칙'이라고 불리는 것을 상기해 보자. 만일 어떤 집단의 성원 자격이 중요하다고 인정되면, 서로 다른 집단에 속하는 개인들 간의 차이는 과장하고 한 집단 내적인 차이는 최소화하려는 경향이 나타난다.

따라서 "어떤 공통성이라는 것은 무엇보다 다른 공통성과의 경계 설정이며(바로 여기서 사회 인류학적인 '민족적 경계'라는 개념의 의미가 발생한다), 민족성은 '문화적 차이들의 사회적 조직 형태'로 정의될 수 있다(Fredrik Barth)." 멜로(Александро Мело)가 지적하듯이, "경계는 곧 지속적인 형성 상태에 있는 현대 세계의 모든 정체성들에 대한 유일한 기준이다."[50]

"하나의 민족을 다른 민족과 구분하는 분리선들이 다른 특징들에 따라 사람들을 구분하는 것들보다 더 깊고 넓으며, 그 선들을 따라 발생하는 격동은 보다 파괴적인 잠재력을 가진다."는 지적은 타당하다.[51] 그러나 집단 간 관계에서 타협을 찾고 다른 집단과 공감대를 발견하려 노력하며 차이점보다는 공통점을 강조하는 공감능력[52]이 있는 집단들의 정체성 형식과 자신의 주변을 본능적으로

49) *Harle V.* The Enemy with a Thousand Faces: the Tradition of the Other in Western Political Thought and History. Westport, 2000.

50) *Мело А.* Трансокеанский экспресс // Художественный журнал. 1997. № 16. С. 12.

51) *Connor W.* Ethnonationalism: The Quest for Understanding. Princeton(N.Y), 1994. P. 207.

52) 공감능력 — 자신을 타인, 즉 다른 공동체의 구성원의 역할 또는 그 역할에 대한 표상과 동일시하는 능력.

적대적인 것으로 인식하여 정치적 영역에서 자신의 이익을 다른 사람들에게 강요하고 분쟁을 유발하는 집단들의 정체성 형식을 구별하기 위해서는 그 어떤 보충적인 규정이 필요하다.

결과적으로 정체성 발달은 두 가지 모델 범위 내에서 실현될 수 있다. a) '남'에 대한 공감과 관용을 허용하는 '그-남-다른'이라는 모델과 b) 타인 혐오, 인종적, 민족적 적대감, '타인'에 대한 공포 등의 발생과 관련된 '그-남-타인-적'이라는 모델이 그것이다. 바로 그렇기 때문에 긍정적 정체성이 무엇보다 '우리'-'그들'이라는 엄격한 대비 없이 긍정적인 의미가 부여된 타인들과 (우리의) 협력 가능성에 대한 의식적인 인정이라는 점을 다시 한 번 강조해둘 필요가 있다. 부정적 정체성은 '우리'와 부정적인 의미를 가지는 타인들('그들')과의 전면적인 대비를 바탕으로 하는 '우리'라는 공동체의 강화이다. 이 경우 '우리'라는 공동체는 주로 '그들' 공동체와의 엄격한 대비 덕분에 발생하고 존재한다. 바로 거기에서 부정적 정체성의 상대적인 불안정성이 나타난다. 즉, '그들'의 부정적 형상이 '희미해지면', 그 정체성의 기반도 사라지게 된다. 사실 현대 러시아와 다른 탈공산주의 국가들의 정치 현실이 보여주는 바, '그들'이라는 하나의 부정적 형상은 아주 쉽게 다른 것으로 대체될 수 있다. 한편, 사회심리학자 볼칸(Vamik D. Volkan)이 지적하는 것처럼, 인간 심리는 "적의 형상을 만들어 낸다. ... 적대적 집단이 적어도 심리적 거리를 유지하는 경우, 우리는 확신과 안심 속에 머물면서 자신에게 이익이 되도록 비교를 한다. 개인들에게는 자기존중, 인정과 동의가 필요하다. 다시 말해 후쿠야마(Francis Fukuyama)가 상기시켰던 바, 플라톤이 언급한 시모스(thymos), 아담 스미스가 언급한 공명심이 필요하다. 적과의 분쟁은 집단 내부의 그런 특징들을 강화시킨다."[53]

53) *Volkan V.D.* The Need to Have Enemies and Allies: A Developmental

인간은 문화적·직업적·정치적·종족적·지역적·종교적·민족적 정체성 등 다양한 정체성들의 총체적 '앙상블'이다. 인간의 잠재력에는 동일화의 무한한 가능성이 있다(물론 각 구체적인 개인마다 사회적 지위 등 일련의 요인들에 따라 다를 수 있다). 그 정체성들 가운데 일부는 인간에게 보다 큰 의미를 가진다. 즉, 인간의 의식 속에 나름대로의 정체성들의 위계, 즉 동일화의 매트릭스가 존재한다. 그리고 그 위계는 다양한 외적 원인들의 작용으로 변모할 수 있으며 개인에게 허용되는 집단 구성원 자격에 종속적이다. 틸리(Charles Tilly)가 지적한 것처럼, "정체성들은 항상 확인이 필요하며, 항상 상황에 종속적이고, 항상 '협상'의 결과로 나타난다."[54] 정체성들은 서로 '보충하면서' 뒤섞일 수 있다. 따라서 많은 민족들의 경우, 특히 과거에, 민족적 정체성은 실상 종교적 정체성과 일치했다. 예를 들어, 러시아 민족 전체를 놓고 볼 때, 동일화의 바탕이 되는 특징들 가운데 종교적 요인이 주도적인 것이었고, 그것은 '정교인 – 비기독교도/이교도'라는 대비에서 '러시아인 – 정교인'이라는 개념 동일화로 나타났고 '기독교인 = 농민'이라는 명칭에 반영되었다.

저명한 영국의 사회학자 기든스(Anthony Giddens)는 현대 사회에서의 정체성 확보는 복잡하고 문제가 있는 과정이라고 언급했다. 정체성 탐색 과정에서 개인은 일련의 '자기규정 딜레마'에 직면한다. 기든스는 그런 딜레마를 4가지로 분류했다. 1) 단일화와 파편화, 2) 무기력(가능성 부재) 또는 다양한 가능성, 3) 견고한 권위와 그것이 없는 조건에서의 자기규정, 4) 개인적 경험 또는 상품시장에 비견되는 표준화된 행태가 바로 그것이다.[55] 정체성 확립 과정에서 개인

Approach // Political Psychology. 1985. N 6. June. P. 243.

54) *Tilly C.* Political Identities in Changing Politics // Social Research. 2003. Vol. 70, N 2. P. 608.

55) *Giddens A.* Modernity and Self-Identity: Self and Society in the Late Modern Age. Stanford(California), 1991.

은 현재 지향적일 수 있으며, 그런 경우 개인성은 무엇보다 자신이 구체적인 민족국가의 시민(민족 구성원), 특정 직업 집단, 계급 등의 구성원이라는 인식과 관련된다. 개인의 정체성 확립에서의 미래 지향은 종종 종교적 또는 정치적/이데올로기적 의미를 가지는데, 그것은 그 어떤 일반적인 의미를 가지는 이상적인 목표 달성을 지향하기 때문이다. 과거 지향성은 발생, 신앙, 전통, 역사적이며 세대 계승적인 가치 등의 공통성에 관한 표상에 바탕을 두는 종족적 정체성을 활성화시킨다. 한편, 과거와 공통 조상들의 활동에 대한 기억, 역사적 전통은 단지 종족적·민족적 정체성의 한 면만을 구성한다. 그것의 다른 면은 공통의 이익이다. 만일 사람들이 민족 전통 범위 내에서의 지속적인 공존에 대한 의지를 가지고 있다면, 그들은 반드시 현재와 미래에 대한 공통의 결정을 내려야한다. 공존을 지속하자는 전반적인 의견일치는 미래 프로젝트들에서도 표현된다.

제2장

종족성과 정체성 정책

제2장 종족성과 정체성 정책

1970년대 중반 저명한 미국의 사회학자 글레이저(Nathan Glazer)와 모이니헨(Daniel P. Moynihan)은 "종족성은 정치 이념이자 동원의 원리로서 우리시대에 이르러 전 세계로 확산되었다."고 언급했다.[1] 이런 점에서 이미 수십 년 동안 '종족성'이 여러 학문 분과(사회인류학, 종족심리학, 종족사회학, 종족정치학 등)에서 핵심적인 개념이 된 것은 결코 우연이 아니다. 그런데 그 내용과 다른 개념들과의 관계는 전과 마찬가지로 완전하게 규정되지 않고 있다. 1970년대에 이런 상황에 대해 파슨스(Talcott Parsons)는 "종족성은 극히 포착하기 어려운 개념으로 정확하게 정의되지 않는다."고 언급했다.[2]

종족성이라는 용어는 상대적으로 오래 되지 않은 1960년대에야 학계에서 사용되기 시작했다. 이 용어의 학술적 지위가 인정된 것은 1972년 옥스퍼드 영어사전에 등재되면서부터인데, 미국의 사회

1) *Glazer N., Moynihan D.P.* Introduction // Ethnicity: Theory and experience / ed. by N. Glazer, D.P. Moynihan. Cambridge, 1975. P. 18-19.
2) Ethnicity: Theory and Experience / Ed. by N. Glazer and D. Moynihan. Cambridge(Mass.), 1975. P. 5.

학자 리스만(David Riesman) 또는 사회인류학자 메이어(Л. Мэйер)가 이 용어를 만든 것으로 여겨진다. 그리스어 'ethnos'에서 파생된 형용사 '종족의'(ethnic)는 그보다 훨씬 이전에 사용되기 시작했고, 이미 19세기 중반부터 인종적 특징과 연관된 용어가 되었다.

'종족'이라는 개념은 실상 종족 관계 분야 세계 학계에서 가장 많은 문헌을 출판하는 영어권 문헌에서는 거의 사용되지 않고 있다는 점을 특별히 밝혀둔다. 공통의 종족적 특징을 공유하는 인간 공동체를 지시할 때에는 '종족 집단' 또는 '종족공동체'라는 구문이 널리 사용되고 있다.

반면, 러시아적 전통에서는 '종족'이라는 개념의 폭넓은 활용과 더불어 얼마 전까지도 '종족성'이라는 개념과 실상 동일한 내용을 부여하여 '민족성'(национальность), '민족의'(национальное)라는 개념 사용을 선호했다. 말라호프(Владимир С. Малахов)의 견해에 따르면, 탈소비에트 공간에서 '종족'이라는 개념은 '종족적 중심 의식'을 위한 '기본적인 범주'가 되었는데, 그것은 형상들 또는 분석적 범주들이 각 개인의 존재를 포함하는 그 어떤 자연스럽고 영구적이며 총체적인 본질이 된 데 따른 것이다.[3] 그 결과 그렇게 해석되는 '종족'이라는 개념은 때때로 종족적 속성에 따른 차별이 이루어지는 현실을 설명하고 정당화하는 중요한 요소가 되고 있다.

'종족성'이라는 개념이 모호한 만큼 이를 더욱 정확히 규정하려는 수많은 시도가 있었다. 파슨스는 "종족성은 집단 공통성의 중심, 사람들을 다양한 집단으로 조직하고 서로 연대하고 충성하게 하는 것"이라고 했다.[4] 『종족성과 민족 형성: 비교적·국제적·역사적 시각』(1975)이라는 단행본에서는 '종족성'은 "하나의 집단을 다른

3) *Малахов В.* Преодолимо ли этноцентричное мышление? // Расизм в языке социальных наук. СПб., 2002. С. 11.
4) Ethnicity: Theory and Experience... P. 53.

것과 구별해주는 특징적인 차이, 문화적, 하위 문화적 면모들"이라고 규정했다. 몇몇 학자들은 '종족성' 규정에 집단, 집단의 정체성, 집단 구성원들의 역사적 공통성에 대한 믿음 등 세 가지 기본적인 요소가 반드시 포함되어야 한다고 본다. 독일의 사회학자 헤크만(Friedrich Heckman)도 종족성을 종족 집단 발생의 보편적·사회학적 개념, 그리고 기원에 대한 공통 표상, 문화·언어적 공통성으로 연관되고 집단의 역사적 경험을 공유하는 사람들의 집단의 특징을 나타내는 개인적 수준뿐 아니라 집단적 수준에서의 실질적 상호관계의 지표라고 했다.[5] 다른 학자들은 '종족성'을 독특한 종류의 이데올로기 등으로 정의했다.[6]

결과적으로 오늘날 '종족성'이라는 개념의 내용 해석에 대한 접근법을 기본적으로 다음 세 가지로 나눌 수 있다.

첫째, '느낄 수 있는 현실'로서의 종족성이다. 이것은 19세기부터 이어지는 가장 전통적인 시각으로서, 예를 들면, 인종, 혈연, 언어, 영토, 종교, 경제생활, 문화 등의 공통성, 즉 충분히 느낄 수 있는 한 집단의 객관적인 특징들이다.

이 접근법은 이미 1917년에 소로킨(Питирим А. Сорокин)에 의해 비판된 바 있다. 그는 특히 "오늘날 피의 순수성은 오직 순수한 혈통의 종마를 생산하는 말 농장이나 요크셔 돼지 농장에서나 유지되고 있다."고 지적했다.[7] 그는 또 언어에 관해서도 어린 시절부터 여러 개의 언어를 동시에 잘 구사하는 모든 사람들의 탈민족화를

---

5) *Heckmann F.* ethnischen Minderheiten, Volk und Nation. Frankurt a/M., 1992. S. 8, 56.
6) См.: *Чертина З.С.* Плавильный котел? Парадигмы этнического развития США. М., 2000. С. 13-14.
7) *Сорокин П.А.* Национальность, национальный вопрос и социальное равенство // Этнополитический вестник России. 1992. N 2. С. 122.

인정해야 할 것이라 했고, 영어를 사용하는 미국인들은 또 어떻게 보아야 할 것인지를 지적했다.

소로킨의 견해에 따르면, 단일 종교라는 속성도 의문의 여지가 많다. "그것은 하나의 민족에 소속된 사람들 가운데 서로 다른 종교를 믿는 사람들이 많으며, 반대로 하나의 종교를 믿는 사람들 가운데 다양한 민족에 속하는 사람들이 많기 때문이다."[8] 그는 또한 '역사적 운명의 단일성'이라는 것도 '미지의 속성'으로서 '유동적이고 가변적'이므로, 그리고 현대인은 위계가 불명확한 다양한 사회적 집단에 대해 소속감을 가지므로 '특정 사회공동체에 대한 소속감 인식'도 의심의 여지가 있는 것으로 보았다. 따라서 그는 "민족성은 구성 요소들로 분해되어 사라졌고", 따라서 민족 문제는 "한 국가 구성원들 간의 법적인 불평등"으로 귀결된다는 결론을 내렸다.[9]

법적인 불평등이 종족성의 활성화 과정에서 의미 있는 요인이 될 수 있는 것은 분명하다. 그러나 종족성의 확고함을 법적 불평등이 존재한다는 것만으로 설명할 수는 없는 일이다.

러시아 과학아카데미 회원 브로믈레이(Юлиан В. Бромлей)에 의해 구성된 민족지학 분야의 소비에트 학파도 종족성을 그런 객관적인 속성들로 귀결시킨다. 그는 역사적 과정을 사회·경제적 형태의 교체로 보는 마르크스-레닌주의와 민족에 대한 스탈린식 정의에 따라 좁은 의미에서의 종족을 "특정 영토에서 역사적으로 형성된, 상대적으로 안정적인 언어, 문화, 심리적인 공통적 특성을 가지고, 자신들의 집단을 유사한 다른 구성체와 구별하여 인식하고, 자신들에 대한 고정된 명칭을 가진 사람들의 확고한 총체"로 정의한

8) Там же. С. 124-125.
9) Там же.

다.[10)]

한편, 사실 현대 학문에서 이런 접근법은 약한 활동성과 문화적 폐쇄성을 특징으로 하는 전통 사회의 일부 종족 집단들에 국한하여 유효할 뿐이다. 프랑스의 사회학자 콜라(Dominique Colas)가 지적하듯이, "만일 인종, 종교, 경제, 정치적 관계에서 동종인 집단을 '종족'이라고 부른다면, 종족이라는 것이 전혀 존재하지 않는다는 점을 인정해야 한다. 인간 사회의 역사를 구성하는 그 어떤 시원적인 집단으로서 '격리집단'이 존재한다고 믿는 것은 어떤 가정 또는 선입견과 관련된다."[11)] 오늘날 사람들은 도시화·세계화된 '열린' 환경에서 단일한 대규모 정보 공간 속에서 살고 있지만, 그것이 탈종족화로 이어지지 않고 있으며, 21세기 초 연구자들은 소위 '종족의 역설', 즉 종족적 소속 문제의 중요성이 세계적으로 커지고 있다고 강조했다. 이처럼 종족성은 객관화된 속성들과 특징들의 경계를 명백히 넘어서고 있다.

둘째, 공통의 상징 매체로서의 '종족성'이다. 문화인류학자들과 레비-스트로스(Claude Levi-Strauss)를 추종하는 학자들이 그런 시각을 유지하고 있다. 기어츠(Clifford J. Geertz)는 인간을 "완성되지 않은 사회적 동물"로 본다. 인간이 완성될 수 있는 환경은 곧 문화이다. 특히 기어츠는 "인간은 자신이 짜놓은 그물에 빠진 사회적 존재이며, 문화가 곧 그 그물"이라고 썼는데, 이때 문화는 종족적 의미에서 규정된다. 기어츠는 종족성을 하나의 종족 구성원들을 다른 사람들과 구별하여 통합시키는 그 어떤 공통의 '가치그물/거미줄'로

10) *Бромлей Ю.В.* Этносоциальные процессы: теория, история, современность. М. 1987. С. 14(브로믈레이가 스탈린이 종족 공동체(этническая общность)가 아닌 민족(нация)에 대한 정의를 내렸다는 것을 언급하려고 하지 않는 것이 흥미롭다).

11) *Кола Д.* Политическая социология. М. 2001. С. 345.

서 사회적 삶의 우선적·근원적 실재를 형성한다고 설명한다.

상징적 접근법의 생산성에도 불구하고, 언어와 '일상'의 파악과 관련하여, 종족성은 단일한 '의미' 또는 해석 체계로 제한되지 않는다. 따라서 이 논리에 따르면, 상징 매체의 근원적 붕괴(러시아의 1920년대 그리고 1990년대)는 대규모의 탈종족화를 초래해야 한다. 그러나 러시아에서 그런 변화는, 물론 민족사회적인 특징이 뚜렷하게 변화되기는 했지만, 민족들(народы)의 '해체' 또는 탈종족화로 이어지지 않았다. '페레스트로이카' 과정에서의 소비에트 상징들의 '비신성화'에 관해 말하자면, 그것은 반대로 종족 정체성을 활성화시켰다.

안정적이며 유기적으로 변화하는 사회 속에서도 '상징 매체'는 시간이 가면서 변화하지 않을 수 없다. 따라서 종족성의 정의도 '상징 매체'로 국한 될 수 없는 것이다.

셋째, 일반적으로 공유되는 행위 스테레오타입 체계로서의 종족성이다. 종족성에 대한 이와 같은 시각은 사회심리학자들(Abram Kardiner, Ralph Linton, Alex Inkeles 등)의 특징이다. 사회적으로 조건지워진 종족적 스테레오타입 연구, 특히 '기본적인 (양태적인) 인성'이라는 맥락에서의 연구가 필요한 것은 의문의 여지가 없다. 그러나 종족성이라는 범주는 전반적으로 스테레오타입적인 행위 반응의 경계를 넘어서는 것이다. 복잡하게 세분되고 계층화된 현대 사회에서는 공통의 종족적 '뿌리'의 존재 여부와 무관하게 다양한 사회 집단은 연령, 교육 수준, 직업, 거주지, 정치적 성향 등에 따라 다양한 스테레오타입 체계를 가진다. 사회적 관계와 제도의 상태가 매개하는 스테레오타입 체계의 역사적 변화에 대해서도 잊지 말아야 한다(러시아인 전체의 행위 스테레오타입은 물론이거니와 20세기 초와 20세기 말 러시아 인텔리 계층의 스테레오타입 체계는 동일하지 않다).

이처럼 위의 접근법 각각은 종족성이라는 현상의 중요한 특징을 다루고 있지만, 그것을 전체적으로 밝혀주지 못한다.

이 문제에 대한 다른 접근법도 있다는 점을 밝혀둔다. 스크보르초프(Николай Г. Скворцов)는 '종족성'이라는 현상 규정과 학술적 해석에서의 기본적인 측면을 세 가지로 나눈다. a) 상호작용적 측면(интеракционный) - 종족성을 집단 간 상호작용의 형식이자 결과로 해석한다. b) 규정적 측면(атрибутивный) - 종족성을 집단의 속성(특정한 자질들의 집합)으로 해석한다. c) 주관적·상징적 측면(субъективно-символический) - 종족성을 무엇보다 종족의 정체성으로 본다.[12)]

또한 종족성이라는 개념의 모든 다양성을 원초주의적이고 구성주의적(원초주의적·전통적인) 다양성과 구성주의적이고 도구주의(포스트모던적)인 다양성으로 나누는 것도 이미 널리 수용되어 있다.

'원초주의'(primordialism), 또는 '본질주의'(essentialism)는 종족 범주들의 시원성, 인간의 오랜(급진적인 시각에서는 생래적인) 천성으로서의 종족성에 관한 표상이다. 현대 학문에서 이것은 종족성의 사회생물학적 개념의 하나로 소개되었으며, 서구에서는 피에르 반 덴 베르그(Pierre L. van den Berghe)가 그런 종류의 개념으로 가장 잘 알려져 있으며, 특히 인간 사회와 동물의 세계에서 집단의 경계 설정 및 단합 과정을 비교했다. 그는 이렇게 썼다. "나의 주장은 매우 단순하다. 종족적, 인종적 감정은 혈연적 감정의 확장이라는 것이다. 따라서 종족중심주의와 인종주의는 네포티즘(nepotism)의 확장된 형태이다. ... 다른 많은 종들에게 그렇듯이, 우리 종에게도 공통의 생물학적 체질이 있다. 유기체는 다른 유기체들에게 상관관계를 가지는 정도만큼만 선택적으로 반응한다."[13)] 이처럼 반 덴 베르그는

12) См.: *Скворцов Н.Г.* Проблема этничности в социальной антропологии. СПб., 1997. С. 49-113.

13) *Van den Berghe P.* The Ethnic Phenomenon. N.Y., 1987. P. 18-19.

종족성을 인간의 종적 선택에 대한 유전적인 체질의 결과, 개인주의보다는 혈연관계 선호로 볼 것을 제안하는데, 이것은 현대 사회생물학에서 '네포티즘'으로 정의되고 있다.

종족성을 '종적(種的) 선택과 관계의 확장된 형식'으로 정의하면서, 반 덴 베르그는 다음과 같이 주장한다. "인간 사회의 규모가 급격하게 커짐에 따라 종족 집단들의 경계는 더 넓어 졌으며, 고유의 친족 관계는 희미해졌다. ... 그러나 집단의 필요성은 생물학적 발생에 기반을 둔 직접적인 친족 범위보다 더 넓어졌고 현대 대중 산업사회 속에도 여전히 존재를 유지하고 있다."[14]

이처럼 종족성은 사회생물학적 관점에서 사람들의 자연도태와 혈연관계의 포괄적인 형식으로 기술되며, 선진 사회 속에서도 자신의 의미를 보존하고 있다. 반 덴 베르그의 견해에 따르면, '종적 선택'은 종족 집단의 형성뿐 아니라 다종족성이라는 현상 자체의 형성에 결정적인 역할을 했다. 그러나 사회심리학자들이 주장하는 바, 호모 사피엔스는 동물과는 달리 유전적 혈연관계에 기반을 두지 않는 '구성원 자격 이론'을 제안할 능력이 있으며, 그것은 적용받는 사람들에 의해 주관적인 현실로 신속하게 받아들여진다.[15]

종족성에 대한 사회생물학적 이해는 러시아 학계에서는 구밀료프(Лев Н. Гумилев)의 독창적인 '정열성'(пассионарность)이라는 개념으로 가장 명시적으로 소개되었다. 그는 종족을 어떤 사회적인 껍질을 쓴 생물물리학적 실재라고 보았다.[16] 특히 그는 "전체로서의 종의 진화라는 측면에서 종족들은 항상 있었다. ... 종족은 인류의 사회적 발전의 결과가 아니라 전제이다."라고 주장했다.[17] 그의

14) Ibid. P. 35.
15) См.: *Hale H.E.* The Foundation of Ethnic Politics: Separatism of State and Nations in Eurasia and the World. Cambridge; N.Y., 2008.
16) *Гумилев Л.Н.* Этногенез и биосфера Земли. Л., 1990. С. 227.
17) *Гумилев Л.Н., Иванов К.П.* Этнические процессы: два подхода к

말에 따르면, 종족은 사회적 집단일 수 없다. 왜냐하면 비록 종족의 문화가 사회적 현상으로서 나타난다하더라도, 종족이 생산력과 직접적인 관계가 없기 때문이다. 나아가 구밀료프에게 있어서 종족은 '먹을 것과 주거를 제공하는 환경'과 불가분의 관계를 가지는 현상이다. 한편, 종족 발생은 생성, 도약, 쇠퇴, 소멸의 4개 단계(4개 국면)로 이루어진 과정이다. 이 과정에서 인간의 생물학적 잠재력이 독점적인 역할을 한다. 이 잠재력은 역사가 오랜 종족 집단들 속에서 누적되어 잉여 에너지를 발생시키는데, 구밀료프는 그 에너지를 정열성이라고 부른다.[18]

구밀료프의 견해에 따르면, 특정한 지리적·역사적 경계 내에서 새롭게 형성된 종족 전체를 이 종족 내부와 종족 상호 간 활동에 적극적으로 인입시키는 일부 집단들이 바로 그 '정열성'을 갖는다. (이 같은 정열성을 보유한) 일부 사람들 이외에 구밀료프는 종족들의 구조 속에서 두 가지 에너지 유형을 구분한다. 이들에 호응하는 사람들과 반대로 대척점에 서는 사람들이 바로 그것이다. 구밀료프에 따르면, 종족 체제는 외부로부터의 충격에 점차 민감해지며, 국면의 변화 시기에 이르면 결국 종족 구성원들의 에너지 유형들 간 최적의 상호관계가 무너지게 된다.[19] 또한, 구밀료프는 특정 종족은 정점에 달한 이후 점차 소멸되어 가는데, 그 종족에 비해 정열적 상태에 있는 다른 종족들 속에서 사라져 가게 된다고 주장했다. 그에 따르면, 종족이 정열적 충동(пассионарный толчок)에서 소멸 상태에 이르기까지의 기간을 포괄하는 역사적 틀은 대략 1,500년이다. 따라서 종족 발전의 원천은 바로 정열적 충동에 있다.

изучению // СОЦИС. Социологические исследования. 1992. № 1. С. 51.

18) См.: *Гумилев Л.Н.* 1) Этногенез и биосфера Земли. Л., 1990; 2) Конец и вновь начало. М., 1994.

19) *Гумилев Л.Н.* Этногенез и биосфера Земли... С. 404.

정열성 개념에 따르면, 한 지역 내 종족들의 집단은 지역적으로 가까운 다른 종족들의 예비적 정열성을 바탕으로 충분히 초(超)종족을 구성할 능력이 있다. 기원 후 1세기에 바로 그런 정열적 충동을 느꼈던 비잔틴 초종족은 그리스인, 이집트인, 시리아인, 그루지아인, 아르메니아인, 슬라브인으로 구성되었고, 15세기까지 존속했었다. 초종족의 종족적 발생은 내부 경쟁과 상호 파괴가 동반되는 정점에 달한 후 중단된다. 초종족 내적으로 응집된 예비적 정열도 대폭 감소된다. 그리고 에너지가 급격히 꺾이고 대규모로 분산되는 상태가 도래한다. 그러나 관성에 따라 종족은 일정 시간동안 여전히 기능한다. 새로운 발전은 새로운 정열성을 가진 집단이 발생하는 경우에만 시작된다. 그러니 그것은 이미 전혀 다른 종족이다.[20]

구밀료프는 종족성 체제(система этничности)에 상당한 의미를 두었다. 그는 다양한 유형의 종족성 체제가 있다고 여겼다. 개방적(지속적으로 주변 환경과 에너지를 교환하는) 체제, 폐쇄적(한번 에너지를 충전하고 나서 지속적으로 소모하는) 체제, 엄밀한(체제의 모든 요소들이 갖추어진 경우에만 작동하는) 체제, 산만한(체제의 구성 요소들 간에 엄밀한 관계가 없는) 체제 등이 그 예이다. 구밀료프는 종족을 종족성의 산만한 형태의 폐쇄적 체제로 보았다. 이는 곧 종족이 단일한 에너지 축적량을 가지고 형성되어, 이 에너지를 소진한 뒤에는 주변 환경과 평형적인 상태로 전이되거나 또는 그 부분들로 나누어진다는 의미이다.

구밀료프의 정열성 개념은 흥미롭지만, 논란의 여지가 전혀 없는 것은 아니다. 예를 들어, 투르친(Петр В. Турчин)은 구밀료프 가설의 다양한 점이 "알려지지 않은 현상들 또는 현대 과학과는 절대적으로 모순되는 현상들에 근거한다."고 썼다.[21]

---

20) См.: *Гумилев Л.Н.* География этноса в исторический период. М., 1994.
21) *Турчин П.В.* Историческая динамика. На пути к теоретической истории. М., 2007. С. 84.

다시 한 번 구밀료프의 개념의 핵심을 이루는 입장을 살펴보자.

1) 객관적으로 종족 형성의 자연발생적인 특징에 주목한다.
2) 종족과 자연 환경 그리고 무엇보다 주거 환경(즉, 거주 영역)이 밀접한 관련을 가진다는 점을 강조한다.
3) 종족 발전의 자체적 리듬 관념은 인간의 의식적 활동을 변화시킬 수 없다고 본다.

이와 함께, 일련의 현대 러시아 연구자들이 구밀료프의 생물사회학적인 '종족' 개념과 1920년대에 러시아 학자 시로코고로프(Сергей М. Широкогоров)가 제안했던 독특한 '종족' 개념의 유사성에 주목하고 있다는 점을 밝혀둘 필요가 있다.[22]

사회문화 이론 또는 문화·역사 이론들(Clifford James Geertz, Richard Gambino, Walker Connor, Edward Shils 등)과 같은 원초주의의 순수 사회적 이론들이 존재한다. 이 이론들에서는 종족성을 인간 사회 진화의 모든 단계에 고유한 사회적이고 객관적인 현상으로 이해한다. 그리고 종족성의 시원성을 '수세기에 걸친 문화적 전통의 관성'과 연관 짓는다(Clifford James Geertz). 저명한 미국의 사회학자 실즈(Edward Shils)에 따르면, 특정한 종족 공동체에 대한 소속감은 소통이나 감정에 근거하는 것이 아니라 무의식적인 관계(bonding)에 기반을 둔다. 그리고 이 관계는 "시원적인 것이라고 할 수 밖에 없는 질적 속성들로 구성된다. ... 말로 표현할 수 없는(ineffable) 의미가 혈연관계에 부여되기 때문이다."[23] 매우 밀접한 관련을 갖는

---

22) *Элез А.Й.* Критика этнологии. М., 2000; *Ревуненкова Е.В., Решетов А.М.* Сергей Михайлович Широкогоров // Этнографическое обозрение. 2003. № 3 и др.

23) *Shils E.* Primordial, personal, sacred and civilties // British Journal of Sociology. 1957. N 8. P. 142.

집단에 대한 소속감은, 종족 집단 구성원들이 개인적으로 서로서로를 모르더라도, 정신적인 일체감, '우리 의식'(we-consciousness)을 발생시킨다.

유사한 관념의 다른 예로 종족 문제에 대한 브로믈레이 학파의 마르크스-레닌주의적 해석을 들 수 있다. 브로믈레이가 정의한 종족 개념은 해당 분야 러시아 학자들 사이에 고전적인 것으로 남아 있으며, 따라서 다음 내용은 탈소비에트 문헌에 매우 자주 언급되고 있다. "종족은 특정한 영토에서 역사적으로 형성되어 공통적인 면모뿐 아니라 상대적으로 안정적인 문화(언어 포함)와 심리적 특성을 가진 인간들의 총체, 민족의 자명(этноним)으로 강화되는 인식, 즉 다른 모든 유사한 구조들과는 다르다는 인식과 고유한 단일성에 대한 인식을 가진 인간들의 총체로 규정될 수 있다."[24]

마지막으로, 많은 변형을 가진 원초주의의 심리적 변이형들을 분류해 볼 수 있다. 이 접근법을 따르는 학자들은 인간심리의 특성을 통해 종족적 과정(этнические процессы)을 설명한다는 데 중점을 두었다. 바로 그런 접근법의 범위 내에서 종족중심주의 개념이 형성되었으며, 그 주창자는 미국의 사회학자 섬너(William Sumner, 1840~1910)이다. 그는 종족중심주의를 "그 어떤 고유한 집단이 모든 것의 중심이 되고, 나머지 모두는 그것으로부터 멀리 배치하여 관찰하는 시각의 특별한 명칭이다. 민족들(народы)의 관습은 내적, 외적 관계를 포괄하면서 그것과 상관관계를 가진다."[25]고 정의했다. 이 개념은 종족적 과정 연구에서 우선적인 점들을 규정하는데 다양한 의미 있는 역할을 했다.

24) *Бромлей Ю.В.* Очерки теории этноса. М. 1983. С. 57-58.

25) *Самнер У.* Народные обычаи. Исследование социологического значения обычаев, манер, прибычек, нравов и этики // Рубеж. Альманах социальных исследований. 1998. № 12. С. 18.

모든 원초주의자와 본질주의자가 공감하는 가장 중요한 것은 자신의 집단에 대한 감정적인 연대감으로서의 종족성이 각자의 '나의 형상'의 변하지 않는 기초적인 측면이며 행위의 기반이 된다는 점이다. 마이클즈(Walter Michaels)는 "본질주의는 정체성을 묘사하는 데 있는 것이 아니라, 그것을 기반으로 행동을 시도하는데 있다. 즉, 우리는 우리이기 때문에 그렇게 행동하는 것"이라고 언급했다.[26] 원초주의의 진화 패러독스는 한편으로는 그런 시각이 오늘날 종족적 과정에 대한 학술적 논의에 그 어떤 영향도 주지 못한다는 점에, 다른 한편으로는 모든 민족/종족이 영원히 존재하는 것은 아닐지라도 적어도 자신이 속한 종족은 영원할 것이라는 표상이 모든 민족주의적 독트린에 실재한다는 점에 있다. 젠킨스(Richard Jenkins)가 정확하게 지적하듯이, "조악한 원초주의가 기본적으로 일상적 시각에 불과하지만, 현대 세계에서 강력한 힘을 가지고 있다."[27] 게다가 일상적 표상들에 따라 원초주의적으로 이해되는 종족성은 피와 유전자에 깊이 뿌리를 내리고 있다. 즉, 그것을 바꾸는 것은 불가능하며, 그런 시각을 가진 사람들도 그 모습 그대로이다. 따라서 그들을 받아들이거나 아니면 추방시키거나 또는 궤멸시킬 수 있을 뿐이다. 이처럼, 여기서 종족성이 그 어떤 생래적이고 불변하는 것으로 이해되고 있다는 점을 고려할 때, 종족성에 대한 그런 시각은 해결하기 어려운 분쟁과 타민족에 대한 폭력을 내재하고 있는 것이다.

구성주의와 도구주의는 앞에서 언급한 것처럼 종족성의 포스트모던 이론적 개념들 가운데 하나에 해당된다. 현대 학자들 가운데

26) *Michaels W.* Race into Culture: A Critical e into Culture e into Culture Genealjgy of Cultural Identity // Identities / Ed. by Kwame Anthony, Appiah and Henry Louis Gates. Chicago, 1995. P. 61.

27) *Jenkins R.* Ethnicity etcetera: Social Anthropological Points of View // Ethnic and Racial Studies. 1996. Vol. 19, N 4. Oct. P. 814.

대부분인 '구성주의적' 접근법 추종자들의 시각에 따르면, 종족성은 문화적 차이의 사회적 조직(구성) 형태이며, 사회적 정체성의 다른 형태들과 종족 정체성을 구별하는 것은 무엇보다도 전체가 공유하는 문화와 발생의 공통성에 대한 표상(또는 믿음)이다. "물론 많은 경우에 이념이나 발생의 공통성이나 공동의 역사에 대한 신화가 그 역할을 한다."[28] 이처럼 이 접근법에 따르면 종족성은 객관적으로 존재하는 수많은 성분들로 구성되는 선택적 동일화가 된다. 구성주의자들은 종족성에서 인공적인 산물(정체성)만을 보는데, 그것은 특정한 결과 달성을 위해 사람들을 결집시키는 것을 목표로 하는 각 개인들 또는 집단들(엘리트들)에 의해 구성된다. 그들의 시각에 따르면 종족성은 상황과 동기에 따르는 것이다. 만일 원초주의자들이 "민족(народ)의 단일성을 규정하고 다른 민족들과 구별되게 하는 객관적인 특징이 무엇인가"라는 질문에 대한 답을 찾고자 노력한다면, 구성주의자들은 무엇보다 "어떤 방식으로 단일성 또는 차이가 만들어지고 또 재생산 되는가"라는 문제에 관심을 둔다.

이처럼 종족 공동체는 민족과 마찬가지로 객관적인 속성들의 집합으로 이루어진 실재가 아니라, 수많은 요인들에 의해 규정되고 사회적으로 구성되는 관계들의 실재이다. 따라서 구성주의자들은 다음과 같이 주장한다. "대부분의 사람들이 외적으로 주어진 것으로 여기는 종족성, 민족 그리고 다른 다양한 사회적 실재들의 형태는 실상 사람들이 사회적 현실 속에서 정치제도나 지배적인 추론의 작용 아래 구성한 것이다."[29] 국민이나 기타 사회적 실재의 형식들이 저절로 생겨나는 것이 아닌 만큼, 이 접근법의 추종

28) *Тишков В.* Идентичность и культурные границы // Идентичность и конфликт в постсоветских государствах. Сб.статей / под ред. М.Б. Оллкот, В. Тишкова. А. Малашенко. М., 1997. С. 31.

29) *Паин Э.* Распутица: полемические размышления о предопределенности пути России. М., 2009. С. 63-64.

자들은 민족 문화의 구성이나, '전통의 발명', 민중 내의 민족적 자의식의 확산 등에 관련된 지식인들의 활동을 상세하게 기술한다 (Benedict Anderson, Rogers Brubaker, Ernest Gellner, Craig Calhoun, Eric Hobsbawm 등).

이 접근법의 창시가 가운데 한 명인 저명한 노르웨이 사회학자 바르트(Fredrik Barth)는 '종족성의 본질 = 종족 정체성'이라는 기본적인 표상들을 다음과 같이 정리했다.

1. 종족 정체성은 특정한 문화 복합체의 표현이라기 사회적 조직의 형식으로 보아야 하며, 집단 형성 과정과 집단의 경계 설정 및 유지 과정은 종족 집단과 그 특징이 역사적, 경제적, 정치적 상황 등 상황들의 작용의 결과라는 점을 입증해준다.
2. 의식(동일화)의 문제로서 종족 집단 내 구성원 자격은 주어졌는가 그리고 스스로 부여했는가에 달려 있다. 단지 개인들이 종족 집단이 무엇인지에 대한 일반적인 표상을 공유하거나 외부적 상황에 의해 그런 표상들의 범위 속에 포함된 이후에야 그들은 그 표상들에 근거해서 행동하며, 종족성은 조직·제도적 차이를 갖게 된다.
3. 본질적인 의미를 가지는 것은 차이를 두드러지게 하고 집단의 경계를 나타내는데 사용되는 문화적인 특징들이지 무엇이 어떤 문화 공동체에 보다 특징적이라거나 '전통적'이라는 전문가들의 표상이 아니다. 그런 맥락에서 구성되는 문화적 표준들은 종족 소속감에 대한 평가와 판단에 사용된다.
4. 종족성 구성에 결정적인 역할을 하는 것은 종족 경영자 정책이다. 즉, 정치적 목적을 추구할 뿐 집단의 문화적 이데올로기나 '민중의 의지'를 표현하지 않는 지도자들이 종족 집단 구성원들을

집단적 행동에 동원하는 것이다.[30]

바르트의 공헌을 강조하면서 노이만(Iver Neumann)은 다음과 같이 언급했다. 『종족 집단과 경계』라는 저서가 나오기 전까지 "연구는 학자들이 생래적인 것이라고 본 문화적 요소들의 비체계적인 일람표를 구성하는 것이 주 경향이었다. 바르트는 어떤 특징의 결여에 따라 '타인들'로 여겨지는 다른 집단과 구분해주는 경계가 유지되는 덕분에 종족 집단들이 재생될 수 있다는 점을 들어 관심의 초점을 옮겨 놓았다. 달리 말하자면, 그는 '자/타'의 관계를 정체성 경계의 표지(маркер) 시각에서부터 볼 것을 제안했으며, 그 표지를 구별 기호(диакритика)라고 불렀다. 이처럼 분계선과 그것이 유지되는 방법을 밝혀내는 것이 '자/타' 관계 연구의 시발점이 되어야 한다."[31]

한편, 도구주의의 대표자들은 그리 많지 않다. (주로 '종족정치학자'로 Daniel Bell, Paul Brass, Nathan Glazer, Abner Cohen, Daniel Moynihan, Joseph Rothschild, Milton Esman, Crawford Young 등) 그들은 대중 의식을 조작하는 정치적 기술 연구에 특별히 주목했고, 종족 경영자들에 의한 정체성 구성/제조 순간을 특별히 강조했다. 그런 연구 방향의 주도자 가운데 한 명인 브라스(Paul Brass)는 종족 정체성 같은 역사적으로 고정된 정체성 형태조차 대단한 유연성을 가지며, 종족 정체성도 특별한 노력과 정보 체계의 목표지향적인 작용하에 '재조정'될 수 있다고 언급했다. 정보 체계의 사용은 '종족 경영자'들이 특정 범위 내에서 종족 공동체들의 관심을 자극하거나 강화

30) *Barth F.* The Analysis of Culture in Complex Societies // Ethnos. 1989. Vol. 54. P. 120-142.

31) *Нойманн И.* Использование «Другого». Образы Востока в формировании европейских идентичностей. М., 2004. С. 29.

시킬 수 있고 가치 지향에도 작용할 수 있다.[32)]

뱅크스(Marcus Banks)의 은유적 표현에 따르면, 원초주의자들이 종족성을 '인간의 마음 속'에 위치시킨다면, 도구주의자들은 그것을 '머릿속'에 위치시킨다. 그리고 구성주의자들이 일련의 종족적 속성들의 객관적인 성격을 어느 정도 인정한다면, 도구주의자들은 종족 체제의 객관성을 가장 일관되게 부정한다. 그들에게 있어서 종족 정체성과 민족 정체성은 주로 엘리트층(종족 경영자들)에 의한 조작의 산물이며, 그 엘리트층은 사회적 문제를 종족 문제화하고, 주로 종족 관련 용어들에서 형성되는 종족 간 차이와 모순을 강조하고 활용하여 상징적·정치적 자본을 축적한다. 바르트가 설명하는 것처럼, '종족적 경계들'은 이미 존재하는 소외를 인정하고 기록하는 것이 아니라 소외가 발생할 때까지, 때로는 '종족 경영자들'의 활동 결과로 소외가 나타날 때까지 만들어지는 것이다. 따라서 골번(Harry Goulbourne)이 지적하듯이, "집단들 또는 개인들이 제한된 유한 자원을 위해 싸우고 있는 오늘날 종족성은 충분히 보유된 기축통화처럼 사용되고 있다."[33)]

이 접근법을 따르는 저명한 러시아 민속학자 티시코프(Валерий А. Тишков)는 종족성을 단지 '사회정치적 장에서 물적 우위를 점하기 위한 집단적 노력'의 수단으로 본다.[34)] 결과적으로 이러한 방향의 창시자 가운데 한 명인 로스차일드(Joseph Rothschild)는 한 국가 내의 어떤 종족 집단의 '민족주의 운동' 발생을 (경제, 사회, 문화 영역에

32) См.: *Brass P.* Ethnicity and Nationalism: Theory and Comparison. New Delhi, 1991.

33) *Goulbourne H.* Ethnic Mobilization, War and Multi-Culturalism // War and Ethnicity: Global Connections and Local Violence / Ed. by D. Turton. San Marino, 1997. P. 167.

34) *Тишков В.А.* Этничность, национализм и государство в посткоммунистическом обществе // Вопросы социологии. 1993. № 1-2. С. 4.

서의) 성공에 대한 반응이거나 실패에 대한 반응으로 설명한다. 첫 번째 경우에 집단들은 고유한 입장이 악화되거나 사회적 지위가 격하될 잠재적 위험과 타협하려고 하지 않으며, 두 번째 경우에 집단들은 자신들의 처지에 대한 사회의 무관심에 저항한다.[35] 이처럼 종족성은 다양한 요인들의 작용에 따라 개인 또는 집단에 의해 의식적으로 선택되어 어떤 정치적 또는 경제적 목적 달성을 위해 사용되는 일종의 역할로 변모한다.

한편, 이런 설명이 결코 일반적으로 통용되고 있는 것은 아니라는 점을 밝혀둔다. 실상 집단 정체성에 대한 성공적인 정의를 제안할 수 있는 개인들은 종종 그 집단의 주관적으로 규정되는 구성원들의 이익을 보호하는 집단적 행위도 제안할 수 있다. 그러나 버치(Anthony Birch)가 타당하게 지적하는 바, 설명의 범위 너머에는 왜 많은 종족 집단이 사회적 지위와 행복을 위한 경쟁에서의 '성공'에도 '실패'에도 그 어떤 반응을 보이지 않느냐는 질문에 대한 대답이 남아있다. 그 예로 위에 언급한 기준들에 따라 '실패한 사람들'로 19세기 하반기 미국의 아일랜드인을 들 수 있으며, '성공한 사람들'로 동일한 시기의 독일계 유태인을 들 수 있다. 양자 모두 '민족주의적인 지향'을 표출하지 않았다."[36]

앞에서 살펴 본 세 가지 접근법은 자신만의 '좁은 공간'을 점유하고 있다. 원초주의자들은 시간 속에서 종족성의 의미(종족성의 다양한 강도)가 변동하는 것을 설명하지 못하며, "구성주의자들과 도구주의자들은 수 세기에 걸쳐 종족성/종족 소속감이 견고하게 유지되는 것을 해석하지 못한다. 또한 원초주의적 시각에서 본다면, 사회화와 프로파간다를 통한 소비에트형 인간 형성은 시작부터 실패

35) См.: *Rotshild J.* Ethnopolitics. N.Y., 1981.
36) См.: *Birch A.* Nationalism and National Integration. L., 1989.

에 처할 운명이었을 것이다. 그리고 소비에트적 정체성은 '종족적 소속감'에 비해 이차적인 것이고, 그렇다면 그런 상황은 종족적 연대를 대신하도록 주어진 강요된 '집단의 연대'에 극복할 수 없는 장애를 만들었어야 했다. 새로운 역사적인 국제 공동체로서의 '소비에트인'은 바로 그 때문에 존재할 수 없었다. 그러나 '나 – 소비에트인'이라는 공식으로 기술되는 정체성은 이데올로기의 산물이었을 뿐 아니라 러시아인을 포함한 수백만 소련 국민들의 실제적인 자기동일화가 되었다. 지금까지도 많은 러시아인이 대규모 공동체 소속 구성원의 지위가 사라진데 대한 병적인 상실감을 겪고 있고, 소비에트 시대에 겪었던 그 어떤 거대하고 위대한 것의 구성분자라는 느낌을 유지하고 있다(특히 고령층).

현대 러시아 사회철학자 말라호프(Владимир С. Малахов)는 원초주의의 결함에 주목하면서 지금까지도 학자들 대부분, 러시아 현실 정치가들 대부분의 '본질주의적(원초주의적)의 사고 습관'이라는 짧은 목록을 작성하기도 했다.[37]

- '종족'은 실재로 인정되고[38] 신화화된다. 종족의 신화화는 유기체론적인(구밀료프) 것과 낭만주의적(베르다예프)인 것으로 나뉜다. 두 번째 경우에는 태어나고 번영하고 사멸하는 그 어떤 유기체에 대신, '정신', '문화', '역사'가 언급된다.

---

37) *Малахов В.* Преодолимо ли этнноцентрическое мышление // Расизм в языке социальных наук / под ред. В. Воронкова, О. Карпенко, А. Осипова. СПб., 2002.

38) "본질주의의 뗄 수 없는 동반자는 과학철학에서 '실체시하는 물화'(hypostatizing reification)라고 불리는 지적 과정이다. 칸트 시대부터 모두들 실재로 인정한다는 것은 사고 대상을 있는 그대로 받아들이는 것이라고 알고 있었으며, 루카치 시대 이후에는 물화라는 것이 인간관계 속에 존재하는 것을 실제로 존재하는 그 무엇으로 받아들이는 것으로 알려졌다. 실체시하는 것이 사고를 사물로 전환시키는 것이라면, 물화는 관계를 사물로 전환시키는 것이다. 어떤 경우에도 이 두 가지는 우리 사고 대상의 물화를 전제로 한다.(Малахов В. Там же. С. 11.)

- 이 주제에 대한 러시아어 문헌 대부분에 의해 재생되는, 민족의 종족적 개념이 놀랄 정도로 집요하게 사용된다. 우리나라에는 민족을 정치적인 의미, 즉 시민 공동체로 이해하는 사람이 드물다. 러시아어 학자들에게 민족은 명시적이든 아니든 곧 종족 공동체이다. 모스크바 문화학자 마흐나치(Владимир Л. Махнач)는 "민족은 곧 종족이고 그밖에 아무것도 아니다."고 했다. 다른 학자들(예를 들어, 과학아카데미 회원 브로믈레이와 그를 추종자하는 학자들)의 경우에는 분명하지 않지만, 민족적인 것을 종족적인 것으로 단순화시키는 것이 러시아 사회학계의 특징적인 면이다.
- '소생', '재생' 등과 같은 은유들이 의도적으로 사용된다. 종족은 왕자를 기다리는 잠자는 숲속의 공주 또는 활기를 되찾아야 하는 기절한 존재 같은 것으로 여겨진다.
- 적용 불가능성 때문에 과거 국제 학계에서 잊힌 개념과 개념 구도들이 적용된다. '민족적 특징', '민족 문제', '민족 간 관계' 등이 그런 개념에 해당된다. '민족적 특징'이라는 개념은 먼저 혹독한 비판을 받았고, 나중에는 사회학적으로 의미가 없는 개념으로 취급되어 사용되지 않게 되었다. '민족 문제'라는 개념은 대략 1930년경에 제시되었고, 때로는 첨예해지고 때로는 유화되면서 유지되고 있으며, 항상 해결해야 될 문제가 되고 있다. '민족 간 관계'라는 개념은 물론 '종족 간 관계'라는 의미이다. 그리고 여기서 또다시 '종족'(этнос)은 서로 관계를 가지는 독립적인 주체들로 여겨진다.
- '문화' 그리고(또는) '문명'이라는 물질화된 개념이 사용되며, 문화 또는 문명은 전에 '종족성'이라는 개념이 '인종'이라는 개념의 자리를 차지했던 것처럼 이제 '종족'의 자리를 점차 차지해가고 있다.

말라호프는 실증주의, 정확히 말해서 '우연한 실증주의'를 '사고의 본질주의적 습관'의 가장 중요한 기반으로 여긴다. 즉, "객관적인 수단으로 정착되고 기술될 수 있는 객관적인 실재에 대한 믿음 ... 과학적 인식의 대상이 인식 주체의 외부에 독립적으로 존재한다는 표상"에 대한 믿음을 그렇게 여기는 것이다. 여기서 회의적 역사주의 ... 역사적 필연, 엄격한 역사 법칙, 발전과정 등에 대한 믿음이 또 다른 기반을 구성한다. 역사주의는 목적론과 연관되어 있으며, 알튀세르(Louis Althusser)가 성공적으로 명명한 '회고적 목적론'과도 연관되어 있다. 그것은 발생한 그 무엇을 실상 미리 결정되었던 것처럼 지나간 날짜로 설명하며, 발생한 사건(그들에게도 전혀 새로운 사건)에 대해 애초에 그런 사건 전환의 합리적인 근거가 존재했으므로 사건 전개 논리에 따라 그런 결과에 이르지 않을 수 없었다고 설명한다.[39]

앞서 언급한 것에 브루베이커(Rogers Brubaker)가 '집단주의'이라고 부른 것도 추가할 수 있다. 이것은 사회 집단들을 내적 구조와 집단적 의식을 갖추고 사회 운동의 기본적인 행위자로서 확고한 사회적 경계들에 의해 서로 단절된 것으로 보는 입장이다.[40] 예를 들어, 상트페테르부르크의 종족심리학자인 지미체프(Анатолий М. Зимичев)와 자바린(Алексей В. Забарин)은 "종족들을 통합하는 것은 실제로 불가능하다. 그것은 그 어떤 종족도 그 어떤 '그것'을 위해 '우리'를 포기하려들지 않기 때문이다. 아무도 그것을 원하지 않는다."[41]

그와 더불어, 만일 '합리적인 정체성 선택'이라는 측면에서 볼 때,

---

39) Там же. С. 12-14.

40) *Brubaker R.* Ethnicity Without Groups // Archive Europenne de Sociologie. Vol. XLIII. 2002. N 2. P. 164.

41) *Зимичев А.М., Забарин А.В.* К проблеме толерантности-интолерантности этносов // Вестник политической психологии. Бюллетень. 2008. № 1(8). С. 47.

도구주의자들이 생각하는 것과 같은 상황에 따른 정체성의 변화는 전혀 이해가 되지 않는다. 강압적인 동화 시도를 비롯하여 여러 차례 동화 시도가 있었음에도 왜 수백 년 동안 코르시카인은 프랑스인이 되지 않았고, 바스크인은 스페인인이, 플라망드인은 벨기에인이 되지 않은 것인지, 유태인은 어떻게 정체성을 유지하고 있는 것인지 이해가 되지 않는다. 그리고 왜 소비에트 정체성을 비롯하여 유고슬라비아의 정체성, 체코슬로바키아의 정체성은 덧없이 사라졌는지 이해가 되지 않는다. 그리고 실상 리투아니아인 또는 에스토니아인 대부분은 자신을 결코 소비에트인이라고 생각하지 않았고 단지 사회적 상황에 굴복했을 뿐이었는데, 소위 국가형성을 주도한 종족인 러시아인은 대부분 소비에트 정체성을 받아들였으면서도 자신의 러시아적 '동질성'을 유지했고 소비에트 연방이 붕괴되자 그것을 드러냈다. 이처럼 성공적인 종족적 통합이나 동화조차도 항상 불가역적인 것은 아니라는 점이 밝혀졌다.

종족성이 효과적인 정치적 동원의 도구라는 상황은 의심의 여지가 없지만, 정체성이 엘리트층이나 정치가들의 발명/구성품 그 이상이 아니라고 한다면 왜 바로 정체성이 그렇게 강력한 정치투쟁의 도구가 되는가하는 의문이 든다.

여기서 독일 학자 취리허(Christoph Zuercher)의 지적을 살펴볼 필요가 있다. "사회과학이 '민족'(нация) 또는 '종족'(этнос) 개념의 존재론적 내용을 아무리 성공적으로 파괴시켰다고 해도, 그 결과는 대중들이 그 개념을 사용하는데 별 영향을 주지 못한다. 헌팅턴과 루카스의 등장에 따라 문화 그리고 나아가 종족성은 구체적인 '우리'라는 집단의 성원들과 그 어떤 시원적인 고리들로 영원히 연결된 '그 무엇'인 것으로 보인다. 그러나 그런 접근법은 문화의 의미와 목적을 혼란스럽게 만들고 대폭 왜곡하게 된다." 그런데 "문화는 무엇보다도 소통의 형식으로 이해해야 한다. 물론, 그 소통 형식의 중요한 기능 가운데 하나가 다양한 '우리' 집단들 사이에 분계선을 설정하는 것이다. 그러나 문화는 또한 아웃사이더들도 배워 사용할 수 있는 소통 코드로 기능한다. 그에 따라 문화는 다양한 집단에게 열려있는 '만남의 장소'가 된다. 그리고 마지막으로 중요한 상황은 문화가 그 어떤 특별한 '우리' 집단의 유전적 속성이 아니라는 것이다. 문화는 구체적인 보유자 없이도 코드로서 존재할 수 있다."[42]

이처럼 포스트모던 개념들이 많은 '불편한' 문제들을 피해 간다는 것이 분명해 진다. 종족 정체성의 견고함, 세대를 초월하는 종족성의 특징에 관한 문제를 회피하며, 안정적인 시대에도 사람들이 자신을 특정한 종족 집단과 동일화한다는 점, 종족 정체성이 인간의 사회화 과정에서 형성된다는 점도 피해가며, 실제 현실에서 사람들이 자신의 종족 소속을 선택해야 할 필요성을 겪는 경우가 거의 없으며, 종족 정체성이 변화하는 개별적인 경우는 정치적 상황이나 이익 또는 개인의 안전을 위해 인간이 자신의 최초 종족 정체성을 숨기며 상황이 변하면 더 이상 숨기지 않는다는 것과 관련된다는 점도 다루지 않는다.

종족정치학(этнополитология) 분야의 현대 전문가들 대부분은 앞에 제시한 접근법들의 극단적인 적용은 거부하며, 진리는 그들 사이 어디엔가 있다고 여긴다. 종족성 연구에서의 기본 학설들의 일방성 극복을 위한 다양한 방안 탐색은 호로비츠(Donald Horowitz), 칼훈(Craig Calhoun), 스미스(Anthony Smith), 프리맨(Michael Freeman) 등의 연구에 반영되었다. 이들은 비록 인류학자들이 실상 모든 '종족들'에게서 다양한 신체적 유형을 발견했지만, 심리생물학적 요인의 역할을 알아보지도 않고 부정하지는 않는다. 공통의 기원에 대한 주관

42) См.: *Цюрхер К.* Мультикультурализм и этнополитический порядок в постсоветской России: некоторые методологические замечания // Полис. 1999. № 6. С. 152.

적인 믿음은 인간의 본성인 연대의 감정적 메커니즘도 포함시킨다. 그러나 그들은 역사적으로 형성되는 문화와 의식에 훨씬 더 큰 의미를 부여한다. 스미스가 강조하듯이, 바로 종족들의 고대적 뿌리와 그들의 혈연적 친연성에 대한 믿음과의 상호관계가 많은 면에서 그들의 높은 생존력과 보다 넓은 민족의식의 범위 내에서 살아남는 능력을 결정한다. 그는 1990년대 초에 이렇게 썼다. "현대 이전의 종족 정체성들에 대한 적당한 이해가 없으면, 우리는 가장 강력한 다종족 국가들의 섬유조직 조차 지속적으로 갉아먹고 파괴시키는 종족 집단들 간의 뿌리 깊은 분쟁에 대한 타당한 분석으로부터 스스로를 격리시키게 된다."[43]

그와 더불어, 프리맨의 말로 하자면 "종족성은 그저 정치의 문화적 기반이 아니다. 정치가 종족성에 결정적인 작용을 할 수 있기 때문이다."는 것도 널리 인정되고 있다.[44] 한편, 고로비츠는 융합이나 분리와 같은 종족적 과정들은 '원초주의적' 감정과 '물질적인 계산'의 조합에 의해 초래될 수도 있다는 점을 보여주었다.[45]

여기서 일단 정리하면서 종족 집단을 "문화를 공유하는 사람들 또는 후손들의 비자발적 연합 또는 자신을 소속 원칙에 따라 그 비자발적 집단과 동일화(그리고/또는 타인들이 그 집단과 동일화)하며"[46], 선택된 문화적 특징을 중심으로 결집하고 그런 특징들을 지속적으로 재생산하는 사람들이라 정의한다. 그런 문화적 특징에는 '우리 사람'이라는 것을 알아볼 수 있는 공통의 언어, 종교, 역사적 기억,

---

43) *Smith A.D.* Ethnic Identity and Territorial Nationalism // Thinking Theoretically about Soviet Nationalities: History and Comparison in the Study of the USSR / Ed. by A.J. Motyl. N.Y., 1992. P. 47-48.
44) *Freeman M.* Theories of ethnicity, tribalism and nationalism // Ethnic conflict, tribal politics / Ed. by Christie K. Richmond, 1998. P. 25.
45) *Horowitz D.* Ethnic groups in conflict. Berkeley, 1985. P. 66-70.
46) Цит по: *Kivisto P.* Multiculturalism in a Global Society. Oxford, 2000. P. 14.

공통의 가치, 신화, 의례와 표지가 포함될 수 있다.

그와 더불어, 칼훈이 특별히 지적하듯이, "공통의 '종족' 문화는 현대 민족들에게 정체성과 감정적 부담을 부과하는 중요한 역할을 하지만, 현대 국가 건설 그리고 전쟁과 그들 간 분쟁은 사람들의 생활 속에서 종족성의 의미를 변화시키며, 이전에 존재했던 (종족) 문화들 가운데 어떤 것이 민족 문화로 자리 잡게 될 것이고 어떤 것이 정치적으로 의미 있는 정체성을 창조하게 될 것인지를 설정하는데 도움을 준다."[47]

인간의 종족 정체성은 실제로 인간의 기본적인 정체성들 가운데 하나로 보이며, 그런 점에서 '원초주의자'들이 옳다. 그러나 그런 속성의 필요성, 활성화와 표현된 정도는 무엇보다 외적인 상황들(사회적 위기, '종족 경영자들'의 활동 등) 뿐만 아니라 개인의 고유한 지향성으로도 규정(구성)된다.

따라서 우리가 종족 집단에 대해 말하는 것은 곧 "우리가 인류 역사상 가장 견고한 공동체 가운데 일부에 대해 말하는 것이 되며, 그런 많은 공동체가 몇 가지 역사적 시대, 종교적 표상들의 교체, 혁명과 사회적 격동을 거쳐 왔다. 종족적인 동일화는 무엇보다 인간과 실제로 존재하는 매우 확고한 공동체와의 동일성을 보여주는 만큼 매우 확고하다." 그 외에도 압크센티예프(Виктор А. Авксентьев)의 지적에 따라 종족 공동체들이 "세대를 거치는 확고한 사회적 시스템이며, 그 시스템의 개별 요소들의 변화는 반드시 시스템의 속성 상실을 초래하지 않는다."[48]는 점을 언급해 둘 필요가 있다.

어느 정도까지는 종족성을 성(性)별 또는 연령별 정체성과 동일한 것으로 볼 수 있다. 그런 정체성은 상대적으로 불변적이며(기본적

---

47) *Калхун К.* Национализм. М., 2006. С. 139.

48) *Авксентьев В.А.* Этническая конфликтология: в поисках научной парадигмы. Ставрополь, 2001. С. 39, 41.

으로 주어진 지위를 가진다는 점에서), 다양한 밀도로 나타날 수 있다. 종족 소속감(예를 들어, 러시아인)은 자신의 나라로 인정되는 국가에 대한 충성심에 의해 제한될 수도 있지만, 파시스트 정당인 '러시아민족통합'(Русское национальное единство)에 가입하는 것으로 나타날 수 있고 '러시아인을 위한 러시아'(Россия для русских)를 만든다는 미명하에 러시아에서 '내부의 적'을 소탕하는 투쟁에의 참여로 나타날 수도 있다. 월먼(sandra wallman)에 따르면 특정 상황에서 종족성은 "사람들의 집단에 의해 통합의 수단, 사회적, 정치적, 문화적 또는 인종적 목적 실현을 위한 종족 동원 자극제로 사용된다. 그리고 종족성이 의미를 상실하여 인간에게 부담만 되는 상황도 있을 수 있다. 그런 경우 인간은 민족성에서 벗어나려 애쓰거나 자신의 실제 소속 종족을 부인할 수도 있다."[49] 이처럼 종족 정체성 발현의 다양한 강도에 대한 이야기는 있을 수 있지만, 정체성의 존재 또는 부재에 대한 이야기는 있을 수 없다.

따라서 '우리-그들'이라는 원형 대비가 종족적 자의식, 종족들 간 관계의 기반에도 자리 잡고 있으며, 종족성은 '우리'와 '우리가 아닌 자들'과의 비교에서 나타나는 집단적 특징이라는 것은 널리 인정되고 있다고 여길 수 있다. 그런데 그 원형은 가장 오래된 것 가운데 하나다. 포르시네프(Борис Ф. Поршнев)는 그런 심리적인 경계 설정은 원시인들이 자신들의 동물적인 조상들을 위협하고 적대적인 '비인간' 또는 '반인간'으로 여겨 싸웠던 경험의 흔적이라고 생각한다.[50] 한편, 문헌학자 파트리지(Eric Partridge)는 "원시인들이 자신을

---

49) *Wallman S.* Foreword and Introduction. L.; Basingstoke, 1979. P. IX.

50) *Поршнев Б.Ф.* Социальная психология и история. М. 1979. С. 83. См.также: *Степанов Ю.С.* Константы. Словарь русской культуры. М. 1997. С. 477-480. — "종의 신호, 인간의 초기 생물학적 발달 단계에서의 대비적 신호를 우리는 강력한 발생적 기반을 가진 비수용 속성을 이해기 위한 초기적이고 단순한 기산점으로 볼 수 있다." (*Панеш Э.Х.* Этническая психология и межнациональные

칭하는 이름의 90%는 '사람', '유일한 사람들', '사람들 중의 사람들'을 의미하며, 이것은 곧 우리는 사람이고 나머지는 그 어떤 다른 것이라는 의미다."라고 썼다.[51] 학자들이 'ино-странность'라는 복합어, 즉 '다름'(иной, '낯설'(чужой) 뿐만 아니라 '이상한'(странный)이라는 의미의 복합어가 곧 다른 민족 공동체들에 대한 태도의 시발점이었다고 여긴다. 다른 언어들과 비교해 보면, 그런 복합어가 러시아어에만 있는 것이 아니라는 것을 알 수 있다. "예를 들어, 프랑스어의 '외국인'(etranger)이라는 단어는 '낯선', '이상한'이라는 의미의 형용사가 명사화된 것이다. 독일어 어근 'fremd'와 다른 언어들의 상응하는 어근들도 마찬가지라고 할 수 있다."[52]

원초주의자들을 포함한 많은 학자들이 '종족', '종족성'을 '집단 정체성'이라는 개념을 통해 정의하고 있다는 점을 특별히 밝혀둔다. 구밀료프도 종족을 정의하면서 다음과 같이 썼다. "이것은 다른 모든 집단으로부터 자신을 분리시키는 특수한 집단 ... 종족을 정의하는 데 있어서 우리가 알고 있는 모든 경우들에 적용될 수 있는 실제적인 속성은 하나도 없다. 언어, 기원, 관습, 물질문화, 이데올로기는 종종 결정적인 요인이 되기도 하지만 때로는 그렇지 않기도 하다. 유일하게 그렇지 않은 것으로 들 수 있는 것이 '우리는 어떤 사람이고, 나머지 모든 사람은 다르다.'는 각자의 인식이다."[53] 시케비치(Зинаида В. Сикевич)도 다음과 같이 썼다. "우리는 민족

отношения. Взаимодействие и особенности эволюции.(На примере Западного Кавказа.) СПб.,1996. С. 9.).

51) Цит по: *Уолц К.Н.* Человек, государство и война: теорический анализ // Социально-политический журнал. 1997. № 5. С. 208.

52) *Чугроз С.В.* Россия и Запад: метаморфозы восприятия. М. 1993. С. 14. См.также: *Степанов Ю.С.* Константы... С. 483; *Штихве Р.* Амбивалентность, индифферентность и социология чужого // Журнал социологии и сочиальной антропологии. 1998. Т.1, № 1. С. 41-52.

53) *Гмилев Л.Н.* Этногенез и биосфера земли. Л., 1990. С. 95.

성을 강도는 다양하지만 특수하고 불변적인 것으로 이해하며, 생물유전적이고 생물사회적인 단일성을 기반으로 형성되며 종족 공간 내에서 집단 간 상호작용 과정에서 '우리'와 '우리가 아닌 자들'의 비교 형식에서 나타나는 집단 정체성과 연대성의 상태라고 이해한다." 또는 "종족성은 역사적으로 확고하며 초지역적인 동일화의 복합체이다."[54] 따라서 "종족성은 동일화 범주이며, 개인 수준에서는 특별한 형태의 '나' 개념으로 나타난다."[55] 그리고 개인적인 민족 정체성은 "자신을 그 어떤 종족 공동체에 의식적으로 소속시키는 것이며, 다양한 종족적 표지를 사용하고 그것들을 구체적으로 해석하는 것이다."[56] 종족적인 '나'의 표현 단계는 인간이 자신을 어떻게 규정하느냐에 달려있다. 자기규정 구조에서 그리고 무엇보다 사회적 동일화 매트릭스에서 종족 소속감은, 사회학적 연구자료에 따르면, 지속적인 것은 아니지만 근본적인 위치를 차지한다. 종족적인 '나'의 의미는 불안정한 위기 사회에서는 대폭 상승하며, 사회적 안정의 시기에는 뒷전으로 밀려나듯 자신의 위치를 전적으로 사회적인, 인간의 노력에 의해 획득되는 특징들에게 양보한다. 그 외에 분산된 종족 집단 구성원과 종족적 소수 집단 구성원의 '나-형상' 속에서 종족적 '나'의 '비중'은 '명목적' 또는 지배적 민족(народ) 구성원의 경우에 비해 뚜렷하게 높다. "집단 수준에서 종족적 '나'는 '우리'로 전이된다. 즉, 집단 정체성 그리고 동시에 집단 연

54) См.: *Сикевич З.В.* Этнический фактор в политических процессах современной России. Дис. ... д-ра социол. наук в форме научного доклада. СПб.,1996. С. 7-8; 39; Ethnic Identity: Cultural Continuities and Change / Ed. by G. de Vos, L. Romanucci-Ross. Chicago; L., 1982. P. 296; Ethnic Identity: Formation a. transmission among Hispanies and other minorities / Ed. by M.E. Bernal, G.P. Knight. Albany, 1993. P. 4. и др.

55) *Сикевич З.В.* Социология и психология национальных отношений. СПб.,1999. С. 19.

56) Ethnic Identity: Cultural Continuities and Change... P. 16.

대의 특징을 가지게 되는데, 후자는 전자와 불가분의 것으로 나타난다."[57]

종족 정체성 표명은 집단 내부적 그리고 집단 간 소통에서 다양하게 나타난다. 전자의 경우 소통은 기본적으로 긍정적인 것이 되고, '나와 유사한 사람들 속의 나'라는 방향이 작동하며 종족 정체성은 잠시 억제되는 듯 해진다. 두 번째 경우 소통은 종종 긍정적이지 않으며, '나와는 다른 사람들 속의 나'라는 방향이 작동하여 결과적으로 종족적 '나'의 의미가 커진다. 타민족 환경 속에서 개인의 행동은 한편으로는 과시적인(자신을 드러내려는 욕망) 특징을 보이며, 다른 한편으로는 타민족 구성원들의 기대에 상응하게(흉내 내기 효과) 구성된다. 이처럼 정체성은 '자신을 위한' 것일 수도 '타인을 위한' 것일 수도 있으며, 그것들은 본질적으로 구별될 수 있다.

종족성은 문화적 또는 상징적 범주이다. 사회는 발전할수록 점점 더 구조화되고 복잡해지며, 사회적 차별이 심화되어 차이가 유사성보다 더 커지기 시작한다. 그런 조건에서 문화를 통합하는 요체가 되는 것은 문화인류학자들(Clifford J. Geertz 등)이 말하는 '공통의 사고', '공통의 의미' 속에서 나타나는 공동의 상징적 환경이다. 이런 의미에서 종족 정체성은 곧 "자신을 다른 집단과 구별하기 위해 문화의 몇 가지 측면을 주관적이고 상징적으로 또는 상징물로 사용하는 데 있다."[58]

종족 공동체 구성원들이 이해하고 수용한 상징체계는 행동의 가치·규범적 조정자로서 해당 종족 집단의 단일성 보존에 도움을 주며, 종족적 상징의 '장'(場)으로서 다양한 지위와 형식의 집단들에 포함됨으로써 획득되는 다른 모든 상징의 장(場)들에 우선한다. 한

57) *Сикевич З.В.* Социология и психология национальных отношений... С. 19.
58) Ethnic Identity: Cultural Continuities and Change... P. 17.

편, 다른 모든 기본적인 필수요소들이 보존된다면 상징적 환경의 파괴가 바로 종족성 상실로 이어지는 것은 아니라는 점을 다시 한 번 상기할 필요가 있다. 언어와 같은 중요한 종족성의 필수요소 상실이 자동적으로 종족 정체성이 소멸됨을 의미하지는 않는다. 발리어가 주로 산악지역에서만 보존되었던 웨일스 지방에서 설문 대상자의 57%(1979년)가 자신이 웨일스인이라고 응답했고, 단지 33%만 영국인이라고 응답했다. 이미 오래전부터 영어를 사용하는 스코틀랜드에서도 스코틀랜드인이라는 응답이 52%, 영국인이라는 응답이 35%였다.[59] 한편, 영국 정체성이 뿌리내리는 과정은 긍정적인 방향으로 이루어졌다는 점을 부언해둔다. 2006년에 영국 수상 브라운(Gordon Brown)은 다음과 같이 주장했다. "몇 년 전만해도 단지 우리 국민 절반 이하(46%)가 명확하게 자신을 영국적 특성과 연합시켰는데, 오늘날에는 이미 2/3(65%)가 그렇다. 그리고 영국 국민들은 다른 모든 유럽 국가 국민들보다 더 큰 애국심으로 조국을 대하고 있다."[60]

공동의 종족적 '의미' 체계를 획득하는 것은 어린 시절, 최초의 사회화 과정에서 시작되므로, 그 과정을 기본적인 상징적 환경으로 볼 수 있다. 미국의 사회심리학자들의 견해에 따르면, 종족 정체성을 구성하는 요소들 가운데 개인의 발달 시기에 결정적인 것은 종족적 특징들의 불변성과 견고성 또는 '종족적 항구성'이다. 그리고 인간의 행동과 의식 속의 종족적 불변 요소들은 12~13세 이후에 확립된다. 종족적인 차이를 인식하는 데는 "단순한 지각 이외에 사회문화적 동일화와 세대 간 정보 전달의 보다 복잡한 메커니즘

59) *Нарочницкая Е.А.* Этнонациональные конфликты и их разрешение. (Политические теории и опыт Запада.) М., 2000. С. 19.

60) *Браун Г.* Что значит быть британцем? // Россия в глобальной политике. 2006. Т.4. № 5. С. 94.

이 필요하다. 따라서 기본적인 심리사회학적 특징들의 불변성을 단계적으로 인식하는 과정이 종족적 항구성을 형성한다."[61]

그와 더불어 종족성은 정서적·감정적 범주이다. 종족성은 체험되는 것이며, 그 체험은 다분히 비이성적일 수 있다. 바로 애국심, 민족 우월감 또는 수치심 등에 대해 말하는 것은 우연이 아니다. 물론 애국심이 종종 사회화 체계를 수단으로 국가에 의해 구성될 수도 있다. 그러나 그것은 '감정의 구성'일뿐 자신의 조국과 민족(народ)에 대한 합리적인 태도는 아니다. 이처럼 개인적 수준에서 애국심은 감정적 자기동일화의 특별한 형식이다. 따라서 레르몬토프(Михаил Ю. Лермонтов)는 "나는 조국을 사랑한다, 이상한 사랑으로. 나의 이성이 그것을 이기지는 못하리."라고 썼다.[62]

사회적인 역할, 지위, 영향력과는 달리 종족성은 사회적 관계나 제도 변화, 사회 전반의 상황 변화에 훨씬 덜 종속적이다. 그런 의미에서 종족성은 정체성의 가장 불변적인 범주들 가운데 하나다. 그리고 개인의 종족 정체성은 집단의 종족 정체성에 비해 더 쉽게 변하지는 않는 것으로 생각된다. 사회 제도가 자기재생의 능력이 있고 커다란 관성을 가지고 있기 때문이다. 그리고 첫째, 종족 집단의 개인 성원이 현행 법규와 가치를 수용하고 성원의 자격을 유지하는 것이 그것들을 바꾸거나 정체성을 변화시키는 것보다 항상 쉽다. 둘째, 공통성의 발생과 공통성의 에토스(этос) 형성은 보통 조직과 집단 발생을 촉진시키고 그것들의 존재에 도움을 준다. 마지막으로 세 번째, 집단의 발전이 특정 방향으로 이루어지게 되면 그 후 조직의 숙련된 기능, 관습과 습관, 지적인 지향 등은 바로 그 궤도를 따

61) Ethnic Identity: Formation a. Transmission among Hispanies a other Minorities. P. 1,12,14.

62) 레르몬토프에게서는 조국에 대한 다른 판단도 찾아볼 수 있다. 예를 들면, "안녕, 말끔하지 못한 러시아여,/ 노예의 나라, 귀족의 나라,/ 그리고 너희들 푸른 관복을 입은 자들, 그리고 너 그들에게 충직한 민중이여."

라간다.

그러나 집단 정체성의 형식으로서의 종족성 자체도 의심의 여지 없이 일시적인 변형을 겪는다(외부 사회적인 조건과 종족 경영자들의 조작의 작용에 따라 종족성 발현과 활성화 정도 그리고 그 내용의 충만함이 달라질 수 있다). 그런 의미에서 종족성은 "자신의 역사를 가지고 다양한 문맥에서 사용되는, 변화하는 상황적 현상이다."[63]

이와 관련하여, 충분히 임의적으로 1) 종족적인 안정, 2) 활성화된 종족성, 3) 정치화된 종족성이라는 기본적인 세 가지 "종족성의 상태"를 구분해 볼 수 있다.

안정 상태에서는 해당 사회 종족 층위 체계 내에서의 지위와 관련된 문제들, 즉 정치적, 경제적 입장, 문화적 발전 가능성과 관련된 문제들은 종족 집단 구성원 대부분의 경우 관심의 주변부에 위치하거나 전혀 관심을 끌지 못한다.

소속 종족에 따른 사회적 불평등 요소들이 있는 경우, 그리고 종족 공동체의 정상적인 기능, 생활능력, 지속적 발전을 확보하는데 필요한 많은 중요한 문제들이 해결되지 않은 경우에는 종족성의 활성화가 발생한다. 공동의 집단 가치 구조 속에서 종족성의 의미가 커진다. 종족성은 집단 통합 메커니즘의 역할, 그리고 종족성을 공동의 역사, 문화, 관심 및 필요성으로 상호 연관되어 있음을 인식하는 '우리-공통성'으로 형성하는 역할을 수행하기 시작한다.

탈소비에트 공간에서는 독립적인 국가들이 형성되었다는 사실 자체, 종족 집단들 가운데 일부 종족이 '국가를 구성하는' 종족이 되고 나머지는 종족적 소수의 입장에 처하게 되어 종족 집단들의 지위가 변화된 점이 종족성 활성화를 촉진시켰다. 종족성 활성화

63) *Дробижева Л.М.* Социальные проблемы межнациональных отношений в постсоветской России. М., 2003. С. 11.

는 어떤 종족에 속하느냐의 의미가 커졌다는 점을 의미하지만, 아직은 집단들이 공동 행위를 할 준비가 되어 잇다는 것을 의미하지는 않는다. 바로 그런 전제로 정치화된 종족성이 등장한다. 그 경우 집단은 "정치적 목표를 달성하고 권력의 일부를 차지하려 노력하거나 또는 국가 메커니즘에서 자신의 이익에 도움이 되는 변화를 일으키려고 노력한다."[64]

종족성의 정치화는 '종족 경영자들'에 의해 의도적으로 종족 집단들이 동원된 결과라는 점을 강조할 필요가 있다. 그리고 단지 명목 종족 집단의 이익 실현을 위한 정책을 우선시하려는 시도는 법률적인 측면에서도 정치 논리 측면에서도 정당화될 수 없다. 그것이 다수 종족과 소수 종족들 간 관계에서 긴장을 제고시킬 것이기 때문이다.

따라서 우리는 종족 정체성의 다양한 역사적·시간적 변이체가 존재한다고 주장할 수 있다. 종족 정체성은 이데올로기적, 계급적, 직업적 또는 기타 연대가 활성화되어 종족적 불평등의 의미가 작아질 때 약화된다. 그리고 권력이나 기타 정치적 자원(영향력, 특권, 지위 등)을 위한 종족 간 투쟁이 격화될 때, 그리고 공통의 기원, 전통, 문화적 상징성의 공유를 기반으로 형성된 종족 정체성이 격변과 아노미에 대항하는 유일한 상수가 되는 사회적 변화 상황에서 종족 정체성의 역할이 커진다(특히 이것은 소련 붕괴 이후에 민족적 과정이 왜 그토록 거세게 진행된 것인지를 설명해준다). 따라서 "종종 종족성 상실이라고 부르는 것은 대개 종족의 자기동일화로 이어지며, 드물게는 다수의 종족 정체성 형성으로 정체성이 더욱 복잡해진다. 그러나 무엇보다 자주 시민적, 사회적, 직업적, 정치적 정체성 등 다른 동일

---

64) *Ребкало В.А., Обушний М.І., Майборода О.М.* Етнонаціональні процеси в сучасній Україні. Кїев, 1996. С. 31.

화 형태와 비교할 때 종족성의 상대적인 비활성화와 관련된다."[65]

이미 앞에서 언급했듯이, 종족성은 비교와 소통 너머에서는 존재하지 않으며, 다른 종족 집단과의 상호작용 과정에서만 자신의 특징, '개별성'을 드러낼 수 있다. 이점에서 즈드라보미슬로프(Андрей Г. Здравомыслов)는 '민족' 개념이 준거적인 성격을 가진다고, 즉 반드시 민족적 '우리'와 타민족의 의미를 가지는 '그들' 간의 비교가 전제되어야 한다고 했다.[66] "독일인이 있기 때문에 러시아인이 러시아인인 것이다." 종족 정체성의 구성 수준에 대한 판단은 무엇보다 인간/집단이 자신의 민족(народ)과 다른 민족(другие народы)들을 어떻게 받아들이느냐, 스테레오타입의 동일성과 차이가 어떤 특징을 가지느냐에 따라 이루어져야 한다.

그 외에, 각 종족적·민족적 자의식 속에서 나름대로의 '의미 있는 다른 민족·종족 집단들'의 위계가 구성된다. 그것은 때로는 역사적, 지정학적 상황에 따라 러시아와 러시아인의 민족 정체성 형성에 극히 중요한 '서구의 형상'처럼 문명적으로 가까운 민족국가 형태 집단들의 종합적인 형상일 수 있다. 그 위계 속에서 어떤 종족·민족 공동체의 위치는 객관적 요인들(종족 간 분쟁 발생의 빈도 및 특징, 다양한 종족 출신 인물들의 통치 체계 포함 여부, 소득과 교육 등에서의 차이)뿐 아니라 집단의식 현상들(종족 공동체 전체의 자기평가와 내부 집단들의 자기평가, 다른 종족 공동체 구성원들의 그에 대한 평가 등)이라는 조건에 따라서 정해진다.

'우리'와 '그들' 간 상관관계의 특징은 변화 없이 유지되는 것이 아니라 실제 민족 간 관계와 접촉에 따라 규정된다. 따라서 일부 학

---

65) *Пистрякова С.А.* Проблемы иммиграции: толерантность против ксенофобий и дискриминации. 2-е изд. М., 2009. С. 31.

66) *Здравомыслов А.Г.* Этнополитические процессы и динамтка национального самосознания россиян // СОЦИС. Социологические исследования. 1996. № 12. С. 84.

자들은 '민족' 개념이 준거적 성격(Андрей Г. Здравомыслов)뿐만 아니라 상대적, 비교적 성격을 가진다고 여긴다. 바로 그 점에서 티시코프는 "민족은 믿음의 산물이다."는 결론을 내린다.[67] 우리는 전반적으로 그의 그런 결론에 공감한다. 그의 결론에 비상식적인 것이 없고, 민족을 현대의 '사회적 기획'으로 여기는 소위 '구성주의자들'(Benedict Anderson, Ernest Gellner, Craig Calhoun Eric Hobsbawm 등)의 학술적 입장과 합치하기 때문이다. 이러한 정의는 민족을 '매일매일의 국민투표'(каждодневнй плебисцит)로 규정하는 '르낭'(Ernest Renan)식 정의에 뿌리를 두고있다. 한편, 우리는 민족은 단지 "정치적 구호"에 지나지 않으며, 민족이라는 개념은 존재할 권리가 없어 학술 언어에서 사라져야 한다."는 그의 극히 급진주의적인 선언에 동의하지 않는다.[68]

종족 정체성 뿐 아니라 민족 정체성의 중요성, 필요성 그리고 견고성은, 앞에서 밝힌 것처럼, 적어도 세 가지 개인의 기본적인 심리적 요구로 열망으로 규정된다.

- 첫째, 안전과 보호에 대한 열망
- 둘째, 공동체, 집단에 소속되고자하는 열망
- 셋째, '나'의 독자성, 유일성, 자기 확신, 타인으로부터의 독립성에 대한 열망인데, 개인으로서의 인간 존재는 곧 다른 사람들과 절대적으로 비슷하지 않다는데 있기 때문이다.

프롬(Erich Fromm)이 제시한 바, 첨예한 사회적 위기, 전통적 공동체의 붕괴 및 사회의 파편화 조건에서 개인은 종종 획득한(또는 강요

67) См.: *Тишков В.А.* О нации и национализме // Свободная мысль. 1996. № 3.
68) Там же.

된) 자유를 안전하다는 느낌(환상일지라도)과 집단에 대한 소속감으로 바꿀 준비가 되어있다. 또 그의 견해에 따르면, 바로 정체성에 대한 일반적인 열망이 사람들이 사회적 지위를 획득하려는 노력 뒤에 자리 잡고 있으며, 그가 기술한 '자유로부터의 도피'의 네 가지 심리적 메커니즘 가운데 하나인 순응주의의 배경에 자리 잡고 있다. 양차 대전 사이 기간에 바로 그 대중적 열망이 종족적·인종적 정체성을 활성화시키면서 파시스트 운동을 만족시켰다. 특히 프롬은 다음과 같이 썼다. "다른 모든 전통과 마찬가지로 종교와 민족주의는, 그리고 아무리 비합리적이거나 수치스러운 신앙일지라도 그것이 개인은 다른 사람들과 연결시켜준다면 신앙도 마찬가지로, 인간이 무엇보다도 더 두려워하는 고립으로부터 구원해주는 은신처가 된다."[69]

위에 언급한 인간의 심리적 열망은 명백한 상호모순을 이루는데, 그것은 동일화와 개인화로 설명된다. 고프만(Erving Goffman)이 개인의 정체성은 개인의 고유한 정상상태(일상성)와 유일성이라는 두 가지 환상들 간에 균형을 잡는 것과 관련되어 있다고 한 것은 우연이 아니다.[70]

이 모순은 종족 정체성 범위 내에서는 해결될 수 없다(또는 개인의 '나' 실현 욕망을 억누르는 방법으로 해결될 수 있다). 그것은 종족적 공통성이 본질적으로 집단의 공통성(구밀료프에 따르면 자연적 공통성)이며, 그 속에서 개인은 자신과 집단을 구별하지 않으며, 단지 집단적 사고 범주 내에서만 자신을 개인이 아닌 것으로 인식한다. "그런 의식에서 모든 다른 집단은 '낯선', '적대적인' 집단이다. 여기서 '자신의 집단'과 '낯선 집단' 간에는 상호 화해나 협력을 유도하는 그 어

69) *Фромм Э.* Бегство от свободы. М. 1990. С. 20.
70) Цит по: *Попова О.В.* Политическая идентификация в условиях трансформации общества. СПб., 2002. С. 31.

떤 매개 고리도 없고 공통적인 가치도 없다. 바로 여기서 한 종족의 다른 종족에 대한 대립이 발생하며, 그것은 힘으로 해결되거나 초민족적 가치(예를 들어, 종교적 가치 또는 민족적 가치)로의 정신적 '돌파'를 통해 해결되거나 또는 그 두 가지 방법으로 해결될 수 있다."[71] 이것은 개인이 가지는 정체성들 가운데에서 '전형적인 '좌표 시스템'을 제공하여 그 속에서 사회적 현실이 상대적인 총체성과 '이해 가능성'을 획득하게 하는 의미들이 뚜렷이 드러나기 때문이다.' 모더니즘 시대에 그런 정체성의 역할을 하는 것은 민족적, 정치적 정체성이며, "그것은 개인의 동일화 매트릭스 구조를 정돈하는 의미를 가진다."[72] 따라서 정치가들이 종족 정체성을 활성화하려는 것, 사회 내에서 종족 정체성이 지배적인 것은 사회를 복고시키는 것, 고대적인 또는 보다 원시적인 형태의 공통성 인식으로 복귀하는 것을 의미한다.

각 개인은 앞에 언급한 모든 열망을 만족시키려 하므로 개인들 간의 합의가 필요하다. 합의 과정은 개인이 자신의 안전과 공동체 소속에 대한 열망을 만족시키면서 의식적으로 자신을 민족 공동체와 동일시하여 '우리'라는 감정을 형성하고, 다른 한편으로는 독자성에 대한 열망을 만족시키면서 자신이 속한 공동체를 다른 공동체들과 비교하여 구별하고 자신의 공동체에 특수성과 우월성을 부여하여 '그들'이라는 감정을 형성하는 데서 표현된다. 이처럼 "공동체의 의미는 그 구성원 각자의 개인성 속에 유지되고, 개인의 의미는 공동체의 의미에서 나오며", "진정한 공동체 ... 그것은 책임 있는 개인들의 공동체이다."[73]

---

71) *Межуев В.М.* Идея национального государства в исторической перспективе // Полис. 1992. № 5-6.

72) *Панов П.В.* Институты, идентичности, практики: теорическая модель политического порядка. М., 2011. С. 94.

73) *Франкл В.* Человек в поисках смысла. М. 1990. С. 15-16.

개별적·개인적 수준에서도 집단 수준에서도 종족성은 일련의 의미 있는 기능을 수행한다.

종족성은 공동체 구성원에게 특정한 제도적 규범을 제시함으로써 사회적 행태 조정자 역할을 한다. 다양한 지위를 가지는 현대인은 일련의 사회적 역할을 동시에 수행하며, 서로 연관성이 없기도 한 다양한 집단에 소속되어 있다. 이때 각 역할과 각 집단은 그에게 특별한 규범적 요구를 하는데, 그것들은 종종 서로 합치되지 않고 모순적이기도 하다. 바로 종족성이 공동체에 의미가 있는 전통, 관습, 가치를 기반으로 개인 간, 집단 간 소통을 조정하는데, 그것이 종족성의 조정 기능이다.

종족성은 단일한 상징적 환경을 형성하면서 전형적인 정보 필터 역할을 한다. 현대 사회에서 인간은 부지불식간에 다양한, 종종 내적으로 모순되기도 한 정보의 강력한 흐름에 빠지게 된다. 종족성은 그 정보의 흐름을 정리하고 체계화하는데 도움을 줄 뿐 아니라 공통의 문화적 가치와 이상이라는 관점에서 그것을 '체질하여' 걸러내기도 한다. 바로 여기에서 종족성의 정보 기능이 나타난다.

또한 종족성은 인간의 심리적인 견고성과 명확성에 대한 열망을 만족시키는데 도움을 준다. 종족성의 활성화는 곧 주변 사회 환경의 통일성 또는 불안(급격한 변화)에 대한 보호적 반응으로 인간의 가치체계 붕괴를 초래할 수 있다. 종족적, 전통적인 것의 상대적인 불변성은 사회적 혁신에 대한 저항력으로서 사회·심리적 동요와 아노미가 강화되는 것을 막아준다. 종족성의 보호적 기능은 바로 여기에 있다.

특정한 상황에서 종족성은 경제적, 정치적 목적 및 기타 목적 달성에 효과적인 수단이 될 수 있다. 사회적 위기 또는 첨예한 집단 간 분쟁 상황에서 바로 종족성이 (정치 엘리트들이 조작을 목적으로 효과적으로 사용하는 경우) 집단의 사회적 기대와 정치적 요구를 사전조율하기 시작한다. 즉, 종족성이 정치적 동원의 수단이 된다. 여기에서 종족성의 동원 기능이 나타난다.

종족성은 대중 동원 단계에서 집단 성원들의 의식과 행동의 방향에 동기를 부여한다. 이 경우 종족 집단은 사회적 현실과 정치적, 경제적 가치 및 기타 가치들을 먼저 종족·민족적 이익에 부합하느냐의 프리즘을 통해 살펴보며, 강조된 종족성 자체가 사회적, 정치적 변화 평가의 기준이 된다. 여기에 민족성의 동원 기능이 있다.

한편, 종족성 기능의 과대 증대는 반드시 종족 공간의 파괴, 종족 간 관계의 불안으로 이어지게 된다.[74]

동일화 메커니즘이 주관적 심리적 본성을 가졌다는 점을 다시 한 번 언급한다. 그러나 그럼에도 종족성은 각 개인에게 객관적으로 존재하는 요인들에 의해 제약되고 지지된다. 그런 요인으로 영토, 언어, 종교, 국가, 전통 등 문질 문화와 일상 행위의 기본 모델, 미적, 윤리적 규범 등을 통해 구체화된 것들을 들 수 있다. 그리고 그것들은 주관적 형식으로 변형되어 종족 정체성의 상징·표시의 기능을 수행하면서 종족 자결의 기반으로 기능한다. 영토('조국', '고향 땅'), 언어('모어'), 국가('조국'), 집('집안의 화덕'), 종교('진정한 종교 – 정교, 거짓된 종교 – 이교') 등 많은 상징체계가 '우리'라는 종족적·민족적 공통성을 '그들'이라는 다른 것과 구별하며 동시에 '나'의 '자신'의 친족 공동체에 대한 소속감을 부여한다.

일군의 학자들은 종족 정체성을 다층적인 구조로 본다. 첫 번째 수준은 계급화와 고유의 동일화로 '우리 – 그들' 대비 형성의 기반이다. 두 번째 수준을 구성하는 것은 '종족적 형상 형성', 즉 종족 공동체에 특정한 문화나 지위의 특징을 부여하는 것이다. 체스노

---

74) См.: *Сикевич З.В.* Социология и психология национальных отношений. Учеб. пособие. СПб., 1999. С. 21.

프(Ян В. Чеснов)의 견해에 따르면, "종족적 형상 속에는 무엇보다 공간적·시간적 요인들, 그리고 외적인 표지가 되는 육체적, 물질적 특징 등이 구현되어 있다. ... 종족적 형상은 스테레오타입이 아니라 고유의 행태 스테레오타입을 동기화 시키는 또는 타인들이 기대하는 이상적인 모습이다."[75]

종족적 형상 창조와 지역적 정체성 발현에서 공간적 특징은 종족 전체에만 해당되는 것이 아니다. 그것은 지역적 자기 동일화의 개인적으로 위계화된 체계 속에서도 찾아볼 수 있다. 또한 그것은 '지역적' 정체성(마을, 도시 등 구체적인 거주지역의 주민) 그리고 특정 지역의 하위종족 공동체 (포모르, 코사크, 시비랴크 등), 지방(포모리예 주민, 프리우랄리예 주민, 시베리아 주민 등) 등과 자신을 동일화하는 수준도 포함한다. 세 번째 수준은 종족적 이데올로기로서, "다른 종족 집단들과의 관계에서 어느 정도 자신의 집단의 과거, 현재, 미래에 대한 시각과 관련된 것'으로 이해할 수 있다."[76] 영국학자 엡스타인(Arnold L. Epstein)은 인간과 사회 집단의 종족적 자기 동일화의 특별한 의미를 강조하면서, "그것은 더 적은 역할, 지위, 동일화를 포함하는 최종적 동일화이다."라고 주장했다.[77]

다시 한 번 강조하건대, 우리는, 형성 메커니즘은 유사하지만 주로 상황 의존적이고 회의적인 정치적 정체성 등과는 달리, 종족 정체성은 상대적으로 견고하며(항시적이며), 상황보다 우위에 있고 강한 회의의 대상이 되지 않는 특징을 가진다고 본다. 정치적 정체성은 보통 정치의식 속에서 '중간 수준'의 구조적 요소로, 즉 정치적

---

75) *Чеснов Я.В.* Этнический образ // Этнознаковые функции культуры. М., 1991. С. 62.

76) См.: *Скворцов Н.Г.* Этничность и трансформационные процессы // Этничность. Национальные движения. Социальная практика. Сб. статей. СПб., 1995. С. 10-11.

77) *Epstein A.L.* Ethnos and Identity: Three Studies in Ethnicity. L., 1978. P. 16.

가치와 정치적 선호 사이의 중간적 수준의 요소로 취급된다.

그리고 정치적 정체성 현상이 단순히 기본적인 정치제도나 행위자와 관계된 정치적인 기준들의 집합이 아니라 정치적 의식의 다층적인(매트릭스적인) 파라미터 현상으로 보는 것이 타당하다고 생각된다. 한편, 정치적 의식은 감정적 색채를 띠며, 발생하는 정치적 사건들에 대한 회의에 개인이 불필요한 노력을 들이지 않고 충분히 쉽게 그 사건들에 대한 태도와 특정한 정치적 행동 노선을 형성할 수 있게 해주는 것이다. 슈미트(Carl Schmitt)의 다음과 같은 지적을 상기하는 것도 중요하다. "종교적, 윤리적, 경제적 또는 도덕적 대립 등 모든 대립은, 만일 그것이 사람들을 친구 아니면 적으로 효과적으로 나눌 수 있게 해줄 만큼 충분히 강력하다면, 정치적 대립으로 변모한다."[78]

현대 프랑스 학자 무페(Chantal Mouffe)는 슈미트와 마찬가지로 자신의 저작 "정치적인 것의 회귀"와 "정치적인 것에 대하여"에서 정치적인 것의 특징을 "다양한 형태를 띨 수 있고 다양한 사회적 관계에서 나타날 수 있는 적대적 모순 차원에서 보고 있다." 그녀는 바로 '친구'와 '적'의 구별을 통해 정치적 정체성이 형성되는데, 정치적 정체성은 "항상 집단 정체성이며, '그들'로부터 구별되는 덕분에 존재하는 '우리'라는 범주 의식과 관련된다."[79]고 했다. 그리고 그녀의 견해에 따르면, 민주 정치라는 과제는 "명확하게 구별된 민주적인 입장을 중심으로 동일화의 정치적 형식"을 형성하면서 "인간관계에서의 잠재적인 적대적 모순을 해소"하려고 시도하는 데 있다.[80] 이렇게 무페는 다극적 민주주의 존재의 필요조건으로서 분

---

78) *Шмитт К.* Панятие политического // Вопросы социологии. М., 1992. Т.1, № 1. С. 44.
79) *Муфф Ш.* «Возвращение политического» // Прогнозис. 2010. № 1. С. 60.
80) Там же.

쟁이 피할 수 없는 것이라는 점을 인정하고 '타인'을 적이 아니라 경쟁자로 인식해야 한다는 '적대 모순적인 민주주의'라는 자신의 이론에 의지하고 있다.

1990년대에 러시아의 많은 국민들에게 있어서 종족 정체성의 의미가 커진 것이 자동적으로 '종족/민족'의 이름으로 종족/민족을 보호한다는 정치 세력에 대한 지지의 강화로 이어지지 못한 점 또는 적어도 그 세력들과의 대중적인 확고한 정치적 동일화가 이루어지지 않았고 지금도 그렇다는 점은 위에 열거한 차이들로 설명될 수 있다. 아마도 최근 러시아의 모든 정치세력들(극단적 자유주의자들을 제외하고)이 정치적 수사를 사용하는 것도 그 때문일 것이다.

그리고 국민 일부의 다른 일부와의 인종적 형질과 가시적 수준의 차이가 집단 단 간 거리의 의미를 문화적 특징과 정치적 특징의 집합 보다 더 크게 만들고 있다는 점도 밝혀 둔다. 한편, 티시코프와 많은 학자들의 견해에 따르면, 표현형(表現型) 수준의 스테레오타입은 종족적 나아가 민족적 정체성의 표지나 결정자가 될 수 없다.[81] 이와 관련하여 "민족(нация)은 민족의식에 의해 구성되고 창조되며", "문화에 참여하는 모든 사람"이 러시아인이라는 스트루베(Петр Б. Струве)의 결론을 상기할 필요가 있다.[82]

따라서 우리는 '종족성'과 '종족 정체성' 개념의 내용과 관련된 몇 가지 결론을 내릴 수 있다.

첫째, 문화적 차이를 기반으로 존재하는 종족 공동체는 단지 문화, 정치 엘리트들의 목적지향적인 노력과 그들이 만드는 국가 등의 제도의 결과로 활성화되는 사회적 구조일 뿐만 아니라 역사적 발전의 산물이기도 하다. 이 공동체들을 묶어주는 '시멘트'는 공통

---

81) *Тишков В.* Идентичности и культурные границы...С. 24.
82) Из глубины. Сб. статей о русской революции. 1990. С. 247(репринт изд. 1918 г.)

의 기원 신화, 집단에 대한 소속감 또는 집단 구성원이 공유하는 정체성, 그리고 그것을 기반으로 하는 단합이다.

둘째, 공동체들의 경계는 선택된 문화적 특징들에 의해서 결정된다. 따라서 개인의 정체성과 집단 정체성은 역사와 시간 속에서 뿐 아니라 특정 상황 속에서도 상대적으로 변화가능하다.

셋째, 종족 공동체들의 종족 정체성 발현 강도는 많은 면에서 정치 엘리트들, 그들의 목적이나 전략에 의해 결정된다. 그 가운데 자기동일성 선언을 통해 외부의 도전에 대한 대답 구성, 의미 있는 자원과 정치 제도에 대한 통제, 자신이 속한 집단의 사회적 안전 확보 등이 중요한 역할을 한다.

종족성이 집단 정체성 또는 '지역적 애국심'의 민족적 형태로 존재하는 것은 국민 관념과 연합되기 전까지는 특별한 정치적 의미를 가진다. 이와 관련하여 월츠(Kenneth N. Waltz)는 다음과 같이 썼다. "그렇게 되면 우리는 현대적 민족주의라는 극히 중요한 현상을 보게 된다. 콘(Hans Kohn)은 민족주의는 민족국가의 주권 개념 없이는 불가능한 것이며, 민족주의 강화는 대중을 공통의 정치적 형태로 통합시키는 것과 관련된다는 점을 입증했다. ... 민족주의 이념은 민족의 충성심이 유일하게 가능한 충성심이라고 보지 않는다. ... 현대적 민족주의는 예외를 허용하는데, 이런 예외가 기본적인 요구, 즉 국민의 민족국가에 대한 충성을 거부하는 것으로 이어지는 경우는 드물다."[83] 따라서 이제 '종족 정체성과 민족 정체성' 개념의 내용과 상관관계를 살펴보도록 하겠다.

---

83) *Уолц К.Н.* Человек, государство и война: теоретический анализ // Социально-политический журнал. 1997. № 5. С. 213.

Политика идентичности мультиэтнических государств
в контексте решения проблемы безопасности.

제3장

현대 사회의 종족·민족 정체성

제3장 현대 사회의 종족·민족 정체성

헌팅턴(Samuel Huntington)은 자신의 저명한 저서에서 다음과 같이 언급하고 있다. "현대 세계에서 문화적 정체성(종족적, 민족적, 종교적, 문명적 정체성)은 중심적인 위치를 차지하며, 연맹, 적대적 모순, 국가정책은 문화적 유사성과 문화적 차이를 고려하여 형성된다."[1] 바로 문화적 정체성이 국가·민족의 법적 지위의 기반이 되는 것이다. 그리고 바로 시민의 정치 문화가 민족의 분열을 예방하여 결속시키며, 시간 흐름 속에서 그 존재의 지속성을 보장해준다. 알몬드(Gabriel A. Almond)와 버바(Sidney Verba)가 잘 알려진 저서에서 '정치 문화' 개념을 '정치적 안정과 자유민주주의 이론'과 연결시키고 있는 것은 우연이 아니다.

민족국가의 시민에게는 사회화 과정에서 모두에게 공통적인 과거와 역사적 운명의 공통성에 대한 표상이 형성된다. 그런 공동체가 자신의 정치적, 문화적 '특성'을 유지하고자 하는 한, 민족적 정

1) *Хантингтон С.* Столкновение цивилизаций и изменение мирного порядка (отрывки из книги) // Pro et Contra. 1997. Т. 2, № 2. Весна. С. 142-143.

체성을 종족적, 계급적, 종교적 또는 지역적 정체성보다 우위에 두는 한, 민족은 존속된다. 프랑스 학자 르낭(Ernest Renan)은 이미 19세기에 민족의 존재를 '매일매일의 국민투표'(ежедневный плебицист)와 비교하는 아주 성공적인 은유를 제안했다. 실제로 우리가 같은 민족 구성원들과 연대하고 있는 동안, 우리가 기본적으로 유사한 신앙, 가치, 신화를 유지하고 있는 동안, 우리는 한 민족의 구성원으로 남게 된다.

학문적 맥락에서나 정치적 현실에서나 현대 러시아 사회의 정체성에 관한 문제는, 러시아의 많은 학자들이 지적하는 바, 중심적인 문제로 남아있다. 개혁의 20년이 지나갔지만, 현대 러시아 사회는 전 국민적인 이데올로기를 개발하지 못했고, 의미 있는 정치적 주체를 형성하지 못했고, 정치적, 사회·문화적 분열을 극복하지 못했다. 그러나 오늘날 그것은 러시아만의 문제가 아니며, 헌팅턴의 표현대로 "민족 정체성 위기는 범세계적 현상이 되었다."[2] 그런 위기로 인해 어떤 집단을 민족에서 배제시키고 또 그런 배제에 대한 저항이 발생하고, 사회·정치적 불안과 지속적으로 심각한 정치적 분열이 발생하고 있다. 따라서 사회적 위기의 근원에 대한 검토뿐만 아니라 극복 방안을 모색하는데 정치·문화적 접근이 의미가 있다는 것이 다시 한 번 강조된다. 한 러시아 연구자가 지적한 바, "우리가 정체성에 관심을 두는 것이 단지 우리가 누구인가에 대해 관심을 두는 우리의 숫자가 우리 조상들의 숫자보다 더 많아서가 아니다. 우리가 이 문제에 답하는 것, 그리고 일상생활에서 우리의 정체성을 만족할만한 수준으로 유지하면서 다른 사람들로부터 그 정체성을 인정받는 것이 훨씬 더 어려워졌기 때문이다."[3]

---

2) *Хантингтон С.* Кто мы? Вызовы американской национальной идентичности. М., 2004. С. 12.

3) *Миненков Г.Я.* Политика идентичности с точки зрения современной

실상, 문화가 '사회적 관계의 시멘트'인 것은 문화가 사회화 과정에서 한 사람으로부터 다른 사람에게 전달되며, 문화의 차별적 면모가 다른 문화 보유자들과의 접촉의 결과로 규정되고 또 재규정되기 때문만이 아니라, 문화가 사람들에게 특정 공동체에 대한 소속감, 즉 정체성을 형성시켜 주기 때문이다. 문화의 범위를 벗어난 인간은 상상하기 어렵다. 이미 19세기 초에 조제프 드 메스트르(Joseph de Maistre)는 아무의 것도 아닌(인류 공통의) 문화는 있을 수 없으며, 어떤 민족에 의해 발생되지 않은 문화도 있을 수 없다고 말했다. 밀스(C. Wright Mills)도 문화라는 도구는 사람들이 발생되는 일을 관찰하는 '인류의 렌즈', 사람들이 본 것을 해석하고 전달하는 매개 수단이라고 언급했고, 그것은 "사람들의 정체성의 반 조직화된 기원"이라고 말했다.[4] 이와 관련하여 다민족 국가인 러시아에서는 이미 1990년에 지역 정치문화와 지역 정체성 형성 문제에 대한 구체적인 연구 필요성이 제기되었다. 러시아연방 주체로서의 주, '민족' 공화국과 같은 자치제도 형성, 지방의 정치생활 구조화, 지방의 중앙으로부터의 고립 등은 다시금 이러한 과정의 실질적 경향에 관심을 기울이게 하였다. 더불어 러시아인 대부분에게 종족 정체성은 가장 견고하고 중요한 가치였으며(특히 사회적 위기 상황에서), 러시아연방 주체의 상당수가 자신의 정체성을 종족에 '기반'하여 구성하고 있기 때문에 이 현상에 커다란 관심을 두는 것이 의미를 갖는다.

사람들 대부분은 자신들이 태어나면서 속하게 된 종족 집단을 자신들보다 더 중요하고 많은 면에서 인생에서 추구하는 바의 한계

социальной теории // Политическая наука: идентичность как фактор политики и предмет политической науки. Сб. науч. трудов / ред. и сост. О.Ю.Малинова. М., 2004. № 3. С. 23.

4) *Mills C.W.* Mass Media and Public Opinion // Power Politics and People: the collected Essays of C. Wright Mills. L.; N.Y., 1963. P. 406.

와 방향을 정하며 세기를 거쳐 남아 존재하게 될 것이라고 생각한다는 것은 의심할 바 없다. 그렇게 자신의 종족 공동체를 신성한 것임과 동시에 자연스러운 것으로 지각하는 것은 인간이 소속 종족을 선택하는 것이 아니라는 점에 따른 것이다. 종족 '소속감'은 정해진 종족 환경에서 태어나 문화적 환경 속에서 살면서 모어를 배우는 것과 함께 주어지는데, 문화적 환경은 반대로 공동의 행동 기준과 개인의 자기실현 기회를 '제공'한다. 수백만의 사람들에게 종족 정체성은 그렇게 당연하게 주어지는 것으로 회의의 대상이 되지 않으며, 그것을 통해 사람들은 자신을 인식하고 그것 덕분에 '나는 누구인가? 나는 누구와 함께 있는가?'라는 질문에 대한 답을 스스로에게 해줄 수 있다.

이처럼 종족 정체성은 다른 종류의 정체성들과 마찬가지로 주로 자연적으로 개인의 일차적 사회화 과정에서 형성되며, 동시에 특정 종족 공동체로의 소속이 인간 최초의 사회적 환경들 가운데 하나가 된다.

그러나 칼훈(Craig Calhoun)의 관찰에 따르면, 모더니즘 시대에 "정체성은 주로 민족 정체성으로 이해된다."[5] 나아가 민족주의는 모더니즘 시대의 가장 특징적인 사고 및 세계 인식 방법이다. 그것은 우리가 세상을 바라보는 '안경'(Benedict Anderson)이며, 우리가 호흡하는 '공기'다. 이제 그 두 가지 개념의 상관관계를 살펴보자.

러시아 정치 어휘에서 그리고 학술 문헌에서 종종 종족 정체성과 민족 정체성이 동의어로 사용되며, 그것은 커다란 실수로 여겨지지 않는다. 많은 러시아 학자들이 종족이라는 개념을 종족문화적 분류의 기반으로 삼기 때문이다. 게다가 앞에서 이미 언급했듯이, '종

5) *Calhoon C.* Nationalism and the contradictions of modernity // Berkeley Journal of Sociology. 1997/1998. Vol. 42, N 1. P. 1.

족'은 객관화되어 정치의 주요 주체 또는 "역사의 기본적인 행위자"(Юрий П. Платонов)로 등장한다.[6] 그리고 러시아에서는 민족 = 인민(народ)이라는 개념이 매우 자주 국가적으로 형성된 종족문화적 공동체로 정의된다(서구에서 민족은 주로 시민 공동체를 의미한다). 일련의 러시아연방 '민족' 주체들의 헌법에서뿐만 아니라 1993년 러시아연방 헌법에서조차 '인민'라는 용어 뒤에 "완전히 상반되는 개념은 아니더라도, '시민 공동체'로서의 인민과 '종족 공동체'로서의 인민이라는 두 가지의 서로 다른 의미가 숨어 있으며, 구체적인 문맥에서 그 중 어느 개념이 사용된 것인지 항상 명확하게 나타나지는 않는다."[7]

코르투노프(Сергей В. Кортунов)는 그런 모순에서 벗어나려고 시도하면서, 다른 많은 학자들이 구밀료프(Лев Н. Гумилев)의 '최후의 유럽인'이라는 개념을 차용했던 것처럼, 다음과 같이 썼다.[8] "러시아인과 러시아로 유입되는 아주 다양한 종교와 문화를 가진 외국인들 간의 상호 개방성에 따라 거대한 유라시아 영토에는 러시아 초종족(российский суперэтнос)이라는 단일한 종족 공동체가 형성되었다. 러시아 민족(русский народ)은 슬라브 민족뿐만 아니라 다른 주변 민족(народы)들의 종족적·문화적 흡인력의 중심이었으며, '루시적'(русский)이라기보다는 '러시아적'(российский)이었으며, 따라서 서구적 개념의 '민족'이었던 적이 없다."[9] 이로써 그는 문제를

6) *Платонов Ю.П.* Этнический фактор. Геополитика и психология. СПб., 2002. С. 11.

7) *Соколовский С.* Концептуализация этнического в российском конституционном праве // Расизм в языке социальных наук / под ред. В. Воронкова, О. Карпенко, А. Осипова. СПб., 2002. С. 102.

8) 결과적으로 우리는 '극단은 통한다'는 흥미로운 예를 보게 된다. 맹렬 반공주의자인 S.V. 코르투노프는 실제로 열렬한 공산주의자이자 러시아공산당 지도자 G.A. 쥬가노프와 동일한 말을 하고 있다.

9) *Кортунов С.В.* Становление национальной идентичности: какая Россия нужна миру. Учеб. пособие для студентов вузов. М., 2009. С. 12.

더욱 복잡하게 만들었다. 그것은 첫째, 민족 정체성을 종족 정체성과 동일시하기 때문이며, 둘째, '러시아 종족'(русский этнос)에게 어떤 배타적인 특질, 즉 문맥으로 볼 때, 다른 민족들(народы)에게는 전혀 없는 개방성과 흡인력을 부여하고 있기 때문이며, 셋째, 직접적으로는 아니더라도 '서구 민족들'의 문화 구성 요인 존재를 부정하고 있기 때문이다. 물론, 헌팅턴의 견해에 따르면, 미국인의 민족 정체성도 변화하는 복잡한 상관관계를 가진 몇 가지 '기원'을 가졌다. 따라서 WASP(White Anglo-Saxon protestant)도 인종적, 종족적, 종교적 유사성들의 복잡한 접합이며, 그것들은 많은 시간이 흐르는 동안 '의미 있는 속성들'로 여겨졌고, 미국인의 시민 공동체 의식이 자라는 기반을 만들었다.[10]

전반적으로 종족 정책 문제에 관한 러시아 문헌들 대부분의 결함 가운데 하나가 다양한 기원의 개념, 이념, 인용문을 무비판적으로 수용한 것이며, 그것은 종종 병립할 수 없는 것을 연결시키려는 시도로 나타났다. 따라서 민족 정체성과 종족 정체성이라는 개념 간 경계 설정에 대해 말한다면, 1990년대 초에 다음과 같이 쓴 메주예프(Вадим М. Межуев)에 동의할 수 없다. "민족은 종족과는 달리 ... 나의 출생 사실에 따라 내게 주어진 것이 아니라 나의 고유의 노력과 개인적 선택에 의해 주어진 것이다. 종족은 내가 선택하는 것이 아니지만, 민족은 내가 선택하며 선택할 수 있다. ... 민족은 개인의 국가적, 사회적, 문화적 소속이며, 개인의 인류학적, 종족적 증명이 아니다."[11] 그러나 종족적 소속이 선택된 경우, 변화되었거나 강요된 경우, 종족 공동체의 명칭과 영역이 변경된 경우, '종족'이 사라졌다가 다시 발생한 경우 등이 학계에 잘 알려져 있다. 케두리

10) *Хантингтон С.* Кто мы? Вызовы американской идентичности... С. 49-70.
11) *Межуев В.М.* Идея национального государства в исторической перспективе // Полис. 1992, № 5-6. С. 16.

(Elie Kedourie)는 자신의 책에서 종족 소속이 바뀐 슬프면서도 우스운 사례를 제시하고 있다. 헝가리의 정치가 텔레키(Teleki de Szeky) 백작은 테센을 두고 체코슬로바키아와 폴란드가 충돌한 역사를 이야기하면서 다음과 같이 회상했다. "언젠가 그는 체코의 정치가에게 테센에 몇 명의 폴란드인이 사느냐고 물었고, 그 수가 약 4만에서 10만 사이라는 대답을 들었다. 텔레키가 그런 대답에 놀람을 표하자 체코인이 덧붙였다. "아, 숫자는 변합니다. 몇몇 마을 주민들이 그들에게 유리한대로 또는 촌장에게 유리한대로 소속 민족을 바꿉니다.""[12]

또 다른 사례가 있다. 바로 얼마 전 소비에트 말 탈소비에트 초기에 소위 혼혈가정(부모의 소속 종족이 서로 다른 경우) 아이들이 성인이 되어 '종족'을 선택해야 했다. 1930년부터 소련 여권에 민족적 소속(национальность)을 표시하는 '잘 알려진' 다섯 번째 표기 장소가 생겨났다. 그렇게 소비에트 정부는 국민들에게 '종족성'을 강요했고(Денис Драгунский) 그것을 제도화했다. 브루베이커(Rogers Brubaker)와 쿠퍼(Frederick Cooper)가 지적하듯이, "현대 국가는 그런 의미에서(외부에서 정체성을 강요한다는 의미에서) 동일화와 범주와의 가장 중요한 행위자 가운데 하나다. ... 국가(Pierre Bourdieu의 용어로)는 합법적인 물리적 권력뿐만 아니라 상징적 권력까지도 독점하거나 독점하려고 노력한다. 그런 국가 권력은 이름, 동일화, 범주와 등 무엇이 무엇이고 누가 누군지 결정하는 권리를 관리한다. ... 이처럼 국가는 중요한 '판별자'이다. ... 왜냐하면 국가가 범주, 분류 구도 그리고 사회적 등록 방법을 강요하는데 필요한 물적, 상징적 자원을 가지고 있기 때문이다."[13] 그리고 또 그들은 "국가는 유일하게 의미 있는

12) *Кедури Э.* Национализм. СПб., 2010. С. 113.
13) *Брубейкер Р., Купер Ф.* За пределами идентичности // Ab Imperio. 2002. № 3. С. 86

'판별자'가 아니라고" 강조하면서, 동일화 과정에서의 엘리트의 역할을 제시하는데, 그들은 보통 사회운동의 지도자들이다.[14] 그런 종류의 예로서 티시코프(Валерий А. Тишков)는 정치가들의 새로운 종족성 '강요'의 예를 들면서, 틀림없이 가까운 미래에 모르드바라고 불리는 민족(народ)이 '사라질 것'이라고 썼다. 모르드바인이 거주하는 지역의 언어학자들과 정치가들은 '실상' 모르드바 민족(народ)은 에르자(эрзя)와 모크샤(мокша)라는 두 개의 민족(народы)으로 구성되어 있다고 주장한다. 학자들의 말에 따르면, 이는 곧 러시아의 차기 인구조사에서는 기존 한 개의 지역에 두 개의 새로운 종족이 존재하는 것으로 기록될 가능성이 있다는 의미이다. 게다가 러시아연방 중앙통계청은 이 두 개 종족명을 인구조사 공식 목록에 포함시켰다.[15]

부르디외가 상징적 자본은 의견의 생산하는 능력이라고 언급한 점을 다시 한 번 상기시키고자 한다. 상징적 자본은 법적 권한이 있을 때, 즉 발생한 일의 의미를 해석할, 즉 '실상은 어떠하다'고 말할 권리가 인정된 경우에만 구현된다. 그것은 또한 다른 행위자에게 특정한 이해를 강요할 수 있는 능력이다. 상징적 자본의 기능 가운데 가장 중요한 역할은 잠재적인 자원을 가진 다양한 평가 방법들을 조작(상징의 폭력)하는 것이다. 이점에서 다른 모든 종류의 자본은 상징적 자본에 종속된다.[16]

이제 우리는 부르디외를 따라 종족적, 시민적 또는 정치적 공동체 범위 내에서 사회적 현실을 해석하는 특정한 방법을 제시/주입

---

14) Там же. С. 86.
15) *Тишков В.А.* Очерки теории и политики этничности России. М., 1997. С. 69.
16) СМ.: *Бурдье П.* Политическое представление: элементы теории политического поля // Бурдье П. Социология политики. М., 1993. С. 179-230.

시키고 단일한 정체성을 형성하려 시도하는 국가[17]를 비롯한 정치적 행위자들의 활동 형식, 과제, 방식 그리고 내용의 총체를 상징적 정치 또는 정체성 정책으로 이해할 것이다. 그런 정책의 목표는 사회적 화해를 제고하고, 공동체 내의 다양한 집단들을 통합하고 이해와 가치의 공통성 높이는 것이다. 결과적으로 우리는 인간의 정체성이 단지 그의 '고유한 것'일뿐 아니라, 주변 환경에 따라서 정체성이 구성되고 또 재규정되며, 무엇보다도 권력의 형식(Michel Foucault)으로서 소통의 특정한 유형에 복종한 결과라고 가정할 수 있다. 이때 정체성 구성은 나름의 한계를 가지는데, 그것은 정체성이 이미 존재하는 공통의 문화, 종교, 집단 발생과 역사에 대한 공통의 표상에 의지해야하기 때문이다. 그 외에 "사회적 현실에 대한 특정한 해석들에 대한 국가의 지지는 그런 해석들이 주도적인 역할을 하도록 전혀 보장하지 못한다. 비록 '필요한' 법·가치 체계가 강제적인 방법으로 주입된다고 해도 개인에게는(집단도 마찬가지) '교활한 적응'과 애매한 자세를 유지할 가능성이 남아있으며"[18], 여기에서 현실 해석, 정체성 규정과 재규정의 다양한 방법들의 경쟁 가능성이 나온다.

특별히 언급해 두는데, 민족 정체성은 종족 정체성과는 달리 특정한 정신적 지향의 존재, 거대한 정치 단위(보통 실제로 존재하는 또는 희망하는 국가)에 소속되어있다는 개인의 약하거나 강한 느낌을 전제로 하며, 그 거대한 정치 단위는 그런 정체성 형성의 주요 행위자가 된다. 하버마스(Jurgen Habermas)의 주장에 따르면, 민족주의는

17) P. 부르디외는 "자신의 구조와 유사한 형식의 현실을 수용하고 분류하는 견고한 원칙을 적용하고 발전시킬 가능성을 가진 국가는 일차적으로 상징적 권력이 집중되고 실현되는 지점이다."라고 언급했다.(Бурдье П. Политическое представление... С. 183)

18) *Малинова О.Ю.* Тема прошлого в риторике президентов России // Pro et Contra. 2011. № 3-4 (52), Май - август. С. 106.

국가 이데올로기로서 '세상에 등장'했으며, 그것의 탄생은 "우리의 전통을 대응적으로 획득하는 첫걸음을 의미한다. 따라서 이미 민족 정체성은 전통 이후의 것이 된다."[19]

한편, 사회의 현대화와 세계화 상황에서 종족 정체성이 민족 정체성으로 교체될 것이라고 보는 비교적 얼마 전에 확산된 생각은 현실에서 확인되지 않는다. 거의 50년 전 미국의 사회심리학자 시부타니(Tamotsu Shibutani)는 "종족 정체성은 수많은 사람들의 자신에 관한 표상의 기반에 위치하므로, 이에 대한 논의가 폭발적인 위험성을 가진다는 것이 놀라운 일이 아니다."라고 썼다.[20]

오늘날 종족 정체성은 전과 다름없이 '매우 강력하고 폭발적'이지만, 동시에 차이를 표시하는 가장 널리 인정되고 인증된 지표이다.

그 점은 다음으로 설명된다.

- 개인이 종족성에 동반되는 속성들을 바꾸는 것은 극히 복잡하다 (언어, 이름, 공통 기원에 관한 신화, 지역성, 종교, 공동의 가치 체계, 집단 연대감 등의 모든 속성 또는 그 일부).
- 이 속성들 가운데 몇 가지를 기반으로 타인들은 쉽게 개인을 확인할 수 있다.
- 정연한 그리고 '의식적인' 종족 집단들은 세계 공동체의 지지를 받는다. 국제법과 국제 관행에 따르면, 그런 집단이 존재한다는 것은 민족 형성의 두 가지 필수 조건 가운데 하나가 된다. (또 다른 조건은 경계의 존재) 취리허(Christoph Zuercher)가 언급한 바, 다민

19) *Хабермас Ю.* В поисках национальной идентичности. Философские и политические статьи. Донецк, 1999. С. 76.
20) *Shibutani N.*, Kwon K.M. Ethnic stratification: a camparative approach. N.Y., 1965. P. Ⅵ.

족 국가에서 앞에 열거한 속성들은 "집단이 소수로서의 권리, 정치적 대표성, 자치권 등 집단적 권리를 획득하는 전제가 된다."[21]

미국의 학자 베일리(Christopher A. Bayly)는 『현대세계의 탄생』이라는 저서에서 '민족주의가 지나칠 정도로 매우 활동적인' 시대에서 조차도 민족 정체성은 개인과 집단의 사회생활에서의 유일한 '닻'이 아니었으며, 계급 정체성, 종족 정체성, 종교적 정체성 등이 민족 정체성과 층을 이루면서 서로 경쟁했는데, 그것 또한 현대성의 중요한 표지라고 언급했다.[22]

따라서 종족 정체성과 민족 정체성은 전과 마찬가지로 때때로 집단 정체성의 상호 경쟁하는 두 가지 형태로 공존하고 있으며, 문화, 역사적 공통성이 전자의 결정적인 요인이라면, 후자의 결정적인 요인은 정치적(국가적) 공통성이다. 버더리(Katherine Verdery)의 견해에 따르면, '민족'은 국가(현존하는 또는 미래에 구축하고자 하는)와 그것의 동종적인 국민 간 관계를 의미한다. 친족성(생물학적인 것이 아니라면 문화적인 것이라도)의 형상은 국가 수준까지 확산된다. 종족성은 그런 국가 차원까지는 고려하지 않는다.[23]

대부분의 현대 학자들은 종족성을 문화적 고립성을 의미하는 것으로 보며, 집단의 구성원뿐 아니라 때로는 관찰자들도 그 문화적 고립성을 종족의 발생 및 역사적 운명의 특수성과 연관시킨다. 파인(Эмиль А. Пайн)은 이렇게 썼다. "민족적 그리고 종족적 자의식

---

21) См.: *Цюрхер К.* Мультикультурализм и этнополитический порядок в постсоветской России: некоторые методологические замечания // Полис. 1999. № 6. С. 161.

22) *Bayly C.A.* The Birth of the Modern World, 1780-1914. Mulden (Mass.), 2004. P. 21.

23) *Коротеева В.В.* Теории национализм в зарубежных социальных науках. М., 1999. С. 93.

은 서로 다른 속성을 갖는다. 민족적 자의식은 사회가 국가와의 관계에서 자신의 이익을 인식하는 과정에서 형성되며, 종족적 자의식은 한 종족 공동체의 다른 종족 공동체 또는 '공동체들'과의 상호 관계에서 형성된다."[24] 티시코프의 견해에 따르면, 민족과 종족 공동체는 서로 다른 동일화 기반을 갖는데, "민족의 기반은 영토이고, 종족 공동체의 기반은 문화이다. 이들이 서로 합치되는 경우는 없다." 단지 다른 구성원들과의 연대와 국가에 대한 충성, 즉 "한 민족(народ)에 대한 소속감과 국가를 자신의 나라로 인정하는 것이 민족 정체성의 기반을 구성한다."[25]

이처럼 종족성은 사회문화적 집단들을 민족으로 만들지 않는다. 겔너(Ernest Gellner)는 이렇게 언급했다. "민족주의는 자연스럽게 이미 주어진 신화적 공동체를 들먹여 스스로 확신하는 것이 아니라, 그 반대로, 비록 재료로서 민족주의 이전 세계의 문화적, 역사적 유산 그리고 기타 유산을 사용하기는 하지만, 현대적 조건에 상응하는 새로운 공동체들을 형성하는 것이다."[26] 그런데 그런 유형의 정체성은 교육 체계나 언론을 통한 선전과 주입의 작용으로만 형성될 수 없다. 그것을 형성하는 데는 사회생활의 사회·제도적 조건에서의 급진적 변화, 즉 현대화가 필요하며, 따라서 민족은 모더니즘 시대의 정치 조직 개념이자 실천이다. 이와 관련하여 발라크리슈난(Gopal Balakrishnan)은 민족 정체성 확립에는 정치 엘리트와 지식층의 진정한 노력이 요구된다고 언급했다. "일반적인 조건에서 개인은 자신을 아주 다양하게 교차되는 연합체들과 연관시키고 연대한다. 그것들에 대한 소속감의 정도는 어느 정도까지는 정확하게 측

24) *Паин Э.* Между империей нацией: модернистский проект и его традиционалистская альтернатива в национальной политике России. М., 2004. С. 17.

25) *Тишков В.А.* Российский народ: книга для учителя. М., 2010. С. 17.

26) *Геллнер Э.* Нации и национализм. М., 1991. С 115.

정할 수 있다. ... 단지 투쟁에서만 민족이 비공식적이고 논란의 여지가 있으며 수동적으로 이해되는 사물의 척도로서의 기능을 중단하고, 상상을 지배하는 공동체가 된다."[27]

새로운 정체성 형성에서 민족주의는 물론 이전에 생겨난 전통적인 집단 소속감에 근거한다. 그러나 민족주의는 존재하는 종족적, 지역적 정체성을 대폭 변형시키고 사용되는 문화유산에 색다른 의미를 부여한다. 홉스봄(Eric Hobsbawm)이 언급하듯이, "세계 각지에서 많은 국가와 민족 운동이 자신의 목적을 위해 특정한 집단 소속감을 사용할 수 있었다. 이미 존재하고 있는 감정은 새로운, 거시정치적인 수준에서 작동할 능력을 가지고 있었다." 바로 그런 감정들과 관계들을 홉스봄은 "원형민족적(протонациональный)인 것들이라고 부른다."[28] 따라서 공통의 종족적 기원과 종족문화적 독자성은 단지 현대 민족들을 창조하기 위한 '건축 재료'의 일부(게다가 항상 필수적인 것은 아닌)일 뿐이다. 미국, 오스트레일리아, 캐나다가 그 점을 명확하게 보여준다. 칼훈의 견해에 따르면, 민족주의/민족 정체성을 현대 국가 탄생과 연결시킬 수 있지만, 민족주의의 뿌리를 언어공동체 구성원들 간의 동질감에서 찾거나 또는 민족주의를 현대사회라는 조건에서 전통적인 종족 정체성이 변형된 것으로 보는 것도 충분히 가능하다.[29] 우리는 티시코프의 견해에 따라 전자와 유사하게 민족 정체성을 "국가와 국민에 대해 시민들이 공유하는 표상이자 그것에 대한 소속감"[30]으로 규정할 수 있다.

---

27) *Балакришнан Г.* Национальное воображение // Нации и национализм / Б. Андерсон, О. Бауэр, М. Хрох и др. М., 2002. С. 278-279.

28) *Хобсбаум Э.* Нации и национализм после 1780 года. СПб., 1998. С. 224.

29) См.: *Calhoon C.* Nations matter. Culture, History and the cosmopolitan Dream. L.; N.Y., 2007.

30) *Тишков В.А.* Что есть Россия и российский народ // Наследие империй и будушее России / под ред. А. И. Миллера. М., 2008. С. 470.

현대국가 발전의 패러독스는 국가가 아무런 사회적, 정치적 이익도 얻지 못하면서 국민의 종족적 차이를 인정해야 했을 뿐 아니라 그 차이를 생산해야 했었다는 점에 있다.

전반적으로 그런 두 가지 정체성의 공존은 종족 집단과 국가 집단이라는 가장 의미가 큰 두 가지 사회집단의 존재를 반영한다. 이들 간에는 복잡한 상호관계와 상호교차 때로는 상호배제가 존재하며, 그들 각각은 다차원적 현상이다. 모든 성공적으로 수행된 민족 프로젝트에 시민적인 구성요소와 문화적인 구성요소 중 하나가 우위를 점하는 상태로 서로 밀접하게 뒤섞여 있다. 그래서 많은 사람들이 현대 (민족)국가 국민에게는 단일한 정체성이 있어야 한다고 여긴다. 때로는 실제로 그렇기도 하다. "사람은 자신을 그 어떤 종족 정체성이 아니라 국가의 공통문화적인 공간과 연관 지을 수 있으며, 종족이 아니라 민중(демос)와 연관 지을 수 있다. 즉, 자신을 그냥 시민적 민족의 성원으로 느낄 수 있다. 아주 많은 스페인 사람들이 카스티야적 정체성 또는 다른 종족지역적 정체성을 가지고 있지 않고 (카탈로니아 사람들과 바스크인들 제외), 자신을 그저 스페인 사람으로 여긴다. 유고슬라비아 국민 2백만 명 정도가 자신을 단순하게 '유고슬라브인'이라고 여기며, 지역 민족주의와 유혈 분쟁도 그들로 하여금 어떤 종족 집단을 선택하도록 하지 못했고, 그들 중 일부는 힘의 논리를 정당화하기 위해 그냥 '구성'(예를 들면, 보스니아와 헤르체고비나의 이슬람교도)되었을 뿐이다."[31)]

그러나 그렇다고 해서 국가의 모든 국민이 하나의 동일한 종족 집단에 속해야 하는 것은 아니다. 민족 정체성은 종족문화적이거나 종족언어적인 것이 아니라 주로 정치적(시민적)인 것일 수 있다.

---

31) *Тишков В.А.* Этнология и политика. Научная публицистика. М., 2005. С. 168.

바로 서유럽 국가들의 상황이 그렇다. 모든 민족 공동체가 그렇듯이, 서유럽의 민족들은 정치적, 사회경제적, 문화적, 종족적 요인들의 조합을 바탕으로 형성되었다. 그들의 형성 과정은 당연히 주도적인 종족 집단(들)의 문화와 단일성에 의존했는데, 그 집단(들)은 이전에 수세기에 걸친 단합의 역사 그리고 (또는) 공통의 기원에 대한 믿음을 가지고 있었다. 바로 그렇기 때문에 종족적 역사와 정치적 역사를 무시해서는 안 된다. 모든 현상이 형성되는 역사 속에 그것의 본질을 이해하는 열쇠가 들어있기 때문이다. 이와 관련하여, 수니(Ronald G. Suny)는 다음과 같이 언급했다. "민족건설은 과정이다. 민족주의가 커다란 성공을 거둔 바로 그곳에는 앞서 그 어떤 지역적, 언어적 또는 문화적 공동체가 있었으며, 그 공동체는 민족성의 지적 구성 기획을 위한 초기 재료로 사용되었다."[32]

한편, 앞에서 이미 언급했던 것처럼, 서구의 민족국가는 민족(시민) 정체성(지역적 정치 통합체에 대한 소속을 결정하는)이 나머지 모든 정체성들을 포괄하는 기반이 되었다는 특징을 가진다. 시덴탑(Larry Siedentop)은 이렇게 지적했다. "개인에 우선하는 국가의 주권이 무엇을 모든 사람에게 유일한 일차적인(사회적인) 역할로 부를 것인지 정해준다. 아버지, 공무원, 이발사 등 나머지 사회적 역할들은 그것과 관련하여 이차적인 것이다. 저 일차적 역할에는 어떤 주체의 필수적인 속성이 되는 끝없이 많은 다른 사회적 역할들이 추가될 수 있다(또는 추가되지 않을 수 있다). 그러나 그 모든 것들이 주체를 결정하지는 않는다. '아버지', '가톨릭 신자', '의사'라는 개념들은 개인의 특징을 보충해 줄 수 있다(보충해 주지 않을 수도 있다). 그러나 개인은 어떤 경우에도 개인으로 남는다. 국가가 없는 사회 속에서는 모든

32) Цит. по: *Дробижева Л.М.* Социальные проблемы межнациональных отношений в постсоветской России. М., 2003. С. 216.

것이 달라진다. 그곳에는 주권자가 개인에게 부과하는 일차적인 또는 메타적인 역할이 없으며, 따라서 개별적인 역할들은 그들에게 공통되는 지위로 통합되어 있지 않다."[33)]

동유럽과 구소련 지역에는 전과 마찬가지로 주로 종족적 요인과 문화적 요인(공통의 언어, 전통, 관습, 종교 등)들이 민족을 구성한다는 표상이 남아있다. 오를로프(Борис С. Орлов)가 1990년대에 "'(종족적 의미의) 러시아인과 (시민적 의미의) 러시아인'(русские и россияне), '러시아적 이념과 전 국민적 이념'(русская идея и общенациональная идея) 간 상호관계 설정을 가장 복잡한 러시아적 문제들 가운데 하나라고 부른 것은 우연한 일이 아니다. 주어진 상황에 따라 (종족적 의미의) 러시아인(русский)은 (시민적 의미의) 러시아인의 역할을 수행하게 되었는데, 그것은 마치 그 나라에 거주하는 다른 민족들(народы)이 그래야 했던 것과 마찬가지였다. 러시아 문화, 러시아 정교문명의 지배적인 역할을 다른 민족들(народы)의 동등권, 그들의 문화 정신적 유산과 결합시키려는 시도는 여전히 어려운 과제로 남아있다."[34)]

한편, 밀러(Алексей И. Миллер)는 다음과 같이 합리적으로 언급했다. "러시아성(русскость)이 배제된 러시아성(российскость)을 생각할 수 없다는 것은 '영국성'이 배제된 '브리튼성' 또는 문화적 '프랑스성'이 배제된 공화주의 '프랑스성'을 생각할 수 없는 것처럼 명백한 일이다. 시민적 요소들이 더 약하고 덜 발달되어 있을수록 민족 구성에서 문화적인 요소가 더욱 중요하다."[35)] 실제로 서구 민족들은 '시민·국가적 모델'에 전혀 들어맞지 않는다. 가장 '시민적'이고

---

33) *Зидентон Л.* Демократия в Европе. М., 2001. С. 106.
34) *Орлов Б.* Россия в поисках новой идентичности (90-е годы XX столетия). М., 1997. С. 45.
35) *Миллер А.* Нация как рамка политической жизни // Pro et Contra. 2007, № 3. С. 13.

'정치적인' 민족주의조차 보다 면밀하게 검토해보면 동시에 '종족적'이고 '언어적'임을 알 수 있다. 민족과 민족주의의 종족적 모델과 시민적 모델은 서로서로 겹칠 뿐만 아니라 그 의미가 서로 바뀔 수도 있다. 브루베이커, 하버마스, 밀러, 카스페(Святослав И. Каспэ) 등은 그렇게 생각했다.[36] 특히 하버마스는 이렇게 언급했다. "민족국가의 자의식 내에는 인류 평등주의적이고 법적인 공동체의 일반적인 성격과 공동의 기원 및 운명으로 연결된 사람들의 문화적 공동체의 특수성 간의 긴장이 존재한다."[37]

개인의 국가에 대한 충성심이 그의 종족 집단에 대한 충실성을 제거하지 않는다는 것을 입증하는 자료가 적지 않다. 연구를 통해 확인된 바, 자신들의 고향 땅에서 살고 있는 종족문화 집단은 그들 땅으로 이주한 이민족들에게 특별한 적대감을 표출한다. 종종 이민자들이 원주민 집단의 성역을 훼손하는 것이 그런 적대감 표현의 동기가 되기도 한다.

또한 원주민은 문화 훼손이나 동화에 강하게 저항한다. 그것은 고향 개념이 친족 관계에 관한 신화와 밀접하게 관련되어 있기 때문이다. 다종족국가 상황에서 민족주의가 조국과 종족 공동체를 규정하는 기능을 하며, 그런 공동체는 스스로 행동 노선을 결정할 권리를 자발적으로 포기하지 않는다.[38]

---

36) *Brubaker R.* Citizenship and Nationhood in France and Germany. Cambridge (Mass.), 1992. P. 9-11; *Хабермас Ю.* Вовлечение другого. Очерки политической теории. СПб., 2001; *Миллер А.И.* Нация как рамка политической жизни // Наследие империй и будущее России / под ред. А.И. Миллера. М., 2008. С 510; Каспэ С. Политическая теология и nation-building: общие положения, российский случай. М., 2012. С. 8 и др.

37) *Хабермас Ю.* Европейское национальное государство. О прошлом и будущем суверенитета и гражданства // Хабермас Ю. Вовлечение другого. Очерки политической теории. СПб., 2001. С. 209.

38) См.: *Хесли В.Л.* Национализм и пути разрешения межэтнических противоречий // Полис. 1996. № 6.

앞에서 언급한 것처럼, "민족주의(민족 정체성 형성에서의)는 문화적 전통과 종족성에 의지하지만, 그것의 형태도 그것이 역사적으로 확산된 특수성도 우리 시대에는 그런 요인들만으로 설명할 수 없다. 따라서 먼저 민족주의가 소통의 구조를 구성함과 동시에 그것을 다루어 나가는 방법을 살펴보아야 한다. 그런 기본적인 측면 가운데 하나가 국가 운영에 대한 (자민족 구성원의) 폭넓은 참여를 확보하려는 시도이다."[39] 칼훈은 공통의 종족성과 관계없이 민족 정체성이 형성되는 신선한 사례를 제시한다. "(삼십 년 간의) 에리트레아 전쟁의 결과로 단일한 종족이 형성된 역사가 없었던 곳에 새로운 민족 정체성이 생겨났다. ... 민족주의는 과거의 연대감을 작동시킬 뿐 아니라 새로운 연대감을 만들어 내기도 한다."[40]

많은 사람들이 위기 상황에서 겪는 사회적인 불안과 보호받고자 하는 커다란 욕구 간의 일종의 타협으로서의 종족 정체성 또는 민족 정체성은 많은 사람들에게 존재와 사회적 활동의 의미 문제에 대한 대답의 일반적인 공식이 된다. 흐로흐(Мирослав Хрох)가 언급한 것처럼, "사회가 파국을 겪을 때, 민족이 마지막 보루가 되기 시작한다."[41] 그리고 정체성이 개인이 사회적인 현실을 개척하는 가장 중요한 메커니즘 가운데 하나이므로 그것은 우연이 아니다. 사람은 주관적으로 규정되는 동일화에 상응하게 자신의 행동을 조직하고 수행한다. 종족 정체성은 종족 집단들과 그들의 사회적 관계를 형성하고 결합시키는 강력한 요인이다. 따라서 대규모 사회(종족) 공동체와의 동일화는 대중적 행동과 정치적 행위(특히 위기 사회에서)의 충분히 강력한 촉매제로 기능할 수 있다. 그리고 그에 따라서 특

---

39) *Калхун К.* Национализм. М., 2006. С. 239.

40) Там же. С. 238.

41) *Хрох М.* От национальных движений к полностью сформировавшейся нации: процесс строительства наций в Европе // Нации и национализм / Б. Андерсон, О. Бауэр, М. Хрох и др. М., 2002. С. 132.

정한 집단적 동일화(특히 종족문화적인)의 구조와 견고성은 사회의 정치적 발전의 가능한 방향을 전망하는 요인 가운데 하나가 될 수 있다. 그러나 종족 정체성이 정치적인 종족 경영과 집단행동의 결과는 될 수 있어도 그것의 기원은 될 수 없는 만큼 역방향의 종속성도 존재할 수 있다는 것을 잊어서는 안 된다.

민족 정체성은 특히 전환 사회에서 무엇보다 정치권력의 합법화와 탈법화의 중요한 수단이다. 그것은 민족 정체성이 민족 엘리트들의 행위를 합법화하고 민족국가 존재를 위한 필요한 전제를 만들어 주기 때문이다. 그 점은 밀러가 제안한 "현대 세계에서 민족은 무엇보다 권력을 합법화하는 수단이며 정치적 진보의 틀을 제공해 주는 개념이다."[42]라는 공식에 아주 간결하고 정확하게 제시되어 있다. 한편, 영국 학자 스미스(Anthony Smith)는 민족 정체성의 외적 기능과 내적 기능을 구별할 것을 제안한다. 외적 기능은 민족 정체성의 도움으로 민족의 영토적 공간의 윤곽이 정해지며 경제적, 정치적 제도들이 법제화는 것이다. 내적 기능은 민족 정체성이 개인, 계급, 민족을 연결시키는 고리, 즉 사회화의 기반으로 기능하며, 주변 세계 속에서의 자기결정의 방법이자 수단이다.[43]

실제로 동일화 과정에서 개인은 자신을 집단과 동일시하면서 집단 존재에 중요한 여러 가지 속성들을 자신의 고유한 개인적 속성으로 인정한다. 따라서 민족 정체성을 포함한 집단 정체성은 개인적 정체성, 자기동일화 요소로서만 의미를 가지며, 개인이 집단의 가치, 규범, 목표를 '자신의 것'으로 받아들일 때만 존재한다. 따라서 민족 정체성을 분리하여 인정한다는 것은 그것을 형성하는데 참여하는 것뿐만 아니라 그것의 규범에 '복종'하고 그것의 합법적

42) *Миллер А.И.* Тема нации в российской политике последних лет // Два президентских срока В.В. Путина: динамика перемен. М., 2008. С. 320.
43) *Smith A.D.* The Ethnic Origins of Nations. Oxford, 1986. P. 188.

목표 달성에 참여하는 것을 의미한다. 티시코프는 이렇게 썼다. "국가에 민족 정체성은 국경, 헌법, 군대와 기타 제도들보다 더 중요하면 중요했지 덜 중요하지 않다. 세계관 영역에서 민족 정체성을 형성, 유지하는 과정, 그리고 정치에서 국가와 국민의 이익 고수는 넓은 의미에서 민족주의라고 부르는 바로 그것을 구성한다."[44]

민족주의적 세계관에서 '민족으로서의 우리는 누구인가?'라는 질문에 다양하게 대답할 수 있는 것처럼, 민족의 형상, 즉 민족 정체성의 구성은 종종 첨예한 정치적 투쟁의 대상이 된다. 따라서 현대 국가들의 가장 심각한 문제들은 매우 자주 경제, 정치 상황, 군사 문제가 아니라, 비물질적이고 감지되지 않는 상징들 및 상징적 정책과 연관되어 있다. 민족 공동체 연대와 민주주의 지지는 민족국가 합법성의 두 가지 근원이며 상호 종속적이다. 민주주의에 대한 지지 제고는 정치공동체로서의 민족에 대한 긍정적 평가를 초래하며, 그런 평가는 이제 공통의 민족 정체성을 지지한다. 그리고 민족 정체성은 시민들의 민주주의의 우월성에 대한 신뢰를 낳는다. 이처럼 어떤 국가의 국민에게 공통적인 민족 정체성이 있느냐 없느냐는 정치체제 유형에 영향을 준다. 마르티네스-헤레라(Enric Martinez-Herrera)는 그렇게 생각한다.[45]

다른 모든 사회적 집단의 초가치적 총체성을 연결시키면서 그것들 모두의 '우위'에 존재하는, 개인에게 유일한 정치적 공동체로서의 민족에 관한 집단적 표상 형성 과정을 민족건설(nation-building)이라고 부른다. 매 경우마다 민족건설은 '민족이란 무엇인가'라는 질문에 대한 답을 전제로 한다. 이와 관련하여 티시코프는 다음과 같이 언급한다. "시민적인 민족으로서의 러시아 민족(российский

44) *Тишков В.А.* Что есть Россия и российский народ... С. 470.
45) См.: Nationalism and democracy: Dichotomies, complementarities, oppositions / Ed. by A. Lecours, L. Moreno. L.; N.Y., 2010.

народ)에 관한 표상 확립은 곧 민족 정체성 형성 또는 때로는 민족 건설이라고 부르는 과정이다."[46] 그리고 세계관적 영역에서의 민족 정체성 형성, 생산, 유지, 재규정 등과 정치적 영역에서 국가의 민족적 이익과 세계무대에서의 국민의 이익 고수는 많은 면에서 정치적, 지적 엘리트들의 '사명'이라고 어느 정도 과장되게 불리고 있는 바로 그것이다. 노르웨이 정치학자 노이만(Iver Neumann)은 민족 건설의 기본 원칙을 다음과 같이 규정했다. "엘리트층이 민족의 존재가 달린 정치적 프로그램을 구성할 때, 공간뿐만 아니라 시간 속에서 민족을 통합할 수 있는 선사(先史)를 구성할 가능성이 발생한다."[47] 또한 "과거를 정치적으로 활용하는 것은 모든 종류의 집단 정체성(종족적, 계급적, 성적, 종교적 정체성 등) 구성을 위한 도구로 기능하며, 민족의 창조적 상상을 위한 특별한 의미를 가진다."[48]

말라호프(Владимир С. Малахов)는 특별히 민족건설을 '기술적' 측면과 '인문적' 측면의 두 가지로 구분한다.[49] 민족건설 과정에 필수적인 기본적인 기술적 '파라미터'는 "국제적 인정, 영토적 구성, 헌법 디자인, 정치 제도, 특히 합법적 폭력에 대한 독점을 확보해주는 정치 제도, 상대적인 '법률과 질서', 경제상황의 몇 가지 최소 기준"[50]이다. 그러나 이 모든 것은 단지 필요한 '기술적 최소한'일 뿐이다. 민족 통합이라는 과제는 그것들만으로는 완수될 수 없기 때문이다. 그것을 위해서는 공통의 가치 체계와 그것을 바탕으로 한

---

46) *Тишкэв В.А.* Российский народ: книга для учителя. 2010. С. 6.
47) *Найманн И.* Использование《другого》. Образы Востока в формировании европейских идентичностей. М., 2004. С. 231.
48) *Малинова О.Ю.* Тема прошлого в риторике президентов России.... С. 119 (примечания).
49) *Малахов В.С.* Национализм как политическая идеология. М., 2005. С. 68.
50) *Каспэ С.* Политическая нация и ценностный выбор: общие положения, российский случай (Ⅰ) // Полития. 2009. № 2. С. 9.

공통의 정체성이 필요하다.

이미 앞에서 언급했듯이, 명칭 부여, 범주화, '의미의 생산과 주입', '사회적 세계의 합법적 비전 강요를 위한 투쟁'(Pierre Bourdieu), 공통의 역사와 정체성 규정 및 재규정, 과거사 선택 및 영구화 방법, 사회를 국제무대에 소개시킬 권리 등은 국가의, 즉 통치 엘리트의 상징 정책의 중요한 구성 부분들이다. 따라서 '정체성 자기방어의 규범적 이론'(П.А. Тагиев)으로서의 민족주의는 다수의 회의를 초래하지 않는 '작은' 민족(народ) 전통적 요소들을 소수의 회의를 초래하지 않는 '큰' 민족 전통적 요소들과 의도적으로 통합시키려는(정확히 말해서, 그것에 평민적 '색채'를 부여하는 것) 시도로 해석될 수 있다. 이와 관련하여, 영국 정치학자 맥컬리(Mary McAuley)는 이렇게 언급했다. "국가가 주권의 요체인 오늘의 세계에서 자국의 영토 보존의 필요성을 그 누구도 의심하지 않는다. 이것은 곧 정치가들 또는 국가가 항상 애국적 수사를 사용할 것이며, 그 어떤 사과가 필요한 사건이 아니라 국가의 긍정적 이미지에 주요한 역할이 부여되는 애국적 역사 버전을 선호하게 될 것이라는 점을 의미한다."[51]

민족주의적 맥락에서 합법성은 "기본적으로 특정한 제도와 통치가 얼마나 '국민'(народ)을 대변하고 그들의 이익에 봉사하는가라는 질문에 대한 대답과 관련된다. 따라서 민족주의는 레토릭이거나 국민이 무엇인지를 설정하는데 사용되는 텍스트이다. 이런 범주적 정체성(민족적)은 민족주의의 도움으로 구성된다. 이 경우 잠정적으로 비합법적인 정부에 민족의 이름으로 도전이 제기될 수 있다."[52] 체제의 정당성에 대한 시민의 주관적 믿음으로 규정되는 합법성은 민족 통합의 주요 조건들 가운데 하나가 된다. 합법성을 구성하는

51) *Маколи М.* Историческая память и общество сограждан /// Pro et Contra. 2011. № 1-2 (51). Январь - апрель. С. 139.

52) *Калхун К.* Национализм... С. 240.

것들인 권력에 대한 대중적 통제, 정치적 권리의 동등성, 단일한 정치적 정체성을 가진 '민중'(демос)의 존재, 권력이 설정한 목표와 결과에 대한 만족으로 이해되는 결과성 등은 민족 생존능력의 결정적인 조건이 된다.

이와 관련하여 저명한 미국 정치학자 버바는 다음과 같이 언급했다. "만일 물적, 법적인 의미에서 특정 정치체제의 구성원(시민)인 개인들이 심리적인 차원에서 그 체제에 속해있다고 느끼지 않는다면(즉, 지지가 '우리'라는 감정으로 표현되지 않고 민족적 공통성과의 동일화로 표현되지 않는다면), 그 체제의 정돈된 변화 가능성은 크지 않다."[53)]

53) Цит. по: *Шаран П.* Сравнительная политология. Ч. П. М., 1992. С. 160.

제4장

탈공산주의 세계에서의 민주화와 민족건설

제4장 탈공산주의 세계에서의 민주화와 민족건설

제국의 붕괴되면 제국의 중심보다 변방이 민족자결과 관련된 문제들을 훨씬 더 적게 겪는다고 여겨진다. 한편, 오늘날 잘 알려진 바, 탈공산주의 국가들의 민주화 과정에서 발생하는 추가적인 커다란 어려움은 그들이 유지했던 높은 종족적인 다양성과 몇몇 국가들의 완결되지 않은 민족건설과 관련된다. 114개의 정치체제(polity)를 연구한 달(Robert Alan Dahl)의 관찰에 따르면, 하위문화적 다양성이 낮은 정치체제들 가운데 57%가 다두체제(polyarchy) 또는 그에 가까우며, 중간적인 수준의 다양성을 가진 정치체제 가운데 36%만이 다두체제를 구성하며, 다양성이 강하거나 극단적인 것들에는 단지 15%만 해당된다.[1] 특히 서구가 아닌 지역에 위치한 많은 나라들의 빈곤은 다양한 문제로 인한 심각한 사회 분열과 정치적 불안이라는 서로 밀접하게 연관된 두 가지 문제로 인한 것이다. 레이파트(Arend Lijphart)의 견해에 따르면, 그런 '구성이 복잡한' 사

1) См.: *Даль Р.* Демократия и ее критики. М., 2003.

회들의 탈출구가 될 수 있는 것이 '공동체 민주주의'[2)]인데, 그것이 안정적으로 존재하려면 탈공산주의 국가들에는 없는 정치·문화적 조건을 필요한 일련의 필수 조건들과 전제들이 갖추어져 있어야 한다.

홉스봄(Eric Hobsbawm)은 과거 유럽 사회주의 국가들에서의 정치의 종족화와 민족 감정 제고 및 활성화는 과거에 뿌리를 둔 요인들로 설명되며, 유럽에서의 분리주의적 민족주의 폭발의 전제들을 20세기 초 역사에서 정확하게 지적할 수 있다고 본다. 베르사유와 브레스트-리토프스크에 매설된 지뢰들이 아직도 폭발하고 있다. 합스부르크 왕조와 오스만 왕조의 붕괴, 제정러시아의 일시적 붕괴는 실상 동일한 국가들의 집단 형성으로 이어졌는데, 얼마 전의 사태들은 그 당시와 동일한 모순을 안고 있으며, 그것은 결국 대량학살 또는 강압적 대규모 이주를 통해서만 해결될 수 있을 정도이다. 1988년~1992년의 폭발적 위험성을 안고 있는 문제들은 1918년~1921년에 만들어진 것들이었다.[3)]

잘 알려져 있는 바, 대부분의 새로운 지역 국가들은 소련, 체코슬로바키아, 유고슬라비아 등 과거 사회주의 연방국가의 폐허 위에 생겨났고, 그 국가들의 민족주의에서는 종족문화적 요소가 시민적 요소보다 우위에 있었고, 따라서 결국 공동의 국가라는 것은 아무에게도 필요 없는 것이 되었다. 폴란드 반체제인사 쿠론(Jacek Kuron)이 레닌의 이론적 저술을 풍자한 "공산주의 발전 최고단계로서의 민족주의"라는 말이 그런 전례 없는 사태들을 나름대로 요약해주고 있다.

---

2) Лейпхарт А. Демократия в многосоставных обществах: сравнительное исследование. М., 1997. С. 35, 37.

3) См.: *Хобсбаум Э.* Нации и национализм после 1780 года. СПб., 1998. С. 268-269.

종족적 민족주의는 그 어떤 형태로도 민주주의와는 잘 부합하지 않는다. 그것은 일부 민족들(종족문화적 속성에 따라 부각되는)이 다른 민족들보다 우월하다는 것을 강조하고, 바로 그에 따라 사회를 종족민족적인 속성에 따라 분열시키고 매우 강한 시민사회가 등장하는 것을 방해하기 때문이다. 쉐보르스키(Adam Przeworski)의 견해에 따르면, "공산주의에 대적했던 정신적 세력은 자유를 전혀 갈망하지 않았는데 (소련으로부터 독립하려는 노력과 혼돈하지 말아야 한다), 그 세력이 바로 종교와 민족주의다. 정확히 말해서 그것들의 역사적으로 구체적인 접합체이다. 교회의 정치적 세력 회복, 민족주의적 이데올로기와 종족분쟁 발생, 분리주의 폭증 – 이 모든 것은 동유럽에서의 유기체론적 이데올로기가 가지는 생명력의 속성들이다."[4] 구소련 공화국들 대부분은 처음으로 민족국가 건설이라는 어려운 과제에 당면했고, 대부분의 경우 "공산주의라는 옷을 버리고 민족주의적인 수사를 습득하여 매번 나라의 기원이 오래 되었다는 점을 들먹였던" 과거 공산주의 엘리트들이 그 문제를 해결하려고 했다.[5] 권력 집중이라는 뿌리 깊은 정치적 전통이 상황을 더욱 어렵게 만들었다. 이와 관련하여 헌팅턴(Samuel Huntington)은 이렇게 언급했다. "민족 정체성 규정과 관련된 논쟁들, 누구를 시민으로 볼 것인가를 둘러싼 논쟁들은 추론적 이론화에서 민주주의가 절대주의를 교체하고 민주주의가 시민권에 대한 무수한 주장들과 충돌하는 냉엄한 현실로 바뀐다."[6]

---

4) *Пшеворский А.* Демократия и рынок. Политические и экономические реформы в Восточной Европе и Латинской Америке. М., 1999. С. 136-137.

5) *Доган М., Хигли Дж.* Роль политического класса в смене режимов власти // Мировая экономика и международные отношения. 1998. № 2. С. 107.

6) *Хантингтон С.* Кто мы? Вызовы американской национальной идентичности. М., 2004. С. 41.

실상 소수의 이익 표현 가능성이 있는 공동체들에서 종족 민족주의의 통합적 요인으로서의 역할은 대폭 낮아진다. 이와 관련하여 1990년대 초 많은 탈공산주의 국가들에서 국가 자체의 정당성 문제가 제기되었다. 그 문제는 무엇보다 지배적인 종족 집단(소위 명목 민족)이 사회의 다종족성을 인정하려 하지도 다른 종족 공동체들과 타협하려고 하지도 않았다는 점에서 발생한 것이었다. 그리고 종족적 다수 집단의 엘리트들도 민족적 소수 집단의 고유 사회 제도와 자치권을 없애려는 행위를 정당화하기 위해 시민적 민족주의의 수사를 매우 자주 사용했다.

서구 사회학자들의 연구가 확실하게 보여주는 바, 동유럽, 중유럽 국가들에서의 종족적 소수 집단의 권리 부여 요구에 대한 태도는 무엇보다 종족 간 관계에서 그 문제를 비공개로 유지하자는 입장이 우세했던 서구적 인식과 크게 차이가 난다.[7] 그런 입장이 우세했던 결과로 나타난 것이 이웃에 대한 불신, 국가를 지배적인 종족 집단의 소유물로 보는 시각 등이다. 그리고 바로 여기서 연방주의나 기타 소수를 위한 지역적 자치형태에 대한 부정적인 태도가 나타났다. 얀(Egbert Jahn)은 "1991년~1993년간의 역사적 경험은 연방주의를 과대평가하는 결과로 나타났으며", 이제 연방주의는 "현존하는 국가가 완전히 분열되기에 앞서 나타나는 위험한 형태로 여겨지고 있다."고 언급했다.[8]

따라서 영토에 대한 권리주장은 소수집단이 자치권 달성을 위해 직접 권력을 잡고 무력 저항을 통해 자신의 권리를 사실상(de facto) 인정받는 경우에만 실현된 것이 된다. 따라서 중앙정부들의 의지에

7) См.: *Kymlicka W.* Multiculturalism and Minority Rights: West and East // Journal of Ethnopolitics and Minority Issues in Europe. 2002. Issue 4.
8) Национализм в позде- и посткоммунистической Европе. В 3 т. Т. 1. Неудавшийся национализм многонациональных и частичных национальных государств / под общ. ред. Э. Яна. М., 2010. С. 35.

도 불구하고 탈공산주의 세계에 '인정받지 못한' 또는 '반쯤만 인정된' 코소보(2008년 2월까지), 트란스니스트리아, 나고르노 카라바흐, 압하지야, 남오세티야(2008년 8월까지) 등의 국가들이 존재했었고 또 존재하고 있는 것이다. 따라서 동유럽 국가들의 민족적 소수에 대한 영토적 자치권 부여는 기대할 수 없다. 코소보의 독립 선언은 미국과 유럽연합 국가들의 대규모 지원 덕분에 가능했었다. 그러나 로마넨코(Сергей А. Романенко)의 견해에 따르면, 서구 국가들은 알바니아-코소보 민족주의 지원을 통해 세르비아 민족주의에 대항하게 한다는 개념적 실수를 저질렀다. 그것은 민주주의적 가치와 타협을 위한 노력이라는 것이 알바니아 민족주의에게도 세르비아 민족주의에게도 공히 낯선 것이었기 때문이다. 따라서 코소보에서 다종족 사회 개념을 실현하고 민주주의적 권력 체계를 건설하려는 시도는 실패로 끝났다.[9] 한편, 이 지역에 독립을 부여하려는 시도는 발칸의 상황을 극단으로 몰아갔고, 국제법적인 모든 시스템 붕괴의 전제가 마련되었다. 코소보 지역의 미래 지위에 관한 문제가 제기되었을 때, 특징적이었던 점은 무엇보다 자주 코소보의 독립이 아제르바이잔, 조지아, 몰도바 내부의 '인정받지 못한 국가들'의 운명에 어떤 영향을 줄지가 논의되었다는 점이다. 한편, 코소보 독립은 독립국가연합(CIS) 국가들 내부의 '인정받지 못한 국가들'을 위한 선례가 되었을 뿐 아니라, 러시아가 그것을 이용하여 2008년 '8월의 5일 전쟁' 이후 압하지야와 남오세티야의 독립과 주권을 인정했다(압하지야와 남오세티야는 북사이프러스 터키 공화국, 사하라 아랍 민주공화국, 대만 등과 더불어 '부분적으로 인정된 국가들' 목록에 포함되었다). 또한 그것은 국가의 비분리성을 진리로 여기지 않는 유럽 분

9) См.: Конфликт в Косово и международная безопасность / отв. ред. С.А. Романенко, Б.А. Шмелев. М., 2009.

리주의자들에게도 선례가 되었다. 그리스, 스페인, 사이프러스, 루마니아, 슬로바키아 등 민족적 소수 문제를 안고 있는 국가들은 코소보의 독립을 인정하지 않았다는 점도 잘 알려져 있다. 스페인에서는 오늘날 카탈로니아인, 바스크인 그리고 갈리시아인이 자신의 독자성을 고유의 국가 형성 직전 상태까지 확산시키고 있다는 점이 문제가 되고 있다. 그리고 지방 주민을 '특별한 민족'으로 선언하려는 시도까지 이루어진 카탈로니아의 새로운 지위(지방 헌법의)에 대한 논의가 스페인 내부에 커다란 소란을 일으키고 있음은 우연한 일이 아니다.[10]

전문가들의 견해에 따르면, 코소보 선례는 발칸에서 '도미노 현상'을 촉발시킬 수도 있다. 이와 관련하여, 세르비아-알바니아 매듭이 발칸에서 결코 가장 복잡하고 위험한 것이 아니라는 점을 알 필요가 있다. 마케도니아 문제로 더 많은 주체들(그리스의 주장에 따라 유럽에서 '마케도니아 구 유고슬라비아 공화국'이라고 부르는 마케도니아를 위시하여 그리스, 불가리아, 세르비아)의 이익과 입장이 충돌할 수도 있기 때문이다.[11]

그리고 유럽연합(EU)이 동쪽으로 확대되기 전에 유럽연합집행위원회(European Commission)에서 '지역분할 모델'과 중동부 유럽 국가들에 적용하는 내용을 담은 EU 법규집 제21장에 관한 논란이 있었다. 이 지역의 모든 탈공산주의 국가들은 단일 국가들로 기술되었다. 이에 이 지역의 권리를 확대하면서 지역 구분이 정치적 특징을 띠도록 해야만 하느냐는 의문이 제기되었다. 모든 중동부유럽 국가들이 '지역 구분'을 원하지는 않았으며, 헝가리와 발트 국가들은 EU의 압력에 저항했다. 그러나 결과적으로 중동부유럽 국가

10) См.: Испания — Каталония: империя и реальность. Сб. статей. М., 2007.
11) См.: *Улунян А.А.*, Кулешов С.Г. 《Фактор Косово》. Балканское экспертноаналитическое сообщество на фоне этнополитического кризиса (1996-2007). М., 2007.

들은 잘 알려지지 않은 전혀 새로운 지역 구조를 형성해야만 했다. 그리고 동유럽이나 중부유럽 민족국가가 민족적 소수에게 자치권을 부여해야만 했을 때도 과거 영토 형태로, 즉 민족·문화 자치구 형태로 자치권을 부여했다.

동유럽의 여러 나라 헌법은 다양한 정도로 민족적 소수의 문화적 자치에 대한 권리를 실현하고 있다. 라트비아는 여러 가지 면에서 1922년 헌법을 유지하고 있는데, 그것은 민족적 소수들의 현대적 권리들을 기본법에 포함시키는 것을 피하기 위해서이다. 사실 라트비아의 문화 자치에 관한 법은 '상주 주민들에게까지, 즉 국민에게만 적용되는 것이 아니다(라트비아 거주 인구의 1/6이 시민권이 없다). 2012년 2월에는 러시아어에 국어 지위를 부여하는 문제에 관한 국민투표가 실시되기도 했고, 그 결과 74%이상의 라트비아 국민이 반대했다. 체코는 신헌법에서도 자국의 민족적 소수에 대해 언급하지 않았다. 불가리아 헌법(1991년)에서는 민족적 소수의 법적인 권리와 평등이 형식적으로 보장된다.

알바니아 헌법(1991~1993), 리투아니아 헌법(1992, 제45조), 폴란드 헌법(1997, 제35조), 루마니아 헌법(1991, 제6조), 슬로바키아 헌법(1992, 제34조)는 종족적, 문화적, 종교적, 언어적 전형성을 자유롭게 표현하고 유지하고 발전시킬 권리, 모어로 교육을 하고 교육을 받을 권리와 자신의 이익과 자신의 민족적 전형성(национальное своеобразие)을 보호하기 위한 연합체나 단체를 창설할 권리 등을 보장하고 있다. 사실, 1990년 가을에 슬로바키아 국민의회가 채택한 언어에 관한 법은 슬로바키아 인구의 약 11%를 차지하는 헝가리인을 차별하는 결과로 이어졌다. 슬로바키아 정부는 헝가리 정부 및 유럽연합집행위원회의 압력에 따라 현행법 가운데 몇 가지 제한적 절차를 삭제

해야만 했다.[12]

헝가리 헌법(1994, §68), 슬로베니아 헌법(1991, 제64조, 원주민족들은 헝가리와 이탈리아의 민족적 소수라는 것이 언급되어 있다), 에스토니아 헌법(1992, 제50조)은 지역 및 민족 자치 기구를 두는 문화 자치구를 보장하고 있다. 그러나 에스토니아 법률은 문화 자치구에 대한 권리를 소수의 지위와 엄격하게 연계시키고 있으며, 소수는 에스토니아 국적을 가진, 그리고 '국가와 장기적, 지속적, 항시적 관계를 가진' 자들의 집단으로 규정하고 있다.[13] 즉, 그 권리는 에스토니아 국적을 취득하지 않은 러시아어 사용자 대부분에게는 적용되지 않는다.

크로아티아에서는 1990년 헌법 제15조에 의해 보장되는 문화적 자치구 외에 '인간의 권리와 자유, 종족 공동체와 민족 공동체 또는 소수집단의 권리에 관한' 1991년 특별 헌법으로 민족·영토적 자치구에 대한 권리도 부여하고 있다. 또한 이 법률에서 '민족적 소수' 대신 '민족 공동체'라는 용어를 사용하는 것도 새로운 점이다.[14]

결과적으로 서유럽 전문가들 스스로가 다음을 인정해야만 했다. "소수의 권리 보호 분야의 EU 정책이 집단의 권리 보호와 개인의 권리 보호 사이에서 지속적으로 혼란을 겪고 있다. 그에 따라 모든 코펜하겐 기준들 중에서 소수의 권리 보호가 가장 불명확하게 규정되어 있으며, EU의 경우에도 아무런 기준이 설정되어 있지 않다. 회원국에게 결정을 준수토록 하고 또 그 이행 여부를 감시할 메커니즘이 EU 내에 부재하기 때문에, EU는 그런 문제의 관리를 유럽연합집행위원회나 유럽안보협력기구(OSCE) 또는 여러 비정부기구

12) Das Parlament. 1993. 5. November.
13) Chance to Survive: Minority Rights in Estonia and Latvia / ed. by V. Poleshchuk. M,; P.; Tallinn, 2009. P. 14-15.
14) См.: *Ширяев А.В.* Этнический контроль в Эстонской республике // ПОЛИТЭКС. Политическая экспертиза. 2007. Т. 3. № 2.

들에 의지하고 있다."[15] 그렇지만 이들 기구들이 EU보다 해당 기능을 더 잘 수행하고 있지는 않다. EU는 과거 공산주의 국가들의 민족건설에 대한 지원과 그들의 국가제도 합법성 강화에 역점을 두면서, 소수의 권리 보호 측면에서는 소수의 문화 보호가 아니라 소수가 다수 문화에 접근하는 것을 용이하게(즉, 소수의 문화적 동화를 용이하게) 하는 것을 자신의 과제로 보았다.[16]

한편, 일련의 탈소비에트 국가들에서 민족적 소수들의 '엔클레이브'(enclaves) 조성(격리)이 종족민족 결집의 효과적인 메커니즘이 되었는데, 그 엔클레이브는 점차 국가의 경계 밖으로 밀려나거나 또는 어느 정도 정치 공동체에서 배제(차별)되었다. 그런 구조는 다양한 방법으로 만들어 진다. 발트 국가들이 소련 구성에서 벗어나자 제2차 세계대전의 결과에 대한 재검토가 이어졌다. 발트 공화국들의 전후 역사는 현재 '소련 점령기' 역사로 기술되고 있으며, 조국 해방을 위해 소련에 맞서 싸우다가 숨진 에스토니아와 라트비아의 모든 국민은 '자유와 독립을 위한 투쟁 영웅'으로 선언되었으며, 원주민이 아닌 러시아어 사용자들은 '점령자'라는 지위를 얻게 되었다. 소련 붕괴 이후 '소련의 점령'이라는 개념은 라트비아와 에스토니아의 러시아어 사용자들 대부분의 국적 및 기본권 박탈의 근거가 되었고, 언어와 교육 분야를 중심으로 그들을 동화시키는 정책을 수행하는 기반이 되었다. 그리고 발트 공화국들의 EU 가입이 추진되면서 '러시아어 사용자'들을 고립시켜야 한다는 말이 나돌기 시작했다. 에스토니아가 공식적으로 EU에 가입하기 일주 전, 저명

15) Европеизация и разрешение конфликтов: Конкретные исследования европейской периферии / Б. Коппитерс, М. Эмерсон, М. Хёйссен и др. М., 2005. С. 45.

16) См.: Berg E., Van Meurs W. Borders and Orders in Europe: Limits of Nation and State-Building in Estonia, Macedonia and Moldova // Journal of Communist Studies and Transition Politics. Vol. 18, N4. 2002. P. 51-74.

한 기자인 타란드(Kaarel Tarand)는 기사를 통해 다음과 같이 주장했다. "독립 직후에는 생각할 수도 없었던 것이 이제는 실현 가능해졌다. 통합 정책에 불만을 가진 모든 '외국인들'을 러시아와의 국경 근처 작은 수용소에 모아둘 수 있게 되었다."[17]

결과적으로 에스토니아와 라트비아에는 학자들이 '종족적 민주주의'로 규정하는 정치 체제가 구성되었다. 달리 말하자면, 그것은 다종족 국가에서의 다수의 정치적 통치체제이며, 그것의 목표는 하나의 종족(명목 민족) 집단을 위해, 그 집단이 정치적, 경제적으로 주도하는 체제를 확립하기 위해 권력, 가치, 사회 자원에 대한 통제를 확보하려는 것이었다.[18] 그렇게 해서 보편적인 민주주의 규범과 제도화된 종족적 지배의 결합이 이루어진 것이다. 라트비아와 에스토니아의 독립 선언 이후 민족 정체성 형성 과정은 '다른 사람들'이라는 러시아어 사용자들에게 적대적인 역할을 강요하는 방법으로 이루어지고 있다. 그러나 러시아인을 '적들'로 규정하여 러시아인 공동체의 조직적, 문화적 자원을 박탈하고 정치적 대표성과 지도자들을 제거한 것은 바로 오늘날의 사회적 위기 상황에서 필요성이 더욱 커진 공동체 간 대화 상대를 라트비아인과 에스토니아인으로부터 제거한 것이 되었다.

몰다비아에서는 '러시아어 사용자 문제'가 "트란스니스트리아 지역 상황을 보존하고 종족적, 지역적 소수가 국가의 정치생활에 미치는 영향을 제한하는 제도 마련을 통해"[19] 해결되고 있다.

---

17) Цит. по: Астров А. Эстония: политическая борьба за место в истории // Pro et Contra. 2009. Т. 13, № 3-4 (46). С. 110.

18) См.: *Smith G.* et al. Nation - building in the Post-Soviet Borderlands. Cambridge, 1998; *Семенов А.* Культурное многообразие и этническая модель национального государства: решение в пользу《этнической демократии》в Эстонии // Мультикультурализм и трансформация постсоветских обществ / под ред. В.С. Малахова и В.А. Тишкова. М., 2002. С. 195-205 и др.

19) *Мелешкина Е.Ю.* Опыт формирования нации и государства в Молдавии

카자흐스탄에서는 (중앙아시아의 다른 탈소비에트 국가들에서와 마찬가지로) 국가 독립 초기에 경제, 정치, 문화, 교육 분야 고위직에서 러시아인을 몰아내는 차별 전략을 사용했으며, 그 결과 국내 러시아인의 숫자가 급격히 감소했다. 1991년 12월 독립국으로서 카자흐스탄이 지도상에 나타났을 때, 1,600만 명 인구 가운데 650만 명이 카자흐인이었다. 러시아인은 겨우 30만 명이 적은 정도였다. 현재 공식 자료에 따르면 카자흐스탄에는 총 380명의 러시아인이 있다.[20]

이와 관련하여 저명한 미국 학자 브루베이커(Rogers Brubaker)는 실상 유럽의 모든 탈공산주의 국가들은 어느 정도는 '민족화' 되었다고 언급했다. 즉, 종족적으로 동질화되었으며, 그 국가들은 단일 민족 국가로 건설되고 있으며, 그것을 위해 지배 엘리트들은 언어, 문화, 인구, 경제, 정치적 노력을 촉구하고 있으며, 명목적인 '국가 구성' 민족/종족 공동체의 헤게모니를 추구하고 있다. 민족적 소수는 그런 '민족화' 정책에 저항하고 있으며, 국가가 최소한 그들의 문화적 권리(불가리아, 루마니아, 슬로바키아, 발트 국가들 등)를, 최대한 자치 또는 분리(체코슬로바키아, 유고슬라비아)를 촉구하고 있다. 민족적 소수의 외부 '조국'은 정치적 경계 너머로 민족의 형식적 위상을 확대시키려는 의도로 종종 그들을 동화로부터 보호하려고 노력한다.

학자들이 지적하는 바, 명목 민족도 민족적 소수도 정책을 서로 다르게 받아들인다. '민족화된 국가'에서 그들이 실질적으로 하나의 전체를 구성할 것이라는 점은 거의 믿기 어렵다. 명목 민족 자체도 분열되어 있고 민족건설 과정 속에 위치하고 있기 때문이다. 그

// Политическая наука. Сб. науч. трудов. М., 2008. № 1. Формирование нации и государства в современном мире (ред.-сост. А.И. Миллер). С. 65.

20) *Кудайбергенов Д.* Казахстанцы до упаду // Русский Newsweek. 2010. 6 (275). 1-7 февраля. С. 42-44.

것을 대신하여 "국가 내외의 다양한 조직들, 정당들, 운동들 또는 개인들이 받아들인 차별적이고 경쟁적인 입장들이 역동적으로 변화하는 장이 있다."[21]

그 외에 현대 세계에는 종족적/언어적 소수의 상황과 관련된 문제들이 외부의 간섭 없이는 실질적으로 전혀 해결되지 않고 있다. 제3세계의 역할을 '소수의 역사적 고향'(발트 국가들과 기타 탈소비에트 국가들의 '러시아어 사용자'들에게 러시아, 헝가리 인접 국가들의 헝가리인들에게 헝가리가) 그리고 국제기구(유럽연합, 유럽연합집행위원회 등)가 수행할 수도 있다. 그리고 중유럽과 동유럽 국가들에서 이루어진 다양한 개혁은 기본적으로 유럽연합과 북대서양조약기구(NATO) 가입 조건으로서 외부로부터 주문된 것이었다. 그 결과가 현재 민족 정부들과 EU 제도, 사회 분열, 특히 종족 원칙에 대한 커다란 불만으로 나타나고 있다.

브루베이커가 생각하는 바, 나름의 삼각형을 구성하는 세 가지 요인의 결합이 종족정치적 분쟁 위험을 강화시키고 있는데, 그 삼각형의 세 변은 다음과 같다. a) 얼마 전 독립을 획득한 국가에서의 민족화된 사회, b) 그 국가의 영토 내에 살며 주변인으로 밀려나는 것을 두려워하는 민족적 소수, c) 그 민족적 소수의 '동포들'이 다른 국가에 존재함.

그런데 몇몇 학자들은 제시된 '설명 구도'의 일반성에 의문을 가진다. 독일의 정치학자 취리허(Christoph Zuercher)는 이렇게 썼다. "거론된 개념이 보스니아와 헤르체고비나의 비극 또는 나고르노카라바흐를 둘러싼 상황을 파악하는데 도움을 줄 수 있지만, 그것

---

21) См.: *Brubaker R.* Nationhood and the National Question in the New Europe. Cambridge, 1996. P. 79-106; *Kuzio T.* "Nationalising states" or national building? A critical review of the theoretical literature and empirical evidence // nations and nationalism. Cambridge, 2001. P. 138-139.

은 소비에트연방 전체에 적용되지 않는다. 가까운 외국에 거주하는 종족적 러시아인들의 (영토)분리 및 러시아연방으로의 통합을 위한 커다란 움직임이 없다. 또한 타타르스탄이나 오세티야 등의 경계 확장을 위한 심각한 움직임도 없다. 소련으로부터 이어받은 경계는 논란의 대상이 되지 않는 것으로 보인다."[22] 그러나 소련 붕괴 이후 '형제 민족'들이 서로 110건 이상의 영토 문제를 제기한 만큼, 독일 학자의 그 주장은 논란의 여지가 있다.

한편, 중부유럽과 동부유럽 국가들 대부분에서, 탈소비에트 공간 국가들에서 그런 것처럼, 오늘날 민족주의는 시민적인 것이 아니며, 종족 간 적대적 전통 극복의 수단으로 사용되지 않으며, 반대로 민족주의가 전적으로 그것들에 의지하고 있다. 따라서 민족주의의 통합과 동원 잠재력은 사회적, 정치적 현대화와는 거리가 먼 목적에 종속되어 있거나 또는 오히려 그것에 반대되는 목적에 종속되어 있다. 세르비아 출신의 미국 사회학자 데니치(Bogdan Denic)는 그런 상황을 언급하면서 이렇게 설명했다. "유고슬라비아뿐만 아니라 다른 동유럽 국가들에서 민족주의는 그 어떤 이상한 규칙에 따라 발전하고 있는데, 그 규칙들은 때로 비합리적이고 낡은 특징을 명백히 보여주고 있다. 초기 이탈리아 파시즘은 민족주의 르네상스의 현대적 출현의 고전적 원형이었다. 민족주의는 욕망과 감정으로 구성되어 있기에 합리성과 일반성을 넘어선 특징을 보이고 있으며 냉철한 분석의 대상이 되지 않는다. 민족주의는 타협과 평등으로 향하는 경향이 없으며, 바로 그런 점이 현대 민주주의 정치의 본질을 구성한다."[23] 바로 그런 탈공산주의적 민족주의의 특징들을 러

---

22) См.: *Цюрхер К.* Мультикультурализм и этнополитический порядок в постсоветской России: некоторые методологические эамечания // Полис. 1999. № 6. С. 161.

23) Цит. по: *Калоева Е.Б.* Роль национализма и популизма в судьбах народов Югославии в ⅩⅩ–ⅩⅪ вв. (Образ) // Национализм и популизм

시아 역사학자 보이초프(Михаил А. Бойцов)는 다음과 같이 언급했다. "요즘의 동유럽과 구 소비에트 유라시아의 '젊은 민족주의자들'은 미래의 전조가 아니라 과거의 회상, 19세기적 과정의 뒤늦은 반향이며, 그런 의미에서 그들은 낡은 모델의 민족주의자들이다. 저 '뒤늦은 민족주의자들'은 19세기와 20세기 동안 분열 과정이 어느 정도 인위적으로 억제되었던 공동체들이 분열하는 조건에서 발생했다."[24]

그런 상황에서 민주주의 과정은 지연될 수 있을 뿐 아니라, 그 어떤 종족적 소수에 대한 체계적 억압이나 차별(발트 국가들, 불가리아, 루마니아, 슬로바키아 등) 또는 민주주의적 수사로 가장하여 에트노크라시(ethnocracy) 국가를 건설하려는 시도(많은 탈소비에트 국가들)와 민주주의가 병립할 수 없기 때문에 근본적으로 변형될 수 있다.

1990년대에 모든 소비에트 공화국들은 소위 '제국의 이행'(имперский транзит)을 겪었다. 그것의 기본 과제들 가운데 하나가 다양한 작은 정치 집단이나 정체성 또는 17세기 유럽처럼 '도시 벨트'를 바탕으로 하는 것이 아니라, 과거로부터 물려받은 소비에트식 사이비국가들을 바탕으로 민족국가를 건설하는 것이었다. "사회주의적 제국의 유산은 새로운 국가들의 제도적 기반과 경계 조정을 어렵게 만들었다. ... 행정 경계의 자의적 변경, 사람들의 이주나 강제이주, 여러 종족 집단들의 사회적 동원력 훼손, 언어적 탈민족화와 그 반대인 원주민화 등은 종족적 불만 표출의 기반을 조성한 조악한 사회 공학이었다."[25] 따라서 다양한 역사와 문화를 가진

в Восточной Европе Сб. науч. трудов / редкол.: Ю.И. Игрицкий (отв. ред.) и др. М., 2007. С. 163.

24) *Бойцов М.* История закончилась. Забудьте // Культура. 2005. № 32.

25) *Кудряшова И.В.* Государственная состоятельность как критерий легитимации новых государств // Сравнительная политика. 2011. № 3 (5). С. 26-27.

영토를 포함한 신생국가들(아제르바이잔, 조지아, 몰도바, 우크라이나 등)에서는 지방과의 관계 문제와 단일민족 정체성 확립 문제가 복잡하게 뒤얽혀 종종 사회 분열로 이어졌다. 그리고 국가가 약하고 지역적, 종족적, 문화적 경계가 일치하지 않고 정체성 문제에 관한 합의가 부재한 상황에서 '명목' 민족적 다수의 이익을 위한 정치가 전역에서 이루어졌다. 새로운 '자유 민족들'(свободные нации)은 소수민족들(특히 러시아어 사용자들)과 강압된 지배적 언어로 대화를 했고, 소위 '작은 제국'으로 불리는 현상을 나타났다. 많은 탈소비에트 국가들에서 다문화 공동체를 동종화하려는 시도가 '위에서부터' 이루어졌다. 린츠(Juan J. Linz)와 스테판(Alfred Stepan)은 그것을 '민족화주의 정책'(национализаторская политика)이라고 불렀으며, 그 특징으로 시민사회, 교육과 언론에서 국어가 아닌 언어 사용 제한, 선출직 공무원 충원에서 '명목 민족' 출신에게 이익을 주는 국적에 관한 배타적인 법률, 단일 국어 도입으로 민족적 소수 출신이 국가 공무원이 될 가능성을 실질적으로 제한, 토지나 기타 재산 재분배에서의 '국가구성 종족'의 특별한 권리, '국가 명목 민족'의 모든 관습, 관행, 제도에 법으로 특권적 지위 부여 등을 들 수 있다.[26] 국제기구들 또는 러시아의 압력으로 그런 정책이 약간 후퇴되기도 했다.

린츠와 스테판이 주장하는 것처럼, 다종족 국가가 동일한 국민적 지위를 부여하고 효과적으로 개인의 권리를 보호한다면 국가의 민주주의 공고화와 상황 개선 가능성이 커지게 된다. 그러나 반대로 특정 범주 국민의 권리를 제한하는 것은 국가적인 리스크를 만드는 것이 된다. '소외된 국민'은 자신을 국가와 동일화하지 않기 때

26) См.: *Linz J., Stepan* A. Problems of democratic transition and consolidation: Southern Europe, South America and post-communist Europe. Baltimore; L., 1996. P. 35.

문이다.[27] 몇몇 학자들의 견해에 따르면, 국민이 국가와 동일화하는 수준이 곧 국가적 지속성 수준을 측정하는 '리트머스 시험지'이다. 탈소비에트 공간에 일련의 '인정받지 못한' 국가들이 생겨난 것은 '민족주의적 정책'의 가시적인 결과 가운데 하나이다.

비교 경험적 연구에 따르면, 민족 통합 문제가 보다 덜 첨예했던 탈소비에트 국가들에서 민주화 과정이 보다 성공적으로 진행되었다. 루이스(Paul G. Lewis)의 견해에 따르면, 발칸 국가들과는 달리 동유럽 대부분 국가들의 상대적인 종족적 단일성이 민주화 과정을 용이하게 해주었다. 폴란드, 체코, 헝가리에서는 발칸 국가들이나 발트 국가들에서보다 민족주의적인 경향이 덜 명확하게 표출되었다.[28] 그리고 미국의 정치학자 스나이더(Jack L. Snyder)의 견해에 따르면, 탈공산주의 세계에서 민족주의자들이 야기한 분쟁 가운데 오랜 세월동안의 문화적 적대감 또는 전쟁의 필요성에 따라 발생한 것은 하나도 없다. 그곳의 분쟁들은 정치 엘리트들이 "민주화 초기 단계에서 정치적 참여를 규율하는 제도가 아직 배태 상태에 있었을 때 대중의 지지를 얻기 위해 민족주의적 구호를 사용한 결과로 발행한 것이다."[29] 또 그가 언급한 바, 엘리트들이 목전의 급격한 정치적 변화를 자신의 입장에 대한 위협으로 받아들이는 경우, 대중의 정치 참여 확대가 시민사회의 제도적 구조 확립보다 먼저 이루어지는 경우, 정치적 대중 동원이 종족적 속성에 따른 차별을 기반으로 이루어지는 경우에 민주화의 결과로 민족주의적 분쟁이 발생

27) Ibid. P. 33.
28) См.: *Lewis P.G.* The 《third wave》 of democracy in Eastern Europe: Comparative perspectives on party roles and political development // Party Politics. 2001. Vol. 7, N 5. P. 543-565.
29) *Snyder J.* From Voting to Violence: Democratization and Nationalist Conflict. N.Y.; L., 2000. P. 181.

할 확률이 특히 크다.[30] 한편, 그는 종족 분쟁 발생을 제어하는 요인으로 자유주의적 정치제도 구축을 위한 엘리트 정책과 '시민적 민족주의' 형성을 들고 있다. 그런데 두 번째 요인은 자유주의적 제도가 미약한 상황에서도 성공적인 민주주의 이행에 도움을 준다. 스나이더의 견해에 따르면, 전반적으로 현대적인 민주주의 이행 시도는 민족주의와 종족 분쟁에 좋은 조건을 만들 수 있고 또 만들고 있는데, 그 조건은 '이행 비용'을 더 크게 만들뿐 아니라, 대중의 정치 활동이 오랜 시간동안 반민주주의적 노선을 따르게 만들거나 전쟁 위협으로 국제정치 지평을 암울하게 만들 수도 있다.[31]

실상, 시장경제 및 민주주의로의 이행 과정과 민족 정체성 및 민족적·국가적 자결의 모색 과정이 시간적으로 합치된 것은 극히 파괴적인 요인이었다. 종종 민족자결 과정은 국가 간 무력 분쟁의 형태를 띠었다. 그런 판단을 경험적으로 확인하는 것은 별로 복잡하지 않다. 1990년대에만도 탈공산주의 국가들에서 6건의 대규모 종족정치적 무력 분쟁이 발생했다. 그 중 두 건은 구 유고슬라비아에서 발생했다. 1990년대 전반의 보스니아와 헤르체코비나 전쟁 그리고 그것과 관련된 세르비아와 크로아티아 간 무력 충돌은 20만 명이상의 인명을 앗아갔고 1999년 코소보 전쟁에서는 약 10만 명이 희생되었다. 많은 구소련 공화국들도 종족 전쟁을 겪었다. 러시아는 1990년대 중반 약 7만 명이 희생된 소위 제1차 체첸전과 제2차 체체전을 치렀다. 타지키스탄에서는 1990년대 전반에 시민전쟁이 발생하여 약 5만 명이 사망했다. 그리고 1990년대 초 아르메니아와 아제르바이잔의 나고르노 카라바흐 전쟁은 2만 명을 희생시켰다. 마지막으로 2008년 남오세티야에서 '8월의 5일 전쟁'이 일어

30) Ibid. P. 311.
31) Ibid. P. 20-21.

났고, 러시아도 그 전쟁에 개입했다. 그 외에도 다음과 같이 희생자 수가 보다 적은 여러 건의 유혈 '내전'이 있었다. 1997년 알바니아의 '금융 피라미드' 붕괴 이후의 내전, 조지아와 남오세티야, 조지아와 압하지야 간 무력 충돌, 1992년 몰도바의 트란스니스트리아 분쟁, 오세티야와 인구시 간 프리고로드 지역과 모즈독 지역 영토를 둘러싼 분쟁, 1990년 키르기스스탄의 오시 지역 분쟁 등 정치적 분쟁의 종족화 위험성은 슬로바키아와 체코 간, 헝가리와 슬로바키아, 헝가리와 루마니아 사이에도 있었다.

그런 전쟁과 분쟁의 원인은 무엇보다 '종족적 교차'(этническая чересполосица), 경계 문제, 영토에 대한 주장 등과 관련된다. 한편, 때때로 종족적 전쟁과 분쟁(국가 영토 내부 또는 외부에서의)은 정치가들에 의해 자신의 목적 달성의 수단으로, 정치적 자산 획득 및 증대의 수단으로 또는 개인 권력 강화의 수단으로 사용되었다. 반면, 정치 지도자들의 종족적 소수에 대한 태도는 '민주주의를 향한 시험'이 되었고, 그들은 그 시험을 통과할 수 없었다. 유고슬라비아의 붕괴를 상기하는 것으로 충분하다. 슬로베니아 학자 플레레(Sergei Flere)는 이렇게 썼다. "유고슬라비아의 분열 사태는 종족적 불만감을 자극시켜(자국 내 위기의 원인을 유고슬라비아 연방 내 각국 민족들의 입장 불일치로 설명하여) 즉각적인 행동에 나서도록하기 위해 종족 정치가들('종족 경영자들')과 지식인들(소위 독립적인 반정부·반체제 인사들) 간 동맹의 결과이다. 당시의 신구 엘리트들(크로아티아 등 몇몇 국가에는 정치가가 거의 없었다)은 종족 독립 이데올로기를 공산주의 붕괴라는 미명에 따라 다른 집단들을 규정하고 새로운 정치 엘리트들을 양성하기 위한 투쟁에 사용했다. 그 새로운 엘리트들(각 신생국의)은 다양한 형태의 모든 선전 수단을 사용했다. 특히, 깊이 뿌리내리고 있는 집단적 공포를 자극하는 소문을 확산시키는 방법, 즉 오늘날 증오 자극이라고 불리는 방법까지 사용했다. TV가 가장 큰 의미를 가졌다. 유고슬라비아 드라마는 1980년대 말부터 시작하여 거짓된 표상을 전달하는 드라마가 되었다. 반드시 사실적인 것일 필요가 없는 TV 스토리는 히틀러의 인종혐오나 가상적인 잔혹성에 대한 이야기들과는 어느 정도 차이를 두고 대중을 동원하는데 사용되었다. 유고슬라비아 전역에 방송되는 TV 시스템이 없었던 것이 엘리트들이 '진실'을 독점하는 요인이 되었다."[32]

그 외에 많은 탈공산주의 국가들에서 국가와 민족자결 과정은 소유권 형태의 변화와 급격한 재분할 과정 위에서 이루어졌다. 민족을 종족문화적 공동체로 보는 표상이 지배적인 탈공산주의 공간 내 상황에서 그런 재분할도 때때로 종족적 속성에 따라 이루어졌다. 그 경우 개인이 아니라 종족 공동체가 국가적 권리, 재산권 및 기타 권리의 주체가 되기 때문이었다. 그렇기 때문에 '명목 민족'에 소속된다는 것은 특별한 경제적, 정치적 특혜, 지위에 관한 특혜를 받는 것이 예정되는 중요한 경제적, 정치적 자산이 된다. 그러나 사회 내의 사회·경제적 분화(계급, 신분의)가 종족적 분화의 형식을 띠게 되는 경우에는 분쟁 가능성이 대폭 커진다. "사회·경제적 권력과 지배는 에트노크라시적 요소를 추가하면서 종족정치적 권력 위에 있기 때문이다."[33]

바로 그것이 종족적 색채를 띤 새로운 지역 분쟁의 발생을 촉진시켰다. 그런 종류 분쟁의 증가는 불가리아, 헝가리, 슬로바키아, 루마니아 등 실질적으로 모든 탈소비에트 국가에서 발생했다. 그리고 민족주의 발전은 종족적으로 동질적인 폴란드에서도 정치적 과정을 움직이는 동기 가운데 하나가 되었다(폴란드에는 민족적 소수가 약 1백만 명으로 전체 인구의 2.5%에 해당된다). 그런데 "전 지역을 곧 끓어올

---

32) *Флере С.* Причины распада бывшей Югославии: взгляд социолога // СОЦИС. 2003. №5. С. 60.
33) Россия: центр и регионы. Вып. 10. М., 2003. С. 58.

라 종족적, 민족주의적 폭력을 뿜어내기 직전 상태의 종족 분쟁의 증기 솥으로 보는 것"은 거의 근거가 없다.[34] 다양한 정도의 확신을 가진 이 지역 국가들에서의 '민족 재생'은 전적으로 외부 전체주의 세력의 희생으로 여겨졌으며, 그것이 어느 정도 그들의 단합 과정을 용이하게 만들어 주었다. 그 외에, 브루베이커의 견해에 따르면, 유럽의 탈공산주의 국가들 대부분의 경우에 권력으로부터 사회를 소외시키는 것이 대중의 종족 정치적 동원을 방해했다. "'우리-그들' 대립은 하나의 종족 집단을 다른 집단으로부터 분리시키지 않으며, 민중과 권력 간 분계선으로 기능한다. '그들'은 권력의 대표자들로서 '우리'가 될 수 없으며, 공산주의 시절에 자주 그렇게 했듯이, '그들'이 '우리'의 이름으로 말한다고 주장해도 '그들'은 '우리'가 될 수 없다. 공산주의 붕괴와 더불어 상황이 바뀌었다. 종족민족주의적 관용어를 사용하는 것도 '그들'이 우리가 하나라는 것을 '우리'에게 확신시킬 수 있다는 것을 보장하지 못하며, 권력 내의 위계나 지배 방법이 아니라 종족적 민족성이 '우리'를 '그들'로부터 분리시킨다."[35]

유럽 지역 대부분의 국가들을 유럽 통합 과정에 포함시키는 것은 중앙 정치 엘리트들을 '규율에 익숙하게' 만들었고(Rogers Brubaker), 대부분의 경우에 그들을 국제관계 영역에서 유럽적 표준에 '상응하게' 만들었다. 물론, '유럽식 표준을 향한 경쟁'은 차용된 규범과 법률이 중부 유럽과 동부 유럽 국가들의 사회적 현실에 침투하는 깊이와 질적 차이로 나타나지 않을 수 없었지만, 성공도 명백한 것이었다.

해결되지 않은 종족 문제들은 탈공산주의 사회들의 정당 정치적

---

34) *Брубейкер Р.* Мифы и заблуждения в изучении национализма // Мифы и заблуждения в изучении империи и национализма. М., 2010. С. 75.

35) Там же. С. 79-80.

차이에도 반영되었다. 러시아 학자들이 지적하는 바, 1990년대 중동유럽의 탈공산주의 국가 대부분에서 다당제 범위 내에서 실질적인 양당제가 형성되었는데, 하나의 극단은 사회민주주의 노선의 운동, 블록, 정당들이며, 다른 극단은 자유민주주의 노선이었다. 폴란드에는 민주좌파연맹과 현대연대, 즉 '선거운동연대'라고 스스로를 불렀던 블록 간에 팽팽한 정치적 줄다리기가 있었다. 다른 과거 '사회주의 진영' 국가들의 상황은 다음과 같았다. 체코에는 시민민주당과 체코사회민주당, 불가리아에는 민주세력연맹과 불가리아사회당, 루마니아에는 루마니아사회민주당과 민족자유당, 헝가리에는 헝가리사회당과 자유 블록 FIDEXS(청년 민주주의 연맹과 헝가리 시민당)가 있었다. 알바니아에도 마찬가지였다.[36]

한편, 분쟁의 축이 사회·계급적 영역에서 종족민족적, 종족종교적 관계 그리고 민족적 소수의 정당들의 출현과 더불어 정치적 저변을 확보하고 전통적 좌파뿐만 아니라 전통적 우파와의 투쟁으로 권력을 향해 나가려는 포퓰리즘적 '제3세력' 정당들의 출현으로 옮겨가는 전 유럽적인 경향이 있었다.

36) См.: *Яжборовская И.С.* Из опыта стран Центральной и Восточной Европы // Избирательный процесс в России: национальные особенности и европейский опыт. Доклад Совета Европы. №132. М., 2004.

제5장

탈공산주의 국가들에서의 우익-포퓰리즘

제5장 탈공산주의 국가들에서의 우익-포퓰리즘

탈공산주의 국가들에서의 우익-포퓰리즘(national-populism) 증가의 이유들은 전반적으로 이해가 가능하다. 그중 몇 가지는 서유럽이나 동유럽에서 공통적이지만, 다른 몇 가지는 탈공산주의 국가들에만 해당된다. 일부 학자들의 견해에 따르면, 유럽연합(EU) 국가들에서 공통적으로 우익-포퓰리스트들이 선거에서 성공한 것은 자국 내에서 이루어지고 있는 경제적 변화에 만족하지 못한 유권자들이 그들에게 투표했기 때문이다. 그리고 유권자들이 우익-포퓰리스트들에게 투표한 것은 그들의 경제, 사회 정책이 특별한 매력을 가졌기 때문이 아니다. 그들은 국내 경제 상황에 대한 불만을 표시하기 위해, 저항의 표시로 야당에게 투표한 것이다.[1]

1) *Esping-Andersen Gøsta.* Continuity and Change in Contemporary Capitalism / Ed. by Politics without Class: Postindustrial Cleavages in Europe and America // H. Kitschelt, P. Lange, G. Marks, and J.D. Stephens. Cambridge, 1999. P. 293-316; *Brug W. van der, Fennema M. and J. Tillie.* Why Some Antiimmigrant Parties Fail and Others Succeed: A Two-Step Model of Aggregate Electoral Support // Comparative Political Studies. 2005. 38. P. 537-573.

바로 이 점에서 논리적으로 또 하나의 공통점, 즉 실상 모든 우익-포퓰리스트 정당들이 유럽 통합에 반대한다는 것이 이어진다. 유럽 통합은 엘리트에 의해 통치되는 반민족적인, 민주주의 결핍과 부패로 왜곡된 프로젝트로 해석되었다. 우익-포퓰리스트들은 통합이 심화되고 확장되는 만큼 EU 국가 정부들이 더욱 더 초국적기업에 끌려들어가게 될 것이고, 그것은 민족 수준의 민중에 대해 정치권력의 책임을 없애버릴 것이라고 생각했다. "그들은 EU를 '민중에 반(反)하는 유럽'을 만들려는 음모로 보았고, '유럽에 반(反)하는 민중'을 동원하고자 했다. 한 네덜란드 고위 외교관의 말에 따르면, 그것은 '민주주의적 수단'에 의한 EU의 붕괴로 이어지는 것이다."[2] 한편, 서유럽과 동유럽 우익-포퓰리스트들의 유럽회의주의(euroscepticism)는 이유는 동일하지만 커다란 차이가 있다.

독일의 기자 랑에(K.O. Ланге)의 말에 따르면, 중부 유럽과 동부 유럽에서 "오늘날 새로운 조급함이 자라고 있다. 과거에 그렇게 큰 희생을 치르고 나서 사람들은 마침내 경제성장의 과실을 이용하고 싶어 한다."[3] 1990년대 초에 중부, 동부 유럽 엘리트들에 의해 제안된 '유럽으로의 회귀'라는 목표는 대중적인 지지를 받았다. 저명한 영국 정치학자 애시(Timothy Garton Ash)가 지적한 바, "폴란드인과 체코인에게(의심의 여지없이 1945년부터 헝가리인에게도) 중부 유럽은 항상 서구였고, 합리적, 인도적, 민주적, 회의적, 관용적인 곳이었다. 나머지 모두는 동유럽적인 곳, 러시아적인 곳 또는 독일적인 곳으

---

2) *Леонард М.* Как реорганизовать Европу // Pro et Contra. 2012. Январь — апрель. № 1-2 (54). С. 17.

3) См.: *Орлов Б.С.* 《Сращивание Западной и Восточной Европы》: культурно-исторические аспекты проблемы // Актуальные проблемы Европы. Сб. науч. трудов. М., 2007. № 4: Две Европы: процесс интеграции / ред.-сост. Ю.А. Гусаров. С. 18.

로 여겨졌다."[4]

'서구 프로젝트'는 중부, 동부 유럽지역 국가의 주민들에게 극히 매력적인 것이었다. 서구가 추구하는 이상이 공산주의에 비해 충분히 구체적인 것이라는 점이 커다란 장점이었다. 그러나 그 이상을 실현하는 데는 커다란 노력과 희생이 요구되는데, 2004년과 2007년에 EU에 가입한 탈사회주의 국가 국민들은 오늘에야 그것을 인식하기 시작했다. 지금까지 '프로젝트'의 합법성은 보다 나은 미래에 대한 기대에 의해 유지될 수 있었다. 그러나 모든 것은 서구가 실질적인 물적 자원을 활용해 동유럽에서 자신의 헤게모니를 강화시킬 준비가 되어 있는가에 달려 있었다. 그러나 기대하던 '하늘의 만나(manna)' 즉, 하나님이 광야의 이스라엘 민족에게 주었다는 음식은 내려오지 않았다. 이 지역 국가 국민 대중은 EU의 엄격한 기준에 적응해야 한다는 냉엄한 현실에 부딪혔고, 그 점이 '유럽으로의 회귀' 프로젝트에 대한 실망의 물결을 일으켰다. 그것이 많은 면에서 유럽대륙 동부에서 우익-포퓰리스트들이 선거에서 점차 더 많은 성공을 거두게 했다. 그와 동시에 서유럽 우익-포퓰리스트들의 선거 레토릭에서 동유럽으로의 EU 확대는 EU 관리들의 강요에 따라 '먹여 살려야 될 사람들'의 숫자가 늘어나게 되는 잘못된 행보로 해석되었다.

그 외에, 이 지역 모든 국가들에 1990년대의 체제 개혁으로 승리를 거둔 사람들이 당연히 있지만, "이미 20년 동안 개혁으로 승리한 사람들과 패배한 사람들 간의 분열이 심화되었다. 정치가들은 개혁으로 승리한 사람들에 해당되지만, 유권자들이 항상 거기

---

4) Цит. по: *Срубар И.* Варианты трансформационного процесса в Центральной Европе: сравнительная оценка // Современная немецкая социология: 1990-е годы / под ред. В. Козловского, Э. Ланге, Х. Харбаха. СПб., 2002. С. 622.

에 포함되는 것은 아니다. 지속적인 부패가 유권자들에게 그런 격차를 보여주고 있으며"[5], 그것은 패배한 사람들이 국가로부터 소외되는 결과로 이어지고 있다. 독일 학자 벨레스트렘(Karl Ballestrem)이 지적한 바에 따르면, 탈공산주의 사회에서는 "모든 국민이 자유민주주의의 기본 가치들, 즉 개인의 자유, 삶과 신념의 다양성, 상호 인내, 타협, 민주적 질서 존중 등의 가치를 평가할 능력이 있는 것이 아니다. 지평선에 위기가 떠오르면, 적지 않은 사람들이 재빨리 자유로운 입장을 버리고 우익-포퓰리즘과 근본주의적 운동에 손아귀에 빠지게 된다."[6]

이처럼 중동유럽 국가들에서 민족-포퓰리스트들, 즉 유럽 통합 반대자들의 정치적 영향력이 강화되는 것은 "너무 빠른 진전, 때때로 발생하는 왜곡된 통합 형태, 정치 엘리트와 아직도 추상적인 통합된 유럽과 자신을 동일화시키지 못하고 전처럼 민족적, 때로는 민족주의적 범주들로 사고하는 국민들과의 괴리"[7]로 인한 것이다.

러시아인들은 민족-포퓰리즘을 1993년 12월 지리놉스키(Владимир В. Жириновский) 당의 정치적 성공 시점부터 잘 알고 있다. 한편, 유럽의 다른 탈공산주의 국가들에도 자유민주주의 정당이 있고 포퓰리즘적인 지도자들이 있다. 이에 관한 이그리츠키(Юрий И. Игрицкий)는 다음과 같이 썼다. "현대 학술용어에서 포퓰리즘은 다양한 위

5) *Зегерт Д.* Трансформация и развитие партий в Восточной Европе после завершения переходного десятилетия // Политическая конкуренция и партии в государствах постсоветского пространства. Сб. статей / ред.-сост. Е.Ю. Мелешкина, Г.М. Михайлова. М., 2009. С. 32.

6) *Беллестрем К.* Сколько плюрализма может вынести человек? (к вопросу о вызове коммунитаристов либерализму) // Глобализация и столкновение идентичностей. Международная Интернет-конференция 24 февраля - 14 марта 2003. Сб. материалов / под ред. А. Журавского, К. Костюка. М., 2003, С. 269.

7) Кризис ЕС. Последствия и перспективы // Современная Европа. 2005. № 4. С. 24.

치에서 국민에게 호소하고 ... 전통적인 사회·정치 시스템 범위 내에서 현존(또는 이전) 정권의 대중적이지 않은 결정의 결과를 수정하는 방법으로 또는 체제를 바꾸는 방법으로 대중의 기본적인 요구를 수행하겠다고 약속하는 모든 세력의 정치적 이데올로기와 전략이다."[8]

학자들은 포퓰리즘의 현대적 변이체에 저항 포퓰리즘(또는 사회적 포퓰리즘) 그리고 정체성 포퓰리즘(또는 민족주의적인 포퓰리즘)을 포함시킨다.

저항 포퓰리즘은 '평범한 사람들' 또는 '일반 시민'으로 이해되는 민중 찬양과 결합된 엘리트에 대한 비판이다. 포퓰리즘의 이 변이체는 '초민주주의', 직접민주주의 호소와 일반적으로 수용된 민주적 절차 거부 등을 의미한다.

정체성 포퓰리즘은 저항 포퓰리즘과 마찬가지로 엘리트에 반대하고 제도로서의 민주 국가에 반대하며, '타인', '외국인'에 반대하는 저항에 가장 크게 주의를 기울인다. 엘리트들은 무엇보다 민족주의적이지 않고 세계주의적이라는 점에서 비판을 받는다.[9] 오늘날의 중동부 유럽 국가들의 경우, 정체성 포퓰리즘은 "승자와 패자(급격한 사회 변화에 따른) 간에 형성된 심연을 상징적으로 극복하는 도구이며, 그것은 두 집단이 공유하는 민족 신화와 EU 등에 대한 회의적 태도라는 선입견과 관련된다."[10] 따라서 오늘날 중동부 유럽 국가들에서 '정체성 포퓰리즘'이 정치적 영향력을 늘려가고 있다. 이 지역 우익-포퓰리스트 정당의 이데올로기는 자문화보호주의(nativism, 민족주의와 외국인혐오증과의 결합)와 권위주의의 조합이다.

---

8) Национализм и популизм в Восточной Европе. Сб. науч. трудов / редкол.: Ю.И. Игрицкий (отв. ред.) и др. М., 2007. С. 5.

9) Там же, С. 59-60.

10) *Загерт Д.* Трансформация и развитие партий в Восточной Европе после завершения переходного десятилетия... С.33.

따라서 민족 주권 상실, 범죄, 부패, EU 회원 가입의 부정적 결과 등이 선거운동 과정에서 주요 이슈가 되고 있다.

1990년대 헝가리에서는 작가 슈르카(Istvan Csurka)가 지도하는 '헝가리정의민생당'이 바로 그랬다. 이당은 '헝가리의 국경을 전쟁 이전 상태로 복원'한다는 극히 이색적인 목표를 추구하는 급진주의 우파 정당이었다. 이 정당은 1994년에는 의회에 진출하지 못했지만(5% 진입장벽에 미치지 못한 2% 획득), 1998년에 그 장벽을 넘었다. 나아가 이 정당은 총리인 오르반(Viktor Orban)의 '청년민주주의연맹' 그리고 토르기안(Ж. Торгиан)의 '소자본가 당'의 우파 연대에 포함되었다. 이 당의 이데올로기는 반공, 반유대주의, 보다 나은 생활(정권을 잡은 이후) 등이었다. 이 당은 유럽 통합을 헝가리 민족에게 위협이 되는 것으로 여겨 유럽 통합의 정치적, 경제적 이념에 반대하며, 따라서 헝가리의 EU 탈퇴를 주장하고 있다.[11] 이 당을 지지하는 유권자는 15~20만 명인데, 헝가리에서는 그 정도면 적지 않은 숫자다.

현재 헝가리 정치 무대에서 이 당의 비중은 크지 않다. 그러나 2005년에는 또 하나의 극우 집단으로 2002년 우파가 선거에서 패배한 후 헝가리 정치무대에 등장한 '보다 나은 헝가리를 위한 운동' - '요빅'(Jobbik)과 연대했으며, 그 새로운 정당의 정강에 선언된 기본 목표는 "민족의 가치와 이익 보호하고, 민족과 국가의 기반을 흔들려는 모든 시도에 대항하는 것이었다. 당의 기본 과제는 헝가리 민족의 보호, 회복, 번성, 민족 단일화와 연대, 선진적인 농업, 환경 보호, 교통, 에너지, 정보 인프라 발전 등이었다."[12]

---

11) Justice and Life Party Opposes War and EU Entry. 《Europe Intelligence Wire》. February 14, 2003. URL: http://www.accessmylibrary.com/coms2/summary_0286-22449311_ITM (дата обращения: 20.10.2011).

12) См.: URL: http://www.jobbik.com/russian.html (дата обращения: 20.10.2011).

이념적 측면에서 '보다 나은 헝가리를 위한 운동'은 강한 유럽회의주의 정당이었다. "이 당은 EU 통합이 헝가리에게는 좋은 출구가 아니라고 확신했다. EU 가입 시 정부가 유리하지 않은 조건을 수용하여 헝가리를 브뤼셀 관료들의 손에 넘긴 것이라고 여겼다. '요빅'은 헝가리 의회의 모든 정당이 수용한 리스본 조약을 거부한다."[13] 이 당은 집시, 유대인 및 몇몇 국내 민족적 소수집단에 적극적으로 반대하며, 집회 시 연사들은 급진적인 레토릭을 사용한다.

이 당이 2009년 유럽의회 선거와 2010년 국내 의회 선거에서 예상치 못한 좋은 결과를 얻었다는 것은 헝가리 정치 공간 내 극우 계열에 충분한 영향력을 가진 새로운 인물이 등장했다는 점을 말해준다. 많은 분석가들의 견해에 따르면, 이 당의 성공은 사회민주주의자 정부의 사회 정책의 실패로 초래된 것이었다.[14]

현재 '요빅'은 유럽의회에 대표를 보내고 있으며(2009년 선거에서 14% 득표, 3석), 헝가리 의회에서 3위(47석, 16%)를 차지하고 있다. 2010년 4월 의회 선거에서는 오르반의 우파 보수정당인 헝가리시민연맹(FIDESZ)이 헌법적 다수를 차지하는 압승을 거두었다. 그때까지 정권을 잡고 있던 사회주의자들은 정당 명부 의석 가운데 단지 19%를 차지했다. 그리고 민족주의 우파 급진주의 정당인 요빅이 그보다 겨우 3%를 적게 차지했다.

일련의 문제에서 헝가리시민연맹도 우익-포퓰리즘적 입장을 유지하고 있다. 전문가들의 견해에 따르면, 오르반의 정당은 정당정책의 핵심적인 항목, 즉 슬로바키아, 루마니아, 세르비아에 거주하는 수십만 명에 달하는 종족적 헝가리인에게 헝가리 국적을 부여하고

---

13) Там же.
14) Русская служба BBC: 《На выборах в Венгрии ожидают победу правых》. URL: http://www.bbc.co.uk/russian/international/2010/04/100411_hungary_elections.shtml, 《Венгрия сменила виноватых на правых》 http://digester.ru/Cluster.aspx?uid=2010041315&id=78 (дата обращения: 21.10.2011).

선거에 참여할 권리를 부여하는 계획을 수행할 예정이다. 이에 따라 주변국들은 헝가리 우파들이 제2차 세계대전의 결과를 재검토하고, '그들의 영토 일부를 슬금슬금 합병하는' '위대한 헝가리' 프로젝트를 실현하려는 것은 아닌지 의심하고 있다.[15)]

슬로바키아에서는 '슬로바키아민족당'이 강한 우익-포퓰리즘적 유럽회의주의 입장을 가지고 있다. 이 당의 강령에 "국내외 슬로바키아인의 통합, 슬로바키아 국민의 자연 증가 보호, 국민의 정신적, 환경적(생활환경) 자산 보호가 사회관계망서비스(SNS)의 목적"으로 선언되어 있고, "SNS는 유럽 국가들과 문화의 민족적 특징을 보존하고 유럽 내 슬라브인의 상호 관계와 상호 지원을 강화하기 위한 것"으로 명시되어 있다.[16)]

슬로바키아민족당은 또한 슬로바키아 민족의 주권을 침해하는 중앙집권화된 초민족적 유럽국가 건설 또는 유럽연방 건설에 명확히 반대 입장을 밝히고 있다.

이 당에 대한 국민의 지지는 대폭 증가하고 있다. 2002년 의회 선거에서 이 당은 3.32%를 득표해 의회에 진출하지 못했는데, 2009년에는 11.6%를 얻어 의회 진출에 성공했다. 2004년 유럽의회 선거에서는 5% 장벽을 넘지 못했지만, 2009년에는 슬로바키아 유권자 5.9%의 지지를 얻어 2009 유럽의회에 대표 1명을 진출시킬 수 있었다.

슬로바키아 유권자들 사이에서 우파 급진주의 정당인 '슬로바키아민족당'이 인기를 얻는 데는(2006년 이후 우파연합에 소속) 의심의 여지없이 반 체코적, 반 집시적, 반 헝가리적 외국인혐오주의적 레토릭이 도움이 되었다. 그러나 무엇보다도 5백만 명이 조금 넘는 전체

---

15) 《Однако》. 2010. № 14 (30). 19 апр. С. 9.

16) Материалы официального сайта партии: http://www.sns.sk/dokumenty/program-strany/ (дата обращения: 21.10.2011).

인구 가운데 가장 큰 소수 민족 집단으로 50~60만 명에 달하는 슬로바키아 내 헝가리인을 대표하는 '헝가리연대당'에 대한 극단적인 비판이 큰 역할을 했다.

폴란드에서는 오래전부터 보수 우파적인 '폴란드독립연맹'이 활동하고 있지만, 앞에 열거한 정당들만큼 큰 목소리를 내지 못하고 있다. 한편, 2005년 가을의 폴란드 의회 선거 당시 폴란드 정치 무대에서 두 개의 정당이 영향력이 큰 것으로 나타났다. 그것은 반공주의적 야당과 '연대'(Солидарность)에서 파생된 것으로, 카친스키 형제의 '권리와 정의'당(레흐 카친스키(Lech Kaczynski)는 2010년 스몰렌스크 항공기 참사로 사망하지 전까지 폴란드 대통령이었고, 동생 야로슬라프 카친스키(Jaroslaw Kaczynski)는 2007년 가을까지 총리였다)과 투스크(Donald Tusk)와 로키타(Jan Rokita)가 주도하는 '시민플랫폼'이다. '시민플랫폼'이 자유 보수적 성향이라면, '권리와 정의'당은 급진 보수적 성향으로 포퓰리즘과 민족주의적 요소가 강하다. 카친스키 형제의 당은 다른 두 개의 작은 정당, 즉 레페르(Andrzej Lepper)가 주도하는 포퓰리즘적인 '제츠포스폴리타(Rzeczpospolita) 자위(自衛)'당[17]과 기르티크(Roman Giertych)가 주도하는 우익 민족주의, 가톨릭, 반유대 노선의 '폴란드가족동맹'[18]과 함께 얼마 전까지 폴란드

17) '폴란드 제츠포스폴리타 자위'당은 1989년 이후 폴란드에서 이루어진 사회·정치적, 경제적 개혁에 비판적인 유권자들을 규합한 정당이다(이 정당에 투표한 것은 주로 시골 지역 주민, 실업자, 과거 콜호스 노동자들, 비숙련 노동자들이었다) 우익-포퓰리스트 정당으로서 현존 질서의 급격한 변혁을 주장하는 구호를 내걸었다. 독일의 슈피겔지는 이 정당 지도자 레페르를 '그의 명령이라면 거리를 뒤덮고 나라를 바로 궁지로 몰아넣을 준비가 된 분노한 농민군 지도자'라고 칭했다.

18) 폴란드가족동맹(LPS)은 폴란드가 유럽연합에 통합되는 것을 적극 반대한 정치 세력 가운데 하나이다. 열성 당원들은 국가가 경제 분야에 적극 개입해야 한다고 주장한다. 이 정당의 주요 과제는 가정, 애국심, 종교, 자유, 사유재산 등 전통적 가치 수호다.(www.poland.gov.pl.)
폴란드가족동맹은 2001년 총선에서 7.9%를 득표하여 세임(의회) 내 38석을 차지했다. 2004년 유럽의회 선거에서는 16%를 득표하여 유럽의회 내 폴란드에 할당된 54석 가운데 15석을 차지했다. 이 당은 '시민플랫폼'당과 당시의 여당인

우파 연대를 이루고 있었다. 스몰라(Aleksander Smolar)가 타당하게 지적하듯이, "카친스키 형제의 승리는 폴란드의 '페레스트로이카'로 가장 큰 피해를 입은 사회 계층이자 자유에 대해 가장 준비가 덜 된 집단에 의한 것이었다."[19]

폴란드의 보수 민족주의 세력을 대변하는 정당들은 "폴란드의 EU 가입, 폴란드 경제와 세계 시장의 뒤엉킴, 서구 문화와 생활방식의 영향 강화 등이 민족 정체성과 폴란드 역사와 국민 간의 밀접한 관계를 약화시킬 수 있다"고 우려한다.[20] 그런 일의 발생을 막기 위해 1989년에 성립된 '제3공화국'에 이어 '제4공화국' 건설을 목표로 내세웠다. 또 다른 폴란드 학자 리하르드(А. Рыхард)의 견해에 따르면, "폴란드 사회가 포퓰리즘, 권위주의 다수의 민주주의 요소들을 포함하는 새로운 민주주의 모델 형성 직전 단계에 있다고 볼 수 있다."[21]

한편, 2005년 이후 폴란드 내에서는 우익-포퓰리즘과 유럽회의

'법과 정의당'에 이어 인기 순위 3위가 되었다. 2005년 선거 득표율도 8%였다. 2006~2007년에는 연립내각(야로슬라프 카친스키 정부)에 참여했다. 그러나 2007년 조기 선거에서는 1.5% 득표율로 세임 의석을 전혀 차지하지 못했다. 게다가 2009년 선거에서 유럽의회에도 들어가지 못했다. 2004년 유럽의회 선거, 2001년, 2005년 폴란드 의회 선거 지형도를 볼 때, 폴란드 지역별 득표율 분포가 고르지 않다고 할 수 있다. 이 당은 주로 폴란드 동부의 농업 지역, 도시화가 미진한 지역, 인구밀도가 낮은 지역에서 가장 높은 지지를 받았다. 폴란드 서부나 해안의 도시지역, 산업지역에서는 지지도가 낮았다. 2007년 10월 이 당은 반유대주의로 인해 기소되었다. 이유는 이 당이 "이라크 내 폴란드인의 삶이 유태인과 미국인의 이익을 위해 침해되고 있다."는 구호를 내걸고 정치 선전활동을 했기 때문이다.

19) *Смоляр А.* Польские радикалы у власти // Pro et Contra. Журнал российской внутренней и внешней политики. 2006. № 5-6 (34). С. 95.

20) *Феттер Р.* Прошлое как фишка в большой игре. Братья Качиньские хотят насадить национал-консервативное видение истории // Intern. Politik. 2006. № 5. С. 65.

21) *Рыхард А.* Посткоммунизм: институциональный порядок или хаос? (реферат) // Системные изменения и общественное сознание в странах Восточной Европы / редколл.: Л.Н. Шаншиева (отв. ред.) и др. М., 2008. С. 34.

주의의 수준이 저하되었다고 말 할 수 있으며, 그것은 국내 실업률 감소(2004년 – 20.6%, 2007년 – 15.1%[22]) 및 유럽연합에 대한 점진적인 국민들의 태도 개선과 상응한다.

체코에서 '우익-포퓰리즘적 기반'을 형성하는 것이 '체코공화당'인데, 이 당 역시 전략적 유럽회의주의 정당으로, EU 가입이 체코 국민에게는 아무 이익 없이 체코의 자산이 독일인들의 통제하에 매각될 위험이 있는 것으로 보아 유럽 통합을 적극적으로 반대했다.[23] 원칙적으로 그런 입장은 해당 지역 약소 정당 대부분에 전형적이다. 공화당은 오늘날 그야말로 주변적인 정당으로서 2002년부터 체코 의회에 진출하지 못했다.

불가리아에서는 21세기 초에 '제3의 길'이라는 독특한, 거의 잊혀진 유형의 정당이 있었다. 2001년 불가리아 의회 선거에서 '시메온 2세 민족운동'연대(SNM)가 승리했다. 민족 부흥의 기치를 내걸고, 불가리아여성당과의 연대로 여성 유권자들의 지지를 얻어 43%를 득표했다. 시메온 2세(Simeon Borisov Saxe-Coburg-Gotha)는 1943년에 사망한 황제 보리스 3세의 아들로 어린 시절에 황위를 이어받았지만, 민주정부에 의해 퇴위되었고 9세에 스페인으로 갔다. 이후 2001년부터 2005년에는 불가리아 정부 수장으로 활동했다.[24] '시메온 2세 민족 운동' 지도부는 예외 없이 모든 불가리아 국민을 부유하게 만들겠다는 계획을 800일이라는 짧은 기간 내에 실현시키려 했다. "그러나 우파 세력이 약속했던 우호적인 서구의 품 안에서

---

22) См URL: http://www.cbos.pl./spiskom.pol.2007/k_007.08.pdf. (дата обращения: 20.10.2011)

23) *Kopecky P., Mudde C.* The Two sides of euroscepticism: Party positions on European Intergration in East Central Europe // European Union Politics. 2002. N 3. P. 306.

24) Демократия и парламентаризм в Восточной Европе. Монография / отв. ред. Ю.И. Игрицкий. М., 2003. С. 11, 18-19.

의 번영이라는 열망은 실현되지 못했다. 시메온 2세 정부의 입지는 점증하는 빈곤율과 범죄율로 인해 무너졌다. 2001년에 49%의 득표율을 보였던 '시메온 2세 민족운동'('안정과 부흥을 위한 민족운동'으로 명칭 변경)은 4년 만에 지지자의 절반을 잃어버렸다.[25]

그러나 우익-포퓰리즘이 불가리아 정치판에서 완전히 사라진 것은 아니었다. 2005년 불가리아에는 시데로프(Volen Siderov)가 이끄는 극단적 민족주의 포퓰리즘 정당인 '공격'(Attack)이 등장했다. 이 정당은 '정교를 신봉하는 진정한 원주 불가리아인'과 '유대인, 터키인, 집시 등 반 불가리아적 음모를 꾸미는 외국인들'을 대립시키는 정치적 선동을 통해 단번에 불가리아 의회에 진입했다.[26] '공격'당 지도자의 정치 이력이 특이하다. 시데로프는 1989~1992년에 야권 세력 중 '민주세력연대'의 기관지 '민주주의'의 편집장이었다. 하지만 1992년에 해직되었고 '민주세력연대' 및 그 지도자들과의 관계를 끊었으며, 무솔리니(Benito Mussolini)의 길을 따르는 민족·애국주의자가 되었다. 불가리아 학자 카라세미오노프(Георги Карасимеонов)는 '공격'당이 종족적 화합과 대외정책적 우선 사항들과 관련된 기본적인 민주적 가치들과 헌법 조항들에 도전장을 던졌다고 평가했다. 당의 정강과 당 지도자들의 발언에는 관용적 공존이라는 종족적 모델을 무너뜨리는 노골적인 인종주의와 외국인혐오주의적 호소들이 포함되어 있었다. 그리고 그들은 집시, 터키인 등 민족적 소수, 그리고 국가의 지정학적 향방 및 북대서양조약기구(NATO)와 EU 가입에 대한 불가리아 국민 일부의 잠재적 감정을 자극했다. ... 그런 결과 당 내에서는 민족주의와 유럽주의 간 분쟁이 발생했다.[27]

---

25) *Гришин Я.Я.* Восточно-Европейский регион: внутри- и внешнеполитические аспекты. Казань, 2007. С. 10.

26) См.: Национализм и популизм в Восточной Европе... С. 41-42.

27) *Карасимеонов Г.* Партийная система в Болгарии в 2011-2009 гг.: трансформация и эволюция политических партий // Вестн. Моск. ун-та. Сер. 12. Политические

2009년 의회 선거 이후에 불가리아 정당들의 구조 변화가 있었다. 이 선거에서는 2007년에 창당된 중도우파 정당 '불가리아의 유럽적 발전을 위한 시민들'이 약 40% 득표로 승리했으며, 포퓰리즘 정당인 '질서·법률·정의'당을 포함한 일련의 원내 군소 정당들의 지지와 우파 급진주의 정당인 '공격'의 지지로 내각을 구성했다.[28)]

루마니아에서는 1940년대 기준으로 루마니아를 재건하자는 기치를 내걸고 1991년에 창당된 우익-포퓰리즘 정당 '위대한 루마니아'가 2000년 의회 선거에서 일리에스쿠(Ion Iliescu)가 이끄는 '사민당'에 이어 2위(하원 84석, 상원 37석)를 차지했다. 한편, 이 당의 지도자로서 유권자들의 반 헝가리, 반 집시, 반 유대인 감정을 이용했던 투도르(Korneliu Vadim Tudor)는 대통령 선거에서 2차 결선 투표까지 갔지만 일리에스쿠에게 패했다. 그리고 2008년 의회 선거에서 이 당은 겨우 3.15%를 득표하여 5% 장벽을 넘지 못했다.

마지막으로 유고슬라비아연방에서는 1998년 급진적 민족주의자로 '세르비아급진당' 지도자 세셀(Vojislav Seselj)이 1997년 대통령 선거 2차 투표까지 진출한 뒤 부총리로 임명되었다. 그런데 세셀은 '반인도적 범죄 및 전쟁 수행에 관한 법률과 관행 위반'으로 헤이그 재판소에 기소되었고, 2003년 2월 24일에 자진하여 헤이그 재판소에 출두했다. 그 일이 있기 얼마 전 세셀은 『세르비아 민족주의 이데올로기』라는 책을 썼는데, 그는 자신의 책을 세르비아 민족주의의 전형적 교과서'라고 부르기도 했다. 이 책에서 저자는 세르비아 신세대에게 주는 유훈 가운데 하나로 다음을 언급했다. "그 누구도 세르비아 민족(народ)의 이름으로 세르비아 영토를 분할할 권리가 없다. 이 문제는 해결되기 전까지 논란거리로 남을 것이다. 그런

науки. 2011. № 1. С. 34.

28) Там же. С. 37-41.

데 이 논란은 세르비아적인 것을 해방시켜 세르비아에 통합시키는 방법으로만 해결될 수 있을 것이다."[29] 2008년 1월에는 세셀이 이끄는 당의 부총재 니콜리치(Tomislav Nikolic)가 세르비아 대통령 선거 2차 투표에서 타디치(Boris Tadic)에게 겨우 3% 미만의 차이로 패배하면서 유력한 대통령 후보 가운데 한 명으로 부상했다. 세셀의 책에는 니콜리치가 대통령이 되었다면 코소보 문제에 대해 어떤 입장을 취했을지 확실하게 판단할 수 있는 자료가 잘 제시되어 있다. 2012년 6월 대통령 선거에서 니콜리치는 당시 대통령이었던 타디치를 누르고 세르비아 국가 지도자가 되었다.

사회경제적인 문제가 해결되지 않거나 해결이 미진한 상황, 만족할만한 상황, 이어서 '유럽으로의 회귀' 전략에 대한 점차적인 실망 등이 '탈공산주의' 지역의 20여년 역사에서 동유럽 유권자들의 정치적 선호가 '나선형'으로 변화하는 조건이 되었다. "처음에는 극우적인 입장(급속한 탈공산주의, 미국과 영국을 모델로 한 급격한 자유화와 사유화의 정점 시기)이었다가 이어서 좌파적인 입장으로 선회했으며(유럽 사회주의 국가를 추종하는 '계승자들의 정당'이 권력을 잡음), 이후 다시 우파적인 입장으로 선회했는데 이미 수정된 노선을 취했고 우익-포퓰리즘적이고 민족주의적인 구호를 내걸었다. 물론, 이 구호들은 다양한 국가에서 서로 다른 모습으로 표현되었다. 일부 국가(체코, 슬로베니아)의 국기에는 작은 구슬들로 수놓아졌고, 다른 국가들(헝가리, 슬로바키아, 루마니아, 불가리아, 세르비아, 폴란드)의 국기에는 커다란 문자로 표시되었다. 그런 차이는 무엇보다 여러 국가들에서의 사회적인, 특히 민족적인 문제의 심각성에 따른 것으로 설명될 수

---

29) *Шешель В.* Идеология сербского национализма (реферат) // Национализм и популизм в Восточной Европе. Сб. науч. трудов / редкол.: Ю.И. Игрицкий (отв. ред.) и др. М., 2007. С. 167.

있다."[30]

헌팅턴(Samuel Huntington)은 새로운 민주주의의 역설을 언급한 바 있는데, 그 요점은 민주주의적 '게임의 규칙'이 무엇보다 집단의 충성심, 즉 종족적, 종교적 또는 계급적 충성심에 호소하는 동시에 서구 자유민주주의적 가치와 모델을 거부하는 정치 집단이 정권을 잡는 것을 용이하게 해준 데 있다.[31] 따라서 민족-포퓰리즘적 정당들의 적극성은 전반적으로 안정적인 과거의 민주주의에는 그리 위험하지 않은 것이었던 반면, 특정 조건에서 형성된 새로운 민주주의에게는 붕괴의 원인이 될 수도 있는 것이었다. 이와 관련하여 폴란드 정치학자 날레이코(Ewa Nalewajko)는 이렇게 언급했다. "중동부 유럽 국가들은 정체성 포퓰리즘(민족주의적인)에 대한 그 어떤 선천적인 성향이 내재되어 있다. 국가를 지배적인 종족 집단의 소유물로 보며, 시민 사회를 인정하지 않고 민중 다수의 종교가 지배적이어야 한다는 확신, 이웃과 자유민주주의 제도에 대한 불신 등이 이 지역 포퓰리즘 정당 대부분의 특징이다."[32] 한편, 그것은 탈소비에트 국가들의 경우에도 마찬가지다.

중동부 유럽 국가들이 EU에 가입한 이후 유럽 대륙 동부와 서부의 많은 국가 국민들이 '단일한 유럽'의 회원국 국민이 된 데 따른 경제적, 정치적 결과에 대해 점점 더 크게 실망하고 있다. "단일한 유럽이라는 이상은 이제 1940년대 중반부터 1990년대 중반까지 오랜 시간 동안의 고무와 동원의 구호 역할을 더 이상 하지 못하고 있다. 이제 그것은 더 이상 과거의 비극적인 경험을 극복해낸 가치 지향도 아니고 유럽 국가들의 경제적, 지정학적 이익에 따라 규정되

30) *Игрицкий Ю.И.* Предисловие // Там же. С. 10.
31) *Huntington S.* Democracy for the Long Haul // Journal of Democracy. 1996. Vol. 7 (2). P. 6.
32) *Nalewajko E.* Populizm a demokracja. Warszawa, 2004. S. 57.

는 실용적인 과제도 아니다."[33] 그리고 2005년에 알레그레(Claude Allegre)가 썼듯이, "유럽인들은 이미 유럽 확장의 기능과 목적이 무엇인지 명확해지지 않는 한, 더 이상 그것을 원하지도 않는다."[34] 이와 관련하여 학자들은 유럽 동부뿐만 아니라 유럽 서부에서 유럽 통합과 세계화 과정을 일관되게 반대하는 민족주의자들이 점점 더 많은 유권자들의 마음을 사로잡을 것이라고 예측한다. 따라서 유럽 국가 대부분의 경우에 가장 시급한 문제 가운데 하나가 유럽회의주의와 타종족 공동체를 멸시하는 태도로 국내의 모든 민족 집단에게 민주적인 권리와 시민권을 부여하는 가능성 자체를 부정하는 민족주의적 이데올로기와 정당들을 압박하여 정치 무대에서 몰아내는 것이다. 종족적, 인종적, 종교적 또는 그 어떤 다른 부정적 기준에 따라 연합된 집단들을 더 많이 정치적으로 동원할수록 유럽 민주주의의 기반이 조성되는 것이 아니라 무너지게 갈 것이다.

불가리아 학자 크라스테프(Ivan Krastev)는 상대적으로 최근 EU에 가입한 국가들에서 포퓰리즘 정당의 인기가 늘어나는 것이 "자본주의 건설을 우선시하고 민주주의 건설 문제를 부차적인 것으로 여기기 때문이며, ... 민주주의 과정에서 경제적인 문제 해결을 실질적으로 배제하고 있기 때문"이라고 주장했다. 그의 견해에 따르면, 포퓰리즘의 증가는 현대 유럽 정치에서의 새로운 분쟁 구조를 반영하는 것이다. 좌파와 우파 간 대립 대신에 "민주주의에 대해 점점 더 회의적이 되어 가는 엘리트들 간의 구조적인 충돌", 테크노크라트에 저항하면서 반자유주의적 정치가들을 점점 더 지지하는 대중

33) Кризис ЕС: последствия и перспективы // Современная Европа. 2005. № 4. С. 35.
34) *Аллегр К.* Европа не просто идея // Русская Европа. 2005. № 7 (11).

들 간의 구조적인 충돌이 나타났다.[35)]

1950년대에는 우파 급진주의자들과 극단주의자들에게 '영원히 과거에 머무는'이라는 꼬리표가 붙었었다. 그러나 이제 그런 꼬리표는 유럽의 현대 정치과정에는 별로 어울리지 않는 것이 되었다. 역사가 보여주는 바, 그런 정치 세력들이 변화와 자기반성을 통해 오늘날 뚜렷한 정치적 성공을 거두고 있기 때문이다.

이처럼 계급적 정체성과 이데올로기의 의미가 약화된 상황에서 중동부 유럽 국가 정당을 포함한 유럽 각국의 전통적 정당들은 유권자들의 사회문화적 특징에 더욱 종속적이 되었고, 우익-포퓰리스트들과 종족·지역 정당들은 외국인 혐오, 종족성의 정치화, 인종주의 등 가장 승산이 높은 전략들 가운데 하나에 중점을 두면서 일련의 사회적, 종교적 집단들의 지지를 이끌어내는 능력을 보여주었다.

한편, 오늘날 극우 포퓰리스트들에 대한 유권자들의 폭넓은 지지 요인들은 조만간 그들에게 반대하는 이유로 바뀔 수 있다. 왜냐하면 유럽의 당면 문제들에 대한 해법으로 그들이 주장하는 '제3의 길'과 '단순한 해결'이 다분히 환상일 수 있기 때문이다. 그들은 실상 유권자들의 '요구'를 만족시킬 능력이 없으며, 그들의 행동은 거의 틀림없이 새로운 문제와 분쟁을 일으킬 수 있다. 우익-포퓰리즘은 민주주의에, 특히 동유럽 민주주의에 위험한데, 그것이 창조가 아닌 파괴를 위해 통제되지 않는 대중 동원에 의지할 것이기 때문이다. 유토피아, 대중의 환상, 유권자들의 숨겨진 공포심을 이용하는 포퓰리즘은 머릿속의 민주주의 이념과 불완전할 수밖에 없는 현실의 민주주의 간의 본질적인 차이를 강조한다. 저명한 영국 사회학자 바우만(Zygmunt Bauman)은 "포퓰리즘은 현실 문제에 대한

35) См.: *Крастев И.* Странная смерть либеральной Центральной Европы // Прогнозис. 2007. №3.

비현실적인 해결 방법을 제시한다. 포퓰리즘의 위험성은 민주주의적 게임의 규칙 무시, 정치를 선과 악의 투쟁으로 귀결시키는데 있다."[36]고 언급했다.

이처럼 포퓰리즘은 유럽의 서부와 동부에서 점차 세를 확장하고 있다. 독일 학자 제헤르트(Д. Зегерт)는 다음과 같이 쓰고 있다. "그런 유사성에 대한 가장 명확한 설명은 양 지역에 ... 정치, 경제적 시스템이 세계화 과정의 영향을 받아 변화 단계에 있다는 것이다. 다만 사회주의 국가 전통과 제도화된 계급 간 타협 전통을 가진 서유럽 사회보다 과거의 사회주의를 포기하는 물결에 따라 중동부 유럽에서 그런 경향에 대한 저항이 더 적었다."[37] 일련의 선거에서 나타난 우익-포퓰리즘 정당의 성취는 진행되는 급진적인 경제, 사회적인 변화와 관련된 유권자들의 불만과 우려를 표현하고 지지를 이끌어내는 능력뿐만 아니라 국가의 정치문화적 전통, 주요 정치 세력들 간의 상호관계 등 일련의 구체적인 '민족주의적' 요인들에 따른 것이었다. 한편, 중요한 것은 민족·시민사회의 조직 수준이었다.

그러나 '과도기'를 연구하는 모든 학자들이 민족적 통일성과 심각한 종족 분쟁의 부재를 탈공산주의 국가들의 성공적인 민주화를 위한 중요한 구조적 전제로 여기는 것은 아니다. 특히 맥폴(Michael Anthony McFaul)은 다음과 같이 언급했다. "몇몇 학자들은 민주화의 필요조건으로서 특정 민족 소속 여부를 규정할 수 있는 명확한 기준이 있어야 한다고 주장한다. ... 그러나 우리가 연구한 세 가지 경우(2000년 시리아, 2003년 조지아, 2004년 우크라이나)의 경험적 자료들은 그런 가설을 입증해주지 않는다. 이 3개 국가의 새로운 역사에는 종족 문제가 있었으며, 조지아, 특히 세르비아에서는 종족 분쟁

36) *Бауман З.* Текучая современность. СПб., 2008. С. 211.
37) *Зегерт Д.* Трансформация и развитие партий в Восточной Европе после завершения переходного десятилетия... С. 40.

이 유혈 전쟁으로 비화되었다."[38]

그러나 첫째, 이 3개국에서 발생한 '민주주의 지연'에 관한 맥폴의 주요 결론은 논란의 여지가 있다. 둘째, 세르비아의 종족 문제는 (미국과 EU 국가들의 압력에 따라) 민주정부가 코소보의 종족적 세르비아인의 권리를 보호하기 위한 아무런 조치도 취하지 않은 결과로 '해결' 되었다. 즉, 사실상 코소보 영토에 대한 주권 유지를 포기한 결과로 해결되었으며, 결국 2008년 2월 코소보 독립 선언으로 이어졌다. 우크라이나에서의 '오렌지 혁명'과 이어진 정치적 위기들은 문제를 더욱 심각하게 노출시켰을 뿐이고, 국가의 서부, 동부, 남부 간 관계에서의 모순만 심화시켰다. 조지아의 사카시빌리(Mikhail Saakashvili) 집권도 조지아와 남오세티야 간 분쟁을 격화시켰고 조지아와 압하지야 간 대립의 타협점 모색을 중단시켰으며, 이것은 2008년 8월 남오세티야 전쟁 발발과 2개 공화국의 독립 선언으로 이어졌다. 이것으로 볼 때, 그런 구조적 전제가 민주주의로의 이행에 대한 의미를 가진다는 러스토우(Dankwart Rustow), 스나이더(Jack L. Snyder), 호로비츠(Donald Horowitz) 등의 주장이 그런 역할을 부정하는 피시(Steven Fish)와 맥폴의 견해보다 더 옳은 것으로 보인다.

물론, 민주화 과정은 종족 문제가 해결되지 않은 국가들에서도 시작될 수 있다. 그러나 그런 나라들에서의 민주 세력의 결집은 단지 민족적 통일성이 확보되어야 가능하다. 특히 호로비츠는 이렇게 언급했다. "많은 경우에 민족 정체성과 관련된 종족문화적 요소들, 그리고 종족 간 모순을 배경으로 발생하는 대규모 군사적 분쟁은 경제적, 제도적 요인들보다 탈공산주의 국가의 민주화 결과에 더

---

38) *Макфол М.* Пути трансформации посткоммунизма... // Pro et Contra. 2005. Т.9, №2 (29). С. 103; см. также: *Карозерс Т.* Ошибки теории 《поэтапной демократизации》 // Pro et Contra. 2007. Т.9, №1. С. 99 и др.

큰 영향을 준다."[39] 한편, 서구 국가들에서 수 세기에 걸쳐 이루어진 일을 한 세대 만에 따라하는 것이 종종 어려운 경우가 있다. 따라서 다종족적 탈공산주의 국가들이 짧은 기간에 민족국가를 건설하려는 시도는 틀림없이 크고 작은 폭력을 동반하게 될 것이라는 점을 예측할 수 있었다.

39) *Horowitz S.* Sources of Post-communist Democratization: Economic Structure, Political Culture, War and Political Institutions // Nationalities Papers, 2003. Vol. 31, N 2. June. P.135.

제6장

'민족건설' 도구로서의 언어

제6장 '민족건설' 도구로서의 언어

종족적·민족적인 '우리'와 '그들' 간 상관관계의 특징은 불변하는 상태로 유지되는 것이 아니며, 견고한 종족적·민족적인 자발적인 스테레오타입과 이종적 스테레오타입에 의해서만 규정되는 것이 아니라 실질적인 종족·민족 관계, 접촉, 담론적 실천에 의해서도 규정된다. 노르웨이 학자 노이만(Iver Neumann)이 언급한 것처럼, "정체성은 주어진 것이 아니라 특정한 맥락에서 지속적으로 형성되고 변형되는 태도이다."[1] 따라서 선택적이고 서술적인 구성체인 정체성은 정치적 목적으로 이용될 수 있다. 부르디외(Pierre Bourdieu)는 정치를 사회적인 것, 특히 종족 집단을 만들어낼 능력이 있는 기호들의 도움으로 이루어지는 상징적 활동으로 이해하는 바, 고유의 종족 정체성에 대한 사람들의 표상을 제도화하는 덕분에 종족 집단 자체도 실재적이다. 또한 "개인들이나 제도가 뒷받침되지 않는다고 해도 동일화는 영향력을 가질 수 있다. 동일화는 담론이나 서

1) *Neumann I.B.* Russia as Central Europe's Constituting Other // Eastern European Politics and Societies. 1993. Vol. 7, № 2. P. 349.

사의 도움이 있으면 어느 정도는 명칭 없이 이루어질 수도 있다. ... 담론과 서사는 알게 모르게 우리의 사고방식, 대화, 세계상에 스며들 수 있다."[2]

이와 더불어 브루베이커(Rogers Brubaker)와 쿠퍼(Frederick Cooper)는 국가가 유일하게 의미 있는 '동일화 주체'가 아니라는 점을 강조하면서, 동일화 과정에서의 엘리트, 즉 사회 운동 지도자들의 역할을 제시한다.[3] 정체성에 대한 감정은 그런 담론적 실천과 비교에 의해 강화될 수도 있고, 또 만일 그 어떤 '고유한' 특징이 이미 형성되어 있는 표상들에 더 이상 부합하지 않고 또 과거의 경험 등에 근거한 기대에도 미치지 못하는 경우에는 붕괴될 수도 있다. 미국의 정치학자 칼훈(Craig Calhoun)도 정체성이 종종 외적인 범주화, 개인의 선택 범위를 넘어서는 귀속과 차별에 의해 형성된다는 점에 주목한다.[4] 미국 학자 사프란(William Safran)은 "언어는 민족 정체성 요소 가운데 하나이며, 인종과 혈연의 의미가 줄어든 만큼 그 의미가 커졌다."[5]고 언급했다.

바로 여기서 많은 학자들이 언급했던 종족·민족 동일화 과정에서 언어의 배타적 역할, 특히 자신이 속한 종족·민족 집단을 다른 집단들로부터 '격리', 분리시킬 필요가 있는 경우의 언어의 배타적 역할을 볼 수 있다. 특히, 정체성의 '서사' 개념을 제안한 벤하비브(Seyla Benhabib)는 다음과 같이 주장한다. "다양한 문화 속에서 유지되어 온 서사의 코드들은 자신의 고유한 역사를 이야기하고 자신을 어

---

2) *Брубейкер Р., Купер Ф.* За пределами идентичности // Ab Imperio. 2002. N 3. С. 87.
3) Там же. С. 86.
4) *Calhoon C.* Is It Time to be Postnational? // Ethnicity, Nationalism, and Minority Rights / eds S.May, T.Modood and J.Squires. Cambridge, 2004. P. 250.
5) *Сафран У.* Национальная идентичность во Франции, Германии и США: Современные споры // Политическая наука. 2011. № 1. Этничность и политика. С. 71. (ред. и сост. О.Ю. Малинова).

떤 공동체에 속한 독특한 개인으로 생각할 수 있는 우리의 능력을 결정한다."[6]

실상 언어는 문화적 차이를 형성하는 가장 중요한 메커니즘이며, 개인과 집단 정체성의 본질적 요소이다. 언어는 일부에게는 이해가 되지만 다른 사람들에게는 이해가 되지 않는 음성적, 시각적 상징 체계이다. 따라서 그것은 자주 종족·민족 공동체들 간의 사회적 경계의 가장 중요한 표지가 된다. 바로 언어의 도움으로 사람들의 사고 속에 민족적 공통성에 관한 표상이 형성된다. 이처럼 "언어는 문화적 차이를 형성하고 기능하게 하는 가장 중요한 메커니즘이며, 개인과 집단 정체성의 가장 중요한 요소이다. 많은 정치가와 학자가 '언어가 없으면 민족(народ)도 없다'고 생각한다.[7]

모든 조직된 사회 활동과 그에 대한 참여가 의사소통(커뮤니케이션)을 전제로 하는 것은 분명하다. 그 어떤 사회 속에서도 사회생활은 공통의 언어를 바탕으로 한다. 그러나 언어를 구사한다는 것이 자동적으로 공동체의 삶에 참여하는 것을 보장하지는 않지만, 사회생활 참여의 필수적인 수단이 된다. 나아가 사회적 현실도 언어 속에서 조직되어 있으며, 모든 개인의 '나'와 사회적 환경의 범주화 과정 속에서 재생된다. "동일화 표지로서의 언어는 다양한 공동체의 형성과 자기규정 과정에서 뿐만 아니라 대중적 담론의 공통 영역을 만드는 데서도 결정적인 역할을 한다."[8]

그리고 인간은 모어를 뚜렷한 노력 없이 그 어떤 주어진 것처럼

---

6) *Бенхабиб С.* Притязания культуры. Равенство и разнообразие в глобальную эру. М., 2003. С.18.

7) *Тишков В.А.* Язык и алфавит как политика // Единство в многообразии: публикации из журнала «Этнопанорама» 1990-2011 гг. Оренбург, 2011. С. 75.

8) *Морено Л.* Многообразие и единство в федеративых государствах мира // Политическая наука. М., 2011. № 1. Этничность и политика. С. 153(ред. и сост. О.Ю. Малинова).

습득한다. 언어는 인간 생활의 모든 측면과 관련된 일반적인 현상이며, 의사소통의 수단일 뿐 아니라 사고의 체계, 축적된 다양한 지식과 경험의 보관소, 시간을 넘어 보존되어 다음 세대에 전달되는 종족·민족 공동체 관습의 보관소이다. 언어는 인간의 사고 및 인식과도 불가분의 관계를 가지며, 개념의 개발, 정착, 확산에도 도움을 준다. "문화는 언어의 도움으로 우리의 감각이 뇌에 전달하는 정보를 코드화하고 해석하기 위한 개념적 범위를 제공한다."[9] 그 결과로 언어 사용자의 언어적, 민족적인 '우리'라는 공동체에 대한 자연스러운 소속감이 발생한다. 앤더슨(Benedict Anderson)은 "어린 아이가 어머니의 품속에서 만나 무덤에 가서야 헤어지게 되는 언어를 매개로 하여 과거가 재생되고 공통성이 상상되며 미래가 그려진다."[10]고 했다. 그리고 'UN 인간발달 보고서' 저자들의 견해에 따르면, "구체적인 문화적 (언어적) 환경 속에서 태어난다고 해서 자유가 실현되는 것은 아니며, 오히려 그 반대이다. 출생이 문화적 자유 행위가 되는 것은 오직 개인이 의식적으로 해당 문화에 전형적인 생활 방식을 지속하기로 결정할 때, 다른 대안들이 있는 가운데서 그런 결정을 내릴 때이다."[11] 따라서 가장 참기 어려운 나쁜 형태는 공동체의 다른 구성원들과 마찬가지로 또는 전통에 따라 살도록 개인을 직접적 또는 간접적으로 강압하는 것이다.

어떤 객관적인 현상(전통과 마찬가지로)으로서의 언어는 우리가 다른 언어, 즉 외국어들이 존재한다는 것을 알게 되어 비교를 하는 경우에만 파악될 수 있다. 따라서 종족적·민족적 '그들'은 무엇보다 우

9) *Норт Д.* Институты, институциональные изменения и функционирование экономики. М., 1997. С. 57.
10) *Андерсон, Б.* Воображаемые сообщества. Размышления об истоках и распространении национализма. М., 2001. С. 172.
11) Доклад о человеческом развитии. 2004. Культурная свобода в современном мире. М., 2004. С. 21.

리의 말을 이해하지 못하는 사람들, 또는 우리가 이해하지 못하는 말을 하는 사람들이다(러시아어의 '네메츠'(немец, 독일인)라는 말은 동시에 'немой'(иной, 다른) 또는 'не мой'(чужой, 낯선)라는 의미로 이해되었으며, 러시아인 조상들이 러시아적 정체성의 외부 좌표를 생성하는데 사용되었다).

루만(Niklas Luhmann)은 정치 분야에서의 언어의 특별한 역할을 강조하면서, "정치라는 것은 모두 커뮤니케이션과 다름없다. 정치는 커뮤니케이션을 통해서만 남들뿐만 아니라 자신도 혼란에 빠트릴 수 있다."[12]고 했다. 그리고 정치는 무엇보다 언어를 특별하게 사용하는 것이라는 점도 고려해야 한다(러셀(Bertrand Russell)과 포퍼(Karl Popper)도 그 점을 지적했다). 그 특징은 문체나 어휘의 사용보다는 정치적 현실에 대한 특별한 태도에서 나타난다. 바르트(Roland Barthes)의 견해에 따르면, "정치적 문건의 경우에 과제는 사실의 현실성과 목적의 이상성을 한 번에 결합시키는데 있다. 따라서 모든 권력 또는 권력처럼 보이는 모든 것은 가치와 관련된 글을 쓸 때는 항상 사실과 그 의미, 즉 가치 간의 거리가 사실을 기술하는 수단이자 사실 평가의 수단이 되는 한 마디 말 속에서 사라지도록 글을 구성한다."[13]

바로 그렇게 때문에 특정한 정치적 상황에서 언어는 비대해진 의미를 가지고 주요한 민족적 상징으로 변할 수 있고, '우리'와 '그들'을 차별하고 원형을 실현하는 수단으로 변할 수 있다. 그리고 언어의 도움으로 어떤 경우에도 개인이 넘을 수 없는 '민족화된' 경계를 가지는 원이 그려지며, 언어적 차이 자체도 종족정치적 동원의 요인

---

12) Цит. по: *Юдина Т.В.* Теория общественно-политической речи. М., 2001. С. 31.

13) *Барт Р.* Нулевая степень письма(глава «Политическое письмо») // Барт Р. Семиотика. М., 1983. С. 315.

이 된다. 이와 관련하여 구보글로(Михаил Н. Губогло)는 1990년대 탈소비에트 공간에서의 '명목 민족' 언어들의 정치적 기능을 보여주기 위해 '동원된 언어주의'라는 개념을 제시했는데, 그것이 "권력의 종족독점으로 향하는 민족 부흥과 인력 정책 추진의 기반으로 국어 지위를 사전에 확립하는 방법을 통해 민족국가를 건설하려는 이데올로기, 현실 및 민족정치 활동"[14]을 규정한다.

구소련 공화국 대부분은 처음으로 민족국가 건설이라는 아주 어려운 과제를 만났다. 그런 상황에서 "본질적으로 낭만적인 '언어-민족-국가'라는 모델(언어를 민족(народ) 정신으로 보는 훔볼트(Wilhelm Von Humboldt)의 관념에 기원하는)이 특정 공화국을 소련으로부터 분리시켜 독립국가로 변모시키는 명확한 법적 기준이 되었다. 그리고 민족어는 그 시기 논란의 중심이 되었으며, 논쟁은 주로 학술적인 지평에서가 아닌 정치적인 지평에서 전개되었다. 논쟁 참여자들은 의식적 또는 무의식적으로 '독립 국가는 민족어 없이 존재할 수 없다'는 논거에 의지했다. 그리고 놀랍게도 이 논거는 정반대의 입장을 지키는데도 사용되었다."[15] 따라서 '명목' 언어는 탈소비에트 공동체들의 엘리트 집단이 공동체의 고대적 기원을 찾아 그것을 기반으로 자신의 민족 정체성을 확립하고 사회적인 부와 권력에 대한 접근로를 얻으려고 노력하는 '투쟁의 장'이 되었다.

한편, 민족어(민족 자체가 그렇듯이) 현상은 비교적 최근에 발생한 것이라는 점을 상기할 필요가 있다. 러시아와 대부분의 동유럽 국가들에서도 "귀족들은 농민들이 이해하지 못하는 언어로 말했고, 단지 하인들에게 지시를 내리기 위해서 지역민의 언어를 피상적으로 배웠을 뿐이다. 19세기에 들어서야 헝가리에서의 헝가리어와 같

14) *Губогло М.Н.* Языки этнической мобилизации. М., 1998. С. 14.
15) *Фурс В.* Дискурсивное формирование «проблемы белорусского языка»: топосы аргументации // Неприкосновенный запас. 2010. № 3. С. 233.

은 '민족어'로의 소통이 엘리트들의 자기결정 문제가 되었고 대중과의 동질감 강화에 도움을 주었다. 바로 당시에 동유럽 학자들이 어문연구, 사전출판, 정자법 체계화를 통해 언어를 표준화하기 시작했다. 그들은 많은 면에서 독일의 경험을 수용했다. 어문연구는 특히 중부 유럽에서 중요한 역할을 했는데, 연구 결과가 민족 정체성 연구에 널리 활용되었다."[16] 오늘날에도 탈소비에트 공간에서 언어와 어휘에 대한 연구는 적지 않은 정치적 역할을 수행하고 있으며, 물론 그것은 우연한 일이 아니다. 현대적인 논의에서 언어는 언어학자들의 연구 대상이나 소통의 수단으로서보다는 이데올로기로 채색된 학술적, 사회적 담론을 생산하는 정치적 문제로 다루어진다. 한 현대 러시아 학자는 이렇게 썼다. "언어적 민족주의는 내적인 정치적 결속의 단순한 수단, 주변 국가들과 더불어 제국의 후예로 여겨지지 않고 과거의 본국으로 여겨지고 있는 러시아의 영향으로부터 벗어나는 수단을 제공한다. 그리고 모든 탈소비에트 사회들의 실질적 공통성과 그 사회들이 독립한 날로부터 그 내부에 러시아어가 확산되었다는 점은 공화국 단위별로 민족국가를 건설한다는 논리에 모순되는 것이었다. 러시아어는 부지불식간에 과거를 떠올리게 하며 새로 설정된 국경을 초월하는 미래의 공동체 발생 가능성을 떠올리게 한다."[17]

특히 러시아어가 국민 대부분에게 외국어가 아니라 제2의 모어이거나 모어가 아니더라고 모어와 더불어 활발하게 사용되고 있는 탈소비에트 국가들(벨라루스, 카자흐스탄, 우크라이나 등)에서 그런 특징이 뚜렷하다.

16) *Калхун К.* Национализм. М., 2006. С. 168-169.
17) *Атнашев Т.М.* Три круга и будущее русского языка на постсоветском пространстве. К политике общего наследия // Наследие империй и будущее России / под ред. А. И. Миллера. М., 2008. С. 295.

그리고 CIS 국가들과 발트 국가들은 예외 없이 모두 한편으로는 "러시아어를 제도적으로 압박하거나 제한하기 위해 다양한 수준으로 노력했고 또 노력하고 있으며"[18], 다른 한편으로는 '명목 민족'의 언어를 통합과 민족 정체성 형성의 도구로 사용했고 또 사용하고 있다. 이와 관련하여, 우크라이나 정부와 '민족주의적' 인텔리들이 '대러시아인'과의 언어적, 역사적 차이를 강조하고 또 구성하는 것을 바탕으로 종족문화적 민족적 정체성을 형성하기 위해 '지대한' 노력을 했다는 점을 상기할 필요가 있다(바르트(Fredrik Barth)도 '차이를 나타내는 표지 구성'에서 '종족 경영'의 특별한 역할에 대해 언급했다). 사실 두 민족 간에는 그 외에 다른 (인종적, 문화적, 종교적) 차이가 없기 때문이다.

독립을 이룬 상황에서 이루어진 그 과정은 특히 대규모로 이루어졌다. 국가적으로 이루어진 일이었기 때문이다. 이런 상황과 관련하여 노이만은 이렇게 언급했다. "어원, 구문, 발음 측면에서 볼 때, 크로아티아어와 세르비아어 또는 러시아어와 우크라이나어 간의 차이는 핀어와 스웨덴어 또는 헝가리어와 루마니아어 간 차이와 비교할 때 거의 무시될 수 있을 정도로 작다. 그러나 그렇다고 해서 크로아티아어와 우크라이나어가 민족 정체성의 표지가 되지 않는 것은 아니다(그러나 민족 건설자들은 그런 유사성 때문에 어떤 불확실성을 느끼고 있는 것으로 보인다. 지속적으로 이루어지고 있는 크로아티아어와 우크라이나어 표준화 시도는 전반적으로 각각 세르비아어나 러시아어와 어느 정도 거리가 있다고 여겨지는 어휘와 구문 구조 선호를 염두에 둔 것이다)."[19]

키예프 출신들, 즉 과거 남부 루시에서 이후 우크라이나가 된 지역 출신들이 18세기에 러시아 표준어 규범을 만들었던 문화 엘리

18) Там же. С. 305.
19) *Нойманн И.* Использование «другого». Образы Востока в формировании европейской идентичности. М., 2004. С. 32.

트 대부분을 차지했었다는 점을 상기할 필요가 있다. 그러나 19세기에 쿨리시(Пантелеймон А. Кулиш, 1819~1897)가 우크라이나 표준어를 제정할 때, 그는 의도적으로 러시아어 알파벳에는 없는 문자들을 포함시켰으며, 지금 우크라이나에서는 러시아어 알파벳에 없는 문자들의 추가 도입 가능성에 대한 논의가 이루어지고 있다. 이것이 문화적 차이와 종족적 경계를 표시하는 것이 아니라고 할 수 있겠는가? 따라서 소련을 구성했던 공화국들의 '주권 행진'이 국어 지위에 관한 법률 채택에서 시작되었다는 것과 탈소비에트 국가들의 '민족적 독자성' 옹호자들이 오늘날에도 과민하다고 할 정도로 러시아어에 제2국어 지위를 부여하는 결정에 적극 저항하고 있는 것은 우연한 일이 아니다. 예를 들어, 몰도바어를 유일한 국어로 지정하는 몰도바 법률에서는 몰도바어를 "몰도바가 민족 주권 국가가 되는 데 있어서 몰도바 민족이 존재하는 기본적인 조건"[20]으로 선언하고 있다. 드네스트르 강 우안 지역 주민들이 루마니아와의 통합 준비를 위한 것으로 받아들였던 바로 이 법률이 드네스트르 강 연안 러시아어 사용자들을 정치적으로 동원하는 결정적인 자극제가 되어 종족정치적 분쟁을 유발시켰고 탈소비에트 공간 내에 또 하나의 '인정받지 못한 국가'가 발생하는 결과로 이어졌다.

앞서 이미 언급했던 것처럼, 카자흐스탄에서는 (중앙아시아의 여타 탈소비에트 국가들에서도 마찬가지로) 독립국가 건설 초기에 경제, 정치, 문화, 교육 분야에서 러시아어의 지위를 격하시키는 차별 정책을 시행했고, 그에 따라 카자흐스탄 내 러시아인의 수가 급격히 감소했다. 카자흐스탄의 '카자흐스탄화'에 따른 실질적인 몫은 주로 권부에 가까운 '나자르바예프 무리'가 차지했으며, 카자흐 민족주의

20) См.: Законодательные акты Молдавской ССР о придании молдавскому языку статуса государственного и возврате латинской графики. Кишинев, 1990.

자들은 단지 여러 가지 민족 상징들이나 유일 국어 제정에 만족했다. 그리고 나자르바예프(Нурсултан А. Назарбаев)는 드네스트르 지역의 경험을 고려하여 1995년에 국가 '민족 정책'을 수정했다. 이에 따라 러시아어에는 공용어의 지위가 부여되었다. 그리고 모든 TV, 라디오 방송의 50%가 카자흐어로 이루어져야 한다는 규정이 제정되어 있지만, 정부는 그런 규정 위반을 묵인하고 있다. 이처럼, 국어의 지위를 가진 카자흐어는 카자흐인이 정권을 잡았다는 것과 국내 소수 민족들이나 러시아 앞에서 카자흐 민족의 단일성을 보여주는 상징적인 기능을 가지고 있다. 카자흐어는 국어로서의 지위를 가졌지만 러시아어에 이어서 범사회적 의사소통 수단으로서의 역할을 하지 못하고 있는 반면, 그런 지위에 동의하지 않는 사람들을 정치, 사회생활에서 배제시키는 기능을 하고 있다. 이와 관련하여 나자르바예프는 "90%의 국민이 저를 지지했습니다. 저는 모든 사람들이 이해하는 언어로 말하지 못하는 대통령이 될 수는 없습니다."라고 언급했다. 그리고 언어적 삼위일체, 즉 카자흐어, 러시아어, 영어를 구사할 것을 호소했다.[21)]

그런 조치는 카자흐스탄 내 러시아 국적 소지자들을 안심시켰지만, 야권의 카자흐 민족주의자들의 노골적인 불만을 초래했다. 그 결과 나자르바예프는 '시민적 카자흐 민족' 형성과 '카자흐인의 단일종족 국가 건설'이라는 심각한 모순에 빠지게 되었다. 영국 학자 데이브(Bhavna Dave)가 지적했듯이, 카자흐스탄의 언어정책은 "세습적인 나자르바예프 체제가 문화와 정체성에 관한 논란에 휘말리기를 원하지 않는다는 점을 반영한다. 오히려 나자르바예프 체제가 초점을 맞추는 것은 물적 자원과 정치 제도에 대한 통제권을 강화

21) *Кудайбергенов Д.* Казахстанцы до упаду // Русский Newsweek. 2010. № 6(275). 1-7 фев. С. 42-44.

하는 것이다. 국가가 문화 정체성 형성 프로젝트를 성공적으로 수행할 능력은 우파 엘리트들의 합법성과 그들이 그 프로젝트에 대한 사회적 지지를 이끌어내는 능력과 연관된다. 그런데 세습적인 체제는 보통 그런 능력을 갖추고 있지 않다."[22] 카자흐스탄의 '민족 단일성 독트린'의 문구를 둘러싼 첨예한 논란의 결과가 그 점을 잘 보여준다. 결국, "2010년 4월에 채택된 독트린에서 '카자흐스탄 민족'에 관한 언급은 삭제되었고, 독트린 초안의 일부 원칙, 즉 '하나의 국가 – 하나의 운명', '다양한 출신 – 동등한 가능성'이라는 원칙이 유지되면서 국가 운명에서의 '카자흐 민족'(казахский народ)의 특별한 역할이 강조되었다. 그러나 이런 공생 방식이 그 원칙에 찬성하는 측과 반대하는 측 모두를 만족시키지 못했음은 분명한 사실이다."[23]

우크라이나에서는 종족민족주의자들이 언어를 '우크라이나 민족(народ)의 영혼'으로 여기며, 바로 러시아인들이 "우크라이나 땅을 분할했으며, 문화적 가치와 문학을 파괴했고 우크라이나 역사를 다시 썼으며 우크라이나인 각자에게 귀중한 모든 것을 파괴시켰다."[24]고 주장한다. 그리고 그들은 그런 사고를 바탕으로 러시아어를 비롯한 다른 언어들에 상응하는 신성한 지위를 부여하지 않으려고 한다. 그들은 러시아어를 우크라이나 국민인 러시아인의 모어로 보는 것이 아니라, 전적으로 우크라이나를 핍박하고 러시아화하기 위한 정치적 수단이자 '우크라이나 정보 공간'에 침투하기 위한 수단, 우크라이나 민족 문화에 '저급한 러시아 문화 대용품'을 끌어

22) *Dave Bhavna*. Kazakhstan: Ethnicity, Language and Power. L.; N.Y., 2007. P. 114.

23) *Савин И.С.* Казахско-казахстанское национальное единство // Этнополитическая ситуация в России и сопредельных государствах в 2010 году. Ежегодный доклад / под ред. В. Тишкова и В. Степанова. М., 2011. С. 137.

24) *Вивчарик М.Н.* Україна: Від етносу до нації. Київ, 2004. С. 222.

들이는 등의 수단으로 본다. 우크라이나 고등교육아카데미 정회원 인 리잔추크(Василь В. Лызанчук)는 "모스크바의 동화주의자들은 '언어의 주인이 곧 권력의 주인이자 법의 주인'이라는 공식을 잘 받아들였다."고 썼다. 그들은 "정치적인 설욕전을 펼치고, 우크라이나 내에 러시아 종족문화를 강화시켜 이전의 특권을 유지하기 위해 윤리적·심리적 모략, 새로운 이데올로기적 테러, 민족 간 적대감 자극 등의 방법을 사용하고 있다."[25] 바로 이에 따라 러시아어의 영향으로 '오염된' 민족어를 '정화'시키고 우크라이나어 정자법을 개혁하자는 호소가 나온 것이다. 그런 성격의 개혁 요구는 "언어 자체를 향한 것일 뿐만 아니라, 또는 그것보다 먼저, 언어 사용자를 향한 것이다. 개혁 제안자들은 사회 구성원들의 언어적 정체성 그리고 그에 따른 민족적 정체성에 영향을 주고자 한다. 즉, 그들의 과거 제국과의 관계를 끊어 버리고 새로운 독립 국가에 대한 그들의 충성심을 키우려고 한다."[26]

그리고 언어를 외부적 조건의 희생물로 보는 것은 탈소비에트 공간에서 널리 확산된 현상이며, 보다시피 우크라이나어도 예외가 아니다. 독립을 위한 투쟁 시기에 소비에트 공화국들의 반정부 운동은 나름의 이중적인 세계관을 만들어 냈다. 그에 따르면, 제국 및 제국과 관련된 모든 것은 곧 악과 탄압의 세력이고, 민족주의 운동은 선과 자유의 세력이다. 이런 이중적인 사고는 실상 모든 탈소비에트 국가의 정치적 논의의 특징이었다.

1992년 이후 우크라이나에서는 우크라이나인을 러시아인과는 거의 아무런 공통점이 없으며 태고적부터 민족의 독립을 위해 투쟁해

---

25) В завжди пам'ятай: Ти - Украïнець!(Друге доповнене выдання). Львів, 2001. С. 669.

26) *Кулык В.* Орфография, язык, идентичность // Неприкосновенный запас. 2010. № 3 (71). С. 213.

온 독특한 문화적, 인류학적 공동체로 기술하는 많은 연구물이 출판되었다. 많은 우크라이나 학자들이 오늘날 우크라이나의 역사적 특징은 우크라이나 민족(народ)이 제국의 식민지배에서 민족적 해방을 맞은데 있다고 여긴다. 그들은 국가 이데올로기의 민족·종족적 가치가 다민족으로 이루어진 민중을 무엇보다 러시아인과 구별해주는 언어 및 문화·종족적 속성에 따라 정치적 수준에서 통합시켜야한다고 생각한다.[27] 드니스트랸스키(Мирослав С. Днистрянский)는 우크라이나에 "다문화나 이중문화 모델이 아닌 우크라이나 정치적 민족의 복층 모델로, 상부는 우크라이나어와 우크라이나 종족민족 문화가 자리 잡고, 하부는 종족문화 다원주의가 자리 잡는 모델"[28], 즉 문화·정치적 사회 통합 방안을 제안했다. 이 우크라이나 전문가의 견해에 따르면, "우크라이나의 언어 문제가 언어학적 범위를 넘어서 첨예한 정치적, 사회적, 이데올로기적 성격을 가지고 있으므로 우크라이나어를 모든 생활 영역에 이식하는 것, 즉 '명목 민족 – 명목 언어'가 국가정책의 목표가 되어야 한다."[29]

이처럼 우크라이나에서 언어 문제는 정치적 악용 대상이 되었으며(특히 일련의 선거 직전에), 2012년 봄 우크라이나 상원에서 '지방 언어와 소수민족 언어에 관한 법률안'이 커다란 논란이 되었을 정도로 감정과 분쟁이 가열되었던 사실이 그 점을 확인해준다. 2012년 가을에는 우크라이나 의회 선거가 있었다. 고로댜넨코(Виктор Г. Городяненко)가 정확하게 지적했듯이, "우크라이나 대중 정치는 노선 선택과 관련된 경제 전략과 번영에 대한 공약 싸움이 아니다. 우

27) *Гринев В.Б., Гугель А.С.* Потерянное десятилетие - контуры новейшей политической и экономической истории Украины. Киев, 2001. С. 71.

28) *Днистрянский М.С.* Етнополітична географія України. Львів, 2006. С. 397.

29) Там же.

크라이나 대중 정치는 정체성 정치다."[30]

결과적으로 민족 자의식 형성을 위한 모든 노력은 '명목 민족'의 언어, 문화, 종족적 배타성과 역사적 성과, 특히 역사적 고난, 그리고 현재의 모든 어려움의 원인을 과거에서, 당연히 우크라이나 종족민족 외부에서 찾는다는 원칙을 바탕으로 이루어졌다. 그런데 "첫 번째 대통령(크라프추크(Леонид М. Кравчук))도 두 번째 대통령(쿠치마(Леонид Д. Кучма))도 국가기구뿐만 아니라 교육제도와 의료공간에서도 점진적으로 그리고 충분히 조심스럽게 우크라이나어화 정책을 추진"[31]했었는데, 2004년 오렌지혁명 이후에는 그 정책이 매우 적극적으로 추진되었다. 이와 관련하여 벨라루스 학자 포돌랸스카야(Анастасия О. Подолянская)는 이렇게 썼다. "많은 우크라이나 정치학자들의 견해에 따르면, 소위 범우크라이나적 근간을 갖춘 정치적 민족은 우크라이나의 과거 경향과 현재의 상황을 모두 고려하는 우크라이나 민족건설의 최적 모델이다. 이 모델을 실행하는 실제 국가 정책도 실상 바로 종족문화에 기반을 둔 민족건설이라는 목표를 추구하는 것이라는 점에는 의심의 여지가 없다. 따라서 그 프로젝트에 따르면 사실 다종족적인 우크라이나 사회는 범우크라이나적 민족으로 변모되어야 한다."[32]

탈소비에트 국가들의 정치 엘리트들과 지식 분야 엘리트들이 제시한 그런 종류의 정책이나 민족주의 담론은 종족 중심의 스테레오타입 생산 및 재생산과 독특한 '종족중심적' 세계관 형성으로 이

---

30) *Городяненко В.Г.* Положение русских на Украине и проблемы их идентичности // Социологические исследования. 2009. № 1. Январь. С. 94.

31) *Миллер А.И.* Политика строительства нации-государства на Украине // Политическая наука. Сб. науч. трудов. М., 2010. № 1. Формирование государства в условиях этнокультурной разнородности. С. 76(ред.-сост. Е.Ю. Мелешкина, А.И. Миллер).

32) *Подолянская А.О.* Этнополитическая трансформация Беларуси и Украины сквозь призму миграций // Полис. 2010. № 2. С. 61.

어지고 있다. 그런 현상은 다양한 역사적 사건에 대한 '시각' 변화, 개별적 사실의 무시 또는 강조, 그리고 현재의 언어적 세계상을 변화시키거나 특정한 정치적, 이데올로기적 목적이나 기타 목적에 부합하도록 변화시킨 언어적 세계상 강요 등의 결과로 발생한다. 그리고 그런 활동은 이미 '분쟁의 이념적 생산'[33]라고 불리고 있으며, 부지불식간에 종족 간 적대감을 합법화시키고 있다.

언어에 관한 문제는 오늘날 역설적 양상으로 권력과 재산을 차지하기 위한 다양한 종족 간, 지역 간 적극적인 내적 투쟁의 장에서, 그리고 CIS 국가를 향한 러시아 거대 자본의 확산 과정에서 정치적인 도구가 되고 있다. "그 결과 주로 러시아어로 말하거나 또는 명목 민족어로 전혀 말하지 못하는 인물들이 주도하는 집단을 배척하는 방법으로 자신의 입지를 강화하려는 의도를 가진 '진정한' 민족주의 인텔리 일부와 '회의주의적인' 정치 집단 일부의 자연스러운 동맹이 형성되고 있다."[34] 정도의 차이는 있지만 그런 종류의 비공식적인 '동맹'이 이미 카자흐스탄, 몰도바, 우크라이나에 형성되어 있다.

언어학자들이 지적하는 바, 탈소비에트 시기에 특정 어휘 층위, 즉 러시아어와 '소비에트 형제 민족들(народы)' 언어의 주변부에 있었던 어휘들의 활성화 그리고 정치적, 사회·경제적 변화와 정보 기술 변화를 반영하는 차용어들(주로 영어 차용어)의 활성화 이외에도 많은 어휘의 실용적(평가적) 속성도 뚜렷하게 변화되었다. 그런 변화는 다음과 같은 방향으로 이루어졌다.

33) *Малахов В.С.* Национализм как политическая идеология. Учеб. пособие М., 2005. С. 248.

34) *Атнашев Т.М.* Три круга и будущее русского языка на постсоветском пространстве. К политике общего наследия... С. 323-324.

1. 과거 중립적인 평가적 의미를 가졌던 단어들이 평가적 의미를 가진 단어가 된다(러시아어 사용자(русскоязычные)).
2. 과거 평가적 의미를 가졌던 단어들이 평가적 의미를 상실한다 (반정부 인사(диссидент), 야권(оппозиция), 분파(фракция)).
3. 단어들이 정반대의 평가적 의미를 가지게 된다(형제 민족 (братские народы), 사회주의국가 국민(социалистические нации), 소비에트인(советский народ)). [35]

평가적 의미는 긍정적 또는 부정적 특징이 명확하게 표현되는 문맥 내에서 단어가 사용되는 결과로 발생하여 정형화되는 것이 특징이다. 즉, 단어가 새로운 긍정적인 또는 부정적인 외연적 의미를 가지게 되는 것이다. 한편, 우리가 사용하는 외연적 의미라는 개념은 바르트민스키(Ежи Бартминский)의 정의에 따른 것인데, 그는 외연적 의미를 어휘적 의미에 동반되는 "스테레오타입이 되는(또는 될 수 있는) 내용적 요소들, 논리적이고 감정적인 요소들"을 구성하는 "항상 연관성을 가지는 것은 아니지만 해당 사회의 문화 속에 정착된 연상 의미들의 총체"로 규정한다.[36] 여기서 우리가 중요시하고자 하는 것은 종종 민족주의 담론을 통해 강요되기도 하며 종족적 스테레오타입의 형성 또는 변화에 동반되는 외연적 의미들의 도구적 특성이다.

또한, 민족어 표기를 키릴문자에서 라틴문자로 전환(아제르바이잔, 몰도바)하거나 혼용(카자흐스탄, 우즈베키스탄, 투르크메니스탄, 라트비아, 에스토니아)하는 것도 명백한 정치적인 특성을 가지며 국가의 주권

---

35) *Рахманова Л.И., Суздальцева В.Н.* Современный русский язык. М., 1997. С. 30-32.
36) Цит. по: Язык и власть. Межвуз. сб. науч. трудов / под ред. М.А. Кормилицыной. Саратов, 2003. С. 106.

을 강화시키려는 엘리트들의 의도와도 관련된다는 점을 밝혀둔다. 그 결과로 과거 '큰 형님'의 언어와 문화와의 차이는 이제 '가시적인 것'이 되었으며 보다 명백해지고 있다. 2천년대 초에 러시아연방 타타르스탄 공화국이 타타르어 표기를 라틴어로 전환하려 시도했던 것도 같은 의미를 가진 것이었다.

러시아어를 몰아내고 민족어를 정치, 국가운영, 교육과 문화 분야의 유일한 언어로 만들려고 하는 구체적인 행동은 서구의 고전적 민족국가 형성 역사에 근거하고 있다. 실상 언어 단일화 정책은 최초의 민족국가 탄생 시기부터 이루어지고 있다. 이미 언급했던 것처럼, 공통의 언어는 민족 통합의 효과적인 수단이기 때문이다. 이와 관련하여 월처(Michael Walzer)는 이렇게 썼다. "많은 민족들의 경우 공통의 언어가 있다는 것이 단일성의 열쇠가 된다. 이 민족들의 형성 자체도 부분적으로는 언어 표준화 과정의 결과이며, 그 과정에서 지방 방언은 중앙의 방언에 자리를 양보하게 되었다."[37] 그런데 그런 이상적인 규범은 현실에서는 그 어디에도 존재하지 않는다. 이어서 월처는 "한두 가지 방언이 살아남았다고 해도, 그 방언들은 대안적인, 즉 하위민족적인(subnational) 또는 원형민족적인(protonational) 저항이 집중되는 대상이 되었다."[38] 전 세계에는 약 4~5천 개의 언어가 있다. 즉, 국가나 종족 공동체의 숫자보다 훨씬 더 많다. 이와 관련하여 티시코프(Валерий А. Тишков)는 이렇게 지적했다. "국가가 할 수 있는 최대치는 하나 또는 몇 개의 언어에 공용어의 지위를 부여하여 그 언어로 국가 관리와 군대의 명령이 이루어지도록 하는 것이다. 민주주의적 통치 규범을 갖춘 현대 국가들은 전 국민의 언어적 다양성을 인정하며, 소수 민족들의 언어에

37) *Уолцер М.* О терпимости. М., 2000. С. 42.
38) Там же. С. 42.

대한 권리를 보장하기도 한다."[39] 이 국가들은 그 어떤 뚜렷한 사회적, 정치적 이익과는 무관하게 국민들의 종족적 언어적 차이를 인정해야 했고, 그 차이를 만들어 내는데 도움을 주어야 했다. 언어와 정체성을 자유롭게 선택할 수 있도록 하는 정책은 곧 다언어 국가 국민들의 이익을 위한 정책이다.

오늘날의 탈소비에트 공간에서 소위 '러시아어 사용자들'의 언어적 권리가 법률로 보장되고 있는 나라는 소수에 불과하다. 벨라루스에서 러시아어는 벨라루스어와 더불어 국어의 지위를 가지고 있으며, 키르기스스탄에서는 러시아어가 국가기관과 지방자치단체의 필수 언어로서의 헌법적 지위를 가지고 있다. 카자흐스탄에서는 법률에 따라 러시아어가 "국가 조직과 지방자치단체들에서 카자흐어와 동등하게 공식적으로 사용될 수 있다."[40]

다른 탈소비에트 국가들에서는 '명목 민족' 언어를 유일한 국어로 지정함에 따라 러시아어는 정치, 경제, 문화생활과 대중매체에서 점차 사라지고 있다. 러시아어로 교육 받을 가능성도 급격히 줄어들었다. 고로댜넨코(Виктор Г. Городяненко)가 지적하듯이, 우크라이나 독립이후 16년 동안 러시아어와 소수 민족어 사용을 제한하는 43개의 법률과 100개의 규정이 제정되었고, 그 결과 국민 30% 이상(약 2천만 명)의 권리가 침해되었다.[41] 그런 과정은 특히 취학 전 아동 교육, 중고등학교 교육 시스템에서 명확히 나타나고 있다. 초중고에서의 졸업시험과 대학 입학시험이 우크라이나어로 진행되기 때문에 학부모들은 모어로 교육받을 권리를 행사하지 못

39) *Тишков В.А.* Этнология и политика. Научная библиотека. М., 2005. С. 223-224.

40) Цит. по: *Вдовина Н.* Русский язык в Казахстане. URL: http://www.nomad.sul?a-14-200809170322(дата обращения: 12.12.2011).

41) *Городяненко В.Г.* Положение русских на Украине и проблемы их идентичности // Социологические исследования. № 1. Январь 2009. С. 93.

하고 자녀를 우크라이나 학교에 보내야 한다. 이와 관련하여 슐가(Н.А. Шульга)는 이렇게 썼다. "러시아어 사용 영역 축소, 교육, 과학, 문화, 대중매체 활동 분야에서의 지속적인 러시아어 퇴출은 우크라이나에서의 러시아 문화 유지에 커다란 문제가 될 뿐 아니라 '통합을 위한 강압'으로 여겨지고 있다."[42]

카자흐스탄에서는 2010년 여름에 '2011~2020 제 언어 발전을 위한 국가 계획'이 발표되었다. 이 계획은 10년 후 모든 고등학교 졸업자들과 국민의 95%가 카자흐어를 구사할 수 있도록 하고, 90%의 성인이 이전과 마찬가지로 러시아어를 구사하며 20%는 영어도 구사할 수 있도록 한다는 것이었다.[43] 그러나 이 계획의 목표는 현재의 카자흐스탄 국가 정책과 명백히 어긋나는 것이다. 카자흐스탄 러시아어학교 교사 연합회 회장인 브도비나(Наталия Вдовина)의 자료에 따르면, 2001~2006년에만도 카자흐스탄 내 303개의 러시아어 학교가 문을 닫았다. 그런 상황이므로 러시아어를 교육 분야에서 몰아내는 과정이 지속되고 있다고 볼 수밖에 없다.[44]

그런 언어 정책은 이미 탈소비에트 국가 국민들의 개인적 의사소통 영역에서 심각한 문제를 초래하고 있으며, 개인들의 고립을 심화시키고 있다.

한편, 특별히 강조해 두고자 하는 것이 있다. 그것은 첫째, 민족어를 국가 주권의 상징이자 보증으로 보고 러시아어를 잠재적인 종속 언어로 보는 정치 엘리트들의 러시아어에 대한 태도는 탈소비에트 사회 내 러시아어의 진정한 위치로 여길 필요가 없다. 스네주코

---

42) *Шульга Н.А.* Русская культура в Украине: кризисы идентичности // Диалог украинской и русской культур в Украине. Матер. IV междунар. науч.-практ. конф. Киев, 2000. С. 10.

43) Казинформ 29/07/2010. URL: http://www.nomad.su/?a=3-201007300038 (дата обращения: 12.12.2011).

44) *Вдовина Н.* Русский язык в Казахстане.

바(Ирина А. Снежкова)와 러시아과학아카데미 민속학·인류학연구소 연구진의 통계 자료에 따르면, 우크라이나 중부와 서부 대부분의 생활영역에서 우크라이나어가 사용된다. 그러나 TV 시청, 책 등의 출판물 독서 시에는 이중언어 상황이 강하게 유지된다. 크림 지방에서는 앞의 모든 영역에서 러시아어가 지배적인 것으로 관찰된다.[45] 이 통계는 또한 러시아어 사용자 숫자가 다소 증가했다는 점도 보여준다. 2001년 인구조사 자료에 따르면, 우크라이나 국민의 29.6%가 러시아어가 모어라고 응답했다. 2006년에는 38%가 러시아어가 모어라고 응답했고, 60% 이상이 가정에서 러시아어를 (종종 우크라이나어와 함께) 사용한다고 응답했다.[46] 따라서 "러시아와 주변국의 국내 정치적 통합 과정이 완결될 때까지는, 러시아 사회와 주변국 사회들이 자기 확신을 가지게 될 때까지는 공동의 적을 향한 동원 레토릭과 양자 관계의 문화적 현실 사이의 불일치와 긴장이 규칙적으로 재발될 것이다."[47] 객관적인 공통의 언어 또는 언어적 유사성은 정치 엘리트들에 의해 의도적으로 대립 상태가 된 종족문화 공동체들이 서로를 이해하고 단일한 '우리'로 통합되는 데 도움이 될 수 있다. 특히, 많은 러시아인, 우크라이나인, 벨라루스인이 '3개 슬라브 형제 민족(народы)' 동맹 형성에 동조하는 태도를 유지하는 이유를 그것으로 설명할 수 있다.

그리고 그들 중 많은 사람들이 (특히 접경지역에서) 확고한 이중언어 상태를 유지하고 있으며, 특별한 형태의 방언이 발생되어 있다

45) *Снежкова И.А., Москаленко Н.П., Чебанюк Е.Ю.* Образ России и Украины в контексте геополитических изменений // Этнографическое обозрение. 2009. № 2. С. 78.

46) *Шульга Н.А.* Русский язык в обыденном информативном образовательном и политическом пространстве Украины // Русский мир Украины. Сб. научных статей. Киев, 2006. С. 80-81.

47) *Атнашев Т.М.* Три круга и будущее русского языка на постсоветском пространстве. К политике общего наследия... С. 302.

는 점이 그것을 입증해 준다. 우크라이나에는 접경지역에서 뿐만 아니라 널리 사용되고 있는 '수르지크'(суржик)라는 혼합된 언어가 있는데, 러시아어 문법과 우크라이나어 음성 및 문법이 혼합된 형태이다. 키예프 국제 사회학연구소의 자료에 따르면, 우크라이나 국민의 11~18%가 수르지크를 사용한다. 서부 우크라이나에서는 2.5%, 폴타바 주, 숨스카야 주, 체르니고프 주에서는 (최대치인) 21%가 사용하며, 남부와 동부 지역에서는 수르지크 사용자가 우크라이나어 사용자보다 훨씬 더 많다(남부지역에서는 수르지크 사용자가 12.4%, 우크라이나어 사용자가 5.2%이며, 동부지역에서는 수르지크 사용자가 9.6%, 우크라이나어 사용자가 3.7%이다).[48] 이웃한 벨라루스에서도 마찬가지 상황이며 접경지역에서는 혼합어인 '트라샨카'(трасянка)가 그런 기능을 수행한다. 한편, 공식 통계에서는 '수르지크어 사용자'가 보통 우크라이나어 사용자로 산정되며, 인구조사에서는 수르지크를 일상 언어로 설정하지 않고 있다.

랴프추크(Микола Ю. Рябчук)의 견해에 따르면, 현재 우크라이나 국민 대부분을 3개 그룹으로 나눌 수 있다. 1) 우크라이나적 정서를 가지고 우크라이나어를 사용하는 우크라이나인, 2) 러시아적 정체성을 가지고 러시아어를 사용하는 러시아인, 3) 인구의 대부분을 차지하는 러시아어를 잘 아는 우크라이나인과 우크라이나어를 잘 아는 러시아인으로 러시아적, 우크라이나적, 소비에트적 정체성을 유지하고 있는 사람들.[49] 이 가운데 바로 세 번째 집단에서 '지배적 문화 및 명확한 종족 정체성과는 거리가 있는 상호 관련된

48) *Хмелько В.* Лінгво-етнічна структура України(Київський міжнародний інститут соціології). URL: http://www.kiis.com.ua/txt/pdf/ing-ethn.pdf (дата обращения: 13.12.2011).

49) *Рябчук М.* Кто самая крупная рыба в украинском пруду? Новый взгляд на отношение большинства и меньшинства в постсоветском государстве // Диаспсры. 2002. № 2. С. 83-89.

사고, 감정, 행태의 총체적 집합'으로서의 소위 이중문화 지향성이 형성된다. '이중문화 지향성'(бикультурная ориентация)이라는 용어는 이중문화 정체성, 이중문화 자기동일화, 대표집단 선택에서의 이중문화적 특징, 이중문화적 능력 등 네 가지 파라미터를 가진다. 여기서 이중문화적 능력이라는 것은 개인이 '다종족적, 다원적 환경에서 효과적으로 기능하는' 능력, '두 개의 차원에서 살아가는' 능력을 의미한다.[50] 이중문화적 지향성은 '~이기도 하고 ~이기도 한'(러시아인이기도 하고 우크라이나인이기도 한, 러시아인이기도하고 벨라루스인이기도 한)이라는 공식으로 표현된다. '종족사회학'이라는 교재에서 저자들이 제시한 종족 정체성 분류에 따르면, 그런 유형의 정체성이 티시코프가 탈소비에트 공간에서의 현 상황을 표현하기 위해 제안한 '강요된 종족 정체성'이라는 개념에 부합됨에도 불구하고, 위와 같은 유형의 정체성을 '이중적인' 유형이라고 부른다.[51] 그런데 특정 상황 속에서 이중적 (이중문화적), 다중적 종족 정체성은 극히 제한되어 있다.

이처럼 탈소비에트 공간에서 러시아어는 러시아인만의 문화적 자산이 아니다. 따라서 CIS 국가들의 일상 소통, 문화, 경제생활 언어로서의 러시아어 보존은 상호 이익과 공통의 문화적 유산을 바탕으로 탈소비에트 공간의 부분적인 비정치적 통합에 도움이 될 수 있다.

한편, 언어적 유사성이 없다는 것은 공동의 이해 공간 구축에 장애가 되면서 종족 집단들 간의 차이를 부각시켜 뚜렷하게 하고 나아가 상징적이고 총체적인 차이로 변모(민족 언어를 수단으로 하여)시

---

50) Ethnic identity: Formation a Transmission among Hispanies a other minorities. Albany, 1993. P. 85-86.

51) *Арутюнян Ю.В., Дробижева Л.М., Сусоколов А.А.* Этносоциология. Учеб. пособие для вузов. М., 1998. С. 179.

킨다. 앞에서 언급한 것처럼, 구소련 소속 공화국 대부분의 '명목' 민족어들은 1990년대에는 정치 엘리트들에 의해 러시아어 사용자를 러시아로 몰아내고 러시아와의 전면적인 대립을 구축하는 데 사용되었다.

민족의 미래 전략을 선택해야 했던 상황이 탈소비에트 국가들에게 민족어/국어의 특별한 지위 그리고 민족 정체성 형성 문제가 어떤 의미를 가진 것이었는지 많은 점에서 설명해준다. 그리고 모든 탈소비에트 국가에서 명목 민족어에 국어 지위를 부여한 것과 더불어 일련의 다른 차별적 조치들은 명목 민족 소속이 아닌 국민들이 '권력의 통로'에 접근하는 것을 실질적으로 막았고, 통치기구의 강화된 '신토착화'(неокоренизация) 구축과 에트노크라시 형성에 도움을 주었다. 그 결과, 민족국가를 부정하고 국제적(범민족적) 국가를 건설하려는 시도에 실패한 후 구소련 소속 국가 국민들은 그런 국가를 건설하려고 시도하다가 오늘날 에트노크라시 국가라는 현상을 맞이하고 있다. 따라서 메주예프(Вадим М. Межуев)는 1990년대 초에 "제국으로서의 러시아는 그 내부에 온전한 민족들이 발생하기 전에 사망한 것으로 보인다."는 실망어린 말을 하기도 했다.[52]

52) *Межуев В.М.* Идея национального государства в исторической перспективе // Полис. 1992. № 5-6. С. 15.

Политика идентичности мультиэтнических государств
в контексте решения проблемы безопасности.

제7장

국가의 발전과 러시아 내 민족 발생의 특성

제7장 국가의 발전과 러시아 내 민족 발생의 특성

학자들은 역사 속에 실제로 존재했고 오늘날에도 존재하고 있는 종족문화적 다양성이 정치적(민족적) 공동체로 전환되는 모델을 분류한다. 그 가운데 알터맛(Urs Altermatt)은 다음과 같이 4개 모델로 분류한다.

- 다민족 제국(로마제국에서 합스부르크 왕조까지)으로서 문화적 다양성이 유지되면서 정치적·법적 통제가 여러 민족들(народы)과 종교 집단들의 공동생활의 기반이 되는 모델.
- 두 개 또는 세 개 민족이 구성한 국가(스위스, 벨기에, 사이프러스, 레바논)로서 각 민족(народ)의 정치적 자치권이 대폭 유지되면서 이들 간의 합의가 공동생활의 기반이 되는 모델.
- 서유럽형의 고전적 민족국가(프랑스)로서 지배적인 민족(народ)이 사회생활을 관리하여 사회의 문화적 단일성의 기반이 되는 모델. 이런 민족국가는 문화적 차이를 집단적인 것이 아니라 개인적인 것으로 보기 때문에 집단이 아닌 개인의 독자적인 생활방식에 대한 권리를 인정한다.

• 이민사회(미국)는 국민의 정치적 권리만 민족화하고, 문화적 다양성을 인정하며 공통의 정치적 정체성을 형성한다.[1]

그러나 모든 구체적·역사적인 사례들을 정치 공동체의 이상적인 순수 유형들로 분류할 수는 없다. 사실 비유럽지역 국가들에서는, 예를 들어 동양에서는 강력한 국가가 사람들 간의 그 어떤 '사회적 합의'에 따라 건설되었던 것이 아니라, '절대자의 창조'에 의해서 만들어졌고 그가 '지상에 파견한 자'에 의해 통치되었기 때문에 사람은 반드시 국가에 절대 복종해야 했다. 국가(통치자를 의인화하는)는 정치적, 경제적, 정신적 권력을 동시에 가지는 것으로 여겨졌다. 그리고 동양의 국가 내에서는 서구에서 시민권과 인권의 필요조건이 되는 사유재산도 국가권력에 속하는 것으로서 엄격하게 통제되었다. 동양에서는 마르크스 사회주의조차 동양적 전제국가가 다소 약화된 변형체가 되었을 뿐이다. 오랜 세월에 걸쳐 국가가 사회적 관계를 관리하고 자연재해의 피해를 보상해주고 공공근로를 조직하는 주체 역할을 했던 중국에서는 국가가 국방을 위한 대규모 군대를 보유했고 국내 여러 지방을 하나로 묶어주는 교통로를 건설, 유지했으며, 다른 모든 사회 기구보다 절대적으로 우위에 있었다. 따라서 '국가' 개념은 전혀 다른 방향으로 진화했으며, '중국식 군주제', '신으로부터 부여받은 권력' 등의 개념으로 표현되는 몇 가지 색다른 의미를 가졌다. 만일 무한한 권력을 가진 통치자가 조화를 해치고 신민들의 신뢰를 저버리는 등 자신의 의무를 저버리면, 그는 성공적으로 통치할 수 없다고 여겼다.

서양과 동양의 상호 모순적인 영향 아래 정치제도와 전통이 형성된 러시아도 마찬가지다. 러시아어에서 '국가'(государство)라는

1) *Альтерматт У.* Этнонационализм в Европе. М., 2000. С. 19.

개념은 '지배'(господство), '지배자'(господа), '나리'(государь) 등, 즉 '러시아 땅'의 주인, 지배자라는 말에서 나왔다. 즉, '지배'(обладание)라는 의소와 관련된 '권력'(власть)[2]이라는 개념과 마찬가지다. "동사 '통치하다' 또는 '경영하다'는 의미의 동사 'государить'에서 파생된 'государение'라는 말은 원칙적으로 색다른 권력관계 패러다임을 의미한다. 한편으로는 '온전한 주인'이라는 의미지만 다른 한편으로는 '완전한 노예'를 의미한다."[3]

이와 관련하여 콜레소프(Владимир В. Колесов)는 다음과 같이 썼다. "러시아인이 러시아를 지칭하는데 사용되는 단어들인 'Родина' - 'Отечество' - 'Государство'는 러시아 사회의 정치 구조의 계승을 보여주며, "Родина라는 단어는 출생과 관련되고 отечество는 부성(父性), государство는 어근 의미상 지배 권력과 관련된다고 했다. 제시된 단어들은 다양한 발전 단계에서 사회의 정치권력 조직을 의미한다. 명칭으로 사용된 단어들이 교체된 것은 국가와 국가 권력에 대한 국민(народ)의 표상이 역사적으로 변화되었음을 반영한다. 국가는 씨족 중심의 구조에서 родина, 세습권력이 지배하던 중세에 отечество, 지배와 복종의 봉건적 관계가 발달된 16세기 이후에 государство라고 불렸다."[4]

서구의 많은 학자들이 러시아 국가의 독특한 특징에 대해 언급했다. 파이프스(Richard Pipes)는 다음과 같이 말했다. "러시아는 특히

---

2) 'Власть'(권력)라는 단어는 교회슬라브어에서 차용되었으며, '영역, 영토, 국가, 권력'이라는 의미를 가진 'волость'라는 단어에서 기원되었다. 러시아어에서는 'властвовать'(통치하다)라는 단어와 'владеть'(지배하다)라는 단어가 연관성을 가진다. 서유럽 언어들에서는 개념화가 달리 이루어졌다. 영어 단어 'power', 프랑스어 단어 'pouvoir'는 그 무엇을 할 능력이 있다는 의미인 라틴어 단어 'potere'에서 기원되었다. См.: *Гаврилова М.В.* Когнитивные и риторические основы президентской речи(на материале выступлений В.В. Путина и Б.Н. Ельцина). СПб., 2004. С. 160.

3) *Щербинин А.И.* От полицеизма к тоталитаризму // Полис. 1994. № 1. С. 82.

4) *Колесов В.В.* «Жизнь происходит от слова...». СПб., 1999. С. 168-169.

일반적으로 세습국가(patrimonial)로 규정하는 범주에 해당된다. 그런 국가들에서는 정치권력이 소유권의 연장으로 생각되고 행사된다. 권력자(들)는 동시에 국가의 주권자이자 소유자이다." 또한 파이프스는 러시아에서 법적 발달이 자생적이고, 법률에 대한 허무주의가 있는 것은 기본적인 봉건주의적 제도들이 발달하지 못한 것이 요인이 되었다고 여기며, "러시아의 만성적인 불법적 상황, 특히 권부에 있는 사람들과 그들에게 복종하는 사람들 간의 불법적 상황은 서유럽에서 봉신들에 의해 토대가 마련된 합의 전통 같은 것이 없는 데서 발생하는 것"이라고 여긴다.[5]

러시아의 중세 사학자인 구레비치(Арон Я. Гуревич)는 이 문제에 대해 이렇게 언급한다. "봉건 군주와 봉신 사이의 관계가 계약에 의해 성립된다고 보는 견해가 (유럽에) 널리 퍼져있다. 그러나 중세의 사회적 관계를 그런 식으로 이해하는 것은 봉건적 관계를 현대적인 시각에서 부르주아적 계약 관계와 동일시하는 것이다. 실상 성실과 보호 관계의 기반이 된 것은 지배자나 피지배자들 모두 법과 관습에 복종한다는 관념이었다. 양측 모두에게 충성은 법률에 대한 충성이었다."[6] 러시아에는 바로 그런 지배자와 피지배자 간 권리와 의무의 상호성이 있었던 적이 없다. 일련의 어문학자들(Владимир В. Колесов, Н.В. Печерская, Юрий С. Степанов)의 견해에 따르면, 러시아 문화에서 법률은 무엇보다도 그 너머에 새로운 생활영역, 정신영역이 있는 경계로 생각된다. 따라서 법률은 그것에 의해 규정되는 생활영역에 포함되는 모든 것이 따라야하는 규범이 아니라, 단지 보다 넓은 영역 내의 그 어떤 경계로 여겨진다.

베버(Max Weber)의 견해에 따르면, 세습정(патримонализм)이 다

5) *Пайпс Р.* Россия при старом режиме. М., 1993. С. 75.
6) *Гуревич А.Я.* Категории средневековой культуры. М. 1972. С. 154.

른 정치체제와 구별되는 속성은 권력자가 가부장적 권력 구조에는 없는 특별한 통치 기구를 가진다는 것이다. 가부장적 지배 체제는 항상 전통을 따르지만, 세습정에서는 통치자의 개인적 권력 도구로서 통치 기구와 군대 조직이 있어 통치자가 일련의 경우에 전통을 무시할 수 있게 해준다. 이와 관련하여 클류쳅스키(Василий О. Ключевский)는 이렇게 언급했다. "외국인들의 기록에 따르면, 이 (모스크바) 통치자는 모든 신민들보다 비교할 수 없이 높으며 그들에 대한 그의 권력은 이 세상 그 어떤 군주보다 더 강하다. 그 권력은 성직자들에게나 평범한 사람들에게나 동일하게 뻗친다. 아무에게도 종속되지 않고 행동에 아무런 구애도 받지 않는 그는 신민들의 재산과 생명을 마음대로 관장한다. 그 앞에서는 귀족이나 천한 농민이나 동일하며, 그의 의지 앞에서는 모두 침묵한다. 그런 지고한 권력에 상응하게 신민들은 통치자의 권력을 높게 생각한다."[7]

저명한 프랑스 법률학자 오류(Maurice Hauriou)가 지적한 것처럼, "정상적으로 형성되어 발전한 모든 (서구) 국가들에 공통적인 역사적 법칙성은 그 국가들이 귀족정에서 민주정으로 전환했다는 것이다. 그 국가들의 정치적 자유는 먼저 귀족정의 형식, 이어서 민주정의 형식이라는 두 가지 형식을 받아들인다."[8] 비잔틴으로부터 세습정의 전통을 수용한 러시아에서도 모든 신민은 기본적으로 두 개의 그룹으로 나누어진다. 한 그룹은 통치자에게 개별적으로 종속된 노예로서 이들로 행정 기구가 구성된다. 다른 그룹은 정치적 신민으로서 개인적으로 종속되지는 않지만 다양한 의무를 부담한다. 베버가 지적한 바, 신민들에 대한 경제적 착취는 특정 집단 구성원

7) *Ключевский В.О.* Сказания иностранцев о Московском государстве. М., 1991. С. 54.

8) Цит. по: *Леонтович В.* История либерализма в России. (1762-1914). М., 1995. С. 6.

의 국가에 대한 의무 이행 책임을 집단 전체가 지는 '사회적 책임' 방식으로 이루어진다.[9]

러시아의 노예제는 국가의 노예, 직능단체의 노예, 개인의 노예 등 세 가지 형식으로 이루어졌다고 말할 수 있다. 모든 사회와 모든 계급이 노예 상태였으며, 사람들은 국가, 공동체 또는 지주의 소유물이었다. 유럽에서 시민사회가 중세의 사회 계급과 직능 연합에서 발생한 반면, 러시아에는 시민사회 발생의 기반이 없었다. 20세기 초 러시아 법사학자 라트킨(Василий Н. Латкин)은 이렇게 썼다. "서구에서 모든 사회가 계급 집단과 직능 집단들로 나누어졌는데, 러시아 국민은 이전과 마찬가지로 그 어떤 집단이나 직능 단체로 나누어지지 않았고, 사회 구성원들이 직업이나 직능에 따라 서로 차이가 있었음에도 어떤 권리나 의무에 따라 나누어지지 않았다. 그리고 사회를 상류층, 중류층, 하류층 또는 자유인과 노예 등으로 구별하는 현실적인 구분도 아무런 의미가 없었다. 고대 러시아 사회에도 그 어떤 직능 집단이 없었다."[10] 바로 그렇기 때문에 모스크바 차르의 아무런 권리도 없는 신민들은 "있지도 않은 권리를 지키려고 노력했던 것이 아니라, 차르에게 급료를 받을 수 있는 의무를 부담하려고 노력했다(Лев Н. Гумилев)." 러시아 정치 계급은 국가를 관리하면서도 차르와의 관계에서 유럽의 관리 계급과는 달리 아무런 권리가 없는 도구였다. 이미 18세기 초에 귀족 계급은 국가와의 관계에서 모든 노예적 속성을 보여주었다. 1720년 표트르 1세는 칙령을 통해 복무를 회피하는 귀족은 채찍 형벌, 영구 추방 또는 코를 잘라내는 형벌을 받을 것이라고 위협하기도 했다. 세금을 부담

9) *Weber M.* Wirtschaft und Geselschaft. Tübingen, 1976. S. 621-623.
10) *Латкин В.Н.* Земские соборы Древней Руси, их история и организация сравнительно с западноевропейскими представительными учреждениями. СПб., 1885. С. 403.

하는 도시 주민들(도시 상공인들)은 도시와 도시 상공인 공동체에 묶여 있었다. 자의적인 이주나 다른 사회 계급으로의 이전은 범죄로 취급되었다. 모든 농민은 지주, 교회, 관청, 차르에게 묶여 있었다.[11]

19세기 들어 국가 권력 분립의 부분적 실현, 황실 내에 법률을 논의하는 국가위원회 설치, 법률을 제정하는 국가두마 설치 등이 포함된 러시아 국가권력 개혁안(국가법전 서문, 1809) 입안자인 스페란스키(Михаил М. Сперанский)는 이렇게 썼다. "나는 러시아에서 황제의 노예들과 지주의 노예들이라는 두 가지 상태를 본다. 전자는 단지 후자와 비교해서만 자유민이라고 불린다. 실상 러시아에는 거지와 철학자를 제외하면 자유민이 없다."[12] 따라서 개인의 자율, 인권, 시민권 개념이 현실적인 것이 되는 일은 있을 수 없었다.

그리고 스페란스키가 성문화한 러시아 국가법전 제1조에는 다음과 같이 언급되어 있다. "전 러시아의 차르는 곧 전제적이고 무제한적인 군주이다. 그의 최고 권력에 복종하는 것은 공포에서 뿐만 아니라 신이 전하는 양심의 지시에 따른 것이다." 바로 저 무제한적인 차르의 권력과 관리 계급의 국가에 대한 절대적인 종속이 러시아의 전제군주제와 유럽 절대군주제의 가장 큰 차이점이다. 유럽 절대군주들의 권력은 제도적, 법적 제한이 있었다. 코조킨(Евгений М. Кожокин)은 이렇게 언급했다. "비록 왕이 절대적 주권을 가진 통치자로 여겨졌지만, 그는 절대적으로 필요한 경우가 아니면 수세기에 걸쳐 형성된 특권, 관습, 자유 제도를 붕괴시킬 수 없었다. 그는 최고의 입법자이지만 동시에 성문화된 헌법에 따라 왕국의 기본법을

11) См.: *Миронов Б.Н.* Социальная история России периода империи(XVIII - начало XX в.). Генезис личности, демократической семьи, гражданского общества и правового государства. Т. 1. СПб., 1999. С. 362-367.

12) *Сперанский М.М.* Проекты и записки. М.; Л., 1961. С. 43.

존중해야 했다(특히 왕위 계승에 관한 법)."[13] 이처럼, 이미 앞에서도 언급했듯이, 서유럽의 절대군주제는 그에 앞선 봉건제, 그리고 절대군주제의 뒤를 이은 입헌군주제와 비교할 때만 절대적이다. 그 외에 모든 유럽 국가들이 절대군주국가가 아니었다는 점을 상기할 필요가 있다. "이탈리아에서는 베네치아가 여전히 독립적인 공화국 구조를 유지했으며, 헬베티야 연방(Гельветическая конфедерация)으로 연합된 스위스의 주(cantons)들, 그리고 당시로서는 다른 나라보다 더 강력한 절대군주제였던 폴란드에서도 독립적 공화국 구조가 유지되었다. ... 스웨덴은 입헌군주제와 절대군주제 사이를 오갔으며, 네덜란드의 연합 주들에서 나소(Nassau) 가문의 유사군주제는 중심적인 주들, 특히 부유하고 도시화된 주들에 의해 강한 제약을 받았다."[14]

중세 말기와 근대 초기에 일련의 유럽 국가들에서는 시간이 지날수록 귀족들이 현존하는 계급제도를 활용하여 스스로를 정치적 민족와 동일시하는 방법으로 군주의 권력을 더 많이 제약해 나갔다.

러시아 제국에서는 실상 제국이 사라질 때까지 "차르의 권력이 한편으로는 차르가 자신의 이익을 국가를 관리하고 징집된 군대를 지휘하는 관리들의 이익과 합치시키는 방법으로, 다른 한편으로는 귀족 집단 내 이익을 중심으로 한 계급적 연대가 전혀 없는 상황을 바탕으로 유지되었다. 중국의 관리들과 마찬가지로, 러시아의 귀족들은 서로서로를 직위와 차르의 은사(恩賜)를 두고 싸워야 할 경쟁자로 여겼다. 따라서 귀족 집단은 분열되어 있었고 차르와의 관계에

---

13) *Кожокин Е.М.* Государство и народ. От фронды до Великой французской революции. М. 1989. С. 5-6.

14) *Кёнигсбергер Г.* Европа раннего Нового времени, 1500-1789. М., 2006. С. 185.

서 전적으로 무력했다. 그런데 지방통치 구조를 재조직하면서 부분적으로 새로운 상황이 조성되기도 했고, 귀족 집단이 예카테리나 2세로부터 집회와 집단 청원의 권리를 받았음에도 불구하고, 귀족 집단의 공동 저항 시도는 드물게 이루어졌고 항상 실패로 끝났다. 그렇게 차르의 은사를 둔 경쟁의 결과로 귀족들의 계급적 연대가 전적으로 결여되었던 것은 단순하게 표트르 1세가 정립한 질서의 결과였을 뿐만 아니라, 모스크바 세습정 국가 형성 시기부터 귀족들의 사회적 입장을 결정했던 이전의 지방 귀족 시스템에 의한 것이었다."[15] 전제군주의 권력에 대항한 주기적인 귀족들의 봉기는 노예들의 봉기였다. 드물게 전제군주가 귀족 및 다른 계급 대표들에게 입법 활동을 촉구한 경우에도 아무런 결과가 이루어지지 않았다. 1767~1768년 예카테리나 2세가 자신이 편찬한 '법률집'(Наказ)을 검토하도록 소집했던 (농노와 성직자를 제외한) 다양한 계급 대표자 571명으로 구성된 법률위원회도 단 한 건도 합의하여 결정하지 못하고 해산되었다. 저명한 러시아 역사학자 카멘스키(Александр Б. Каменский)가 지적하듯이, 예카테리나 2세는 "자신의 신민들을 분명히 과대평가했다. 입법 활동의 경험도 없고 대부분 교육을 제대로 받지 못했기 때문에, 그들은 ... 신민들의 낮은 정치문화 수준을 그대로 반영했으며 국가 전체의 이익을 위해 소수 계급의 이익을 딛고 올라갈 상태가 되지 못했다."[16]

학자들은 서구 사회의 자유가 무엇보다 교황과 가톨릭교회, 정교 종무원 및 교회 제도가 봉건적 유럽의 세속적 권력으로부터의 독립으로부터 비롯되었다고 간주한다(1075년 그레고리 7세 때의 '교황의 혁명' 이후에 독립성이 강화되었다). 그것은 '교회가 국가로부터 독립적

15) *Weber M.* Wirtschaft und Geselschaft... S. 621-623.
16) История России с древнейших времен до начала XXI века / под ред. А.Н. Сахарова. Т. 1. М., 2003. С. 792.

인 자치권을 가진 것이 바로 그런 독립성에 기반을 두었던 것이고, 국가 내적으로 국가와는 별개의 그 어떤 자치영역이 발생했기 때문이다.' 러시아가 비잔틴에서 물려받은 '심포니' 유형의 국가와 교회의 상호관계 모델은 그 어떤 제한이나 권력 분점을 전제로 한 것이 아니었다. 오늘날 서구 학자들이 언급하고 있는 바, "정치적 태도 면에서 유럽 동부는 서유럽의 권력분립 전통과 동양의 권력집중 전통 사이의 전이지대(transition zone)였다."[17] 이와 관련하여 레온토비치(Виктор В. Леонтович)는 이렇게 말했다. "주권을 가진 통치자들이 교회 권력의 대표자로 인정된 적이 없으며, 러시아에는 (서구적 의미에서의) 봉건주의가 없었다."[18] 1917년 2월 혁명까지 러시아 국가 이론과 현실의 기본적이고 변하지 않는 기반으로 작용한 것은 '몽골의 독재, 비잔틴의 신정일치주의, 서구의 절대주의'의 혼합이었다.[19] 그런데 러시아인들은 "정치체제에도 불구하고 정신과 행위가 변한다고 해도, 매우 서서히 변화되는 극히 보수적인 민족이다."[20]

러시아 법률학자이자 유라시아주의자인 알렉세예프(Николай Н. Алексеев)는 대중적인 수준에서 "사람들의 일반적인 인식 속에서 국가라는 개념은, 마치 개인의 집과 관련하여 집주인이 법적으로 집과 일치되는 것처럼, 통치자와 일치되었다."[21]고 말했다. 한편, 많은 러시아 학자들은 러시아인이 법률에 따라 사는 것이 아니라 (개인적) 양심과 (사회적) 명예에 따라 산다고 이전에도 주장했고 지금

17) *Berglund S., Ekman J., Aarebrot F.H.* The Challenge of political change in Central and Eastern Europe // Handbook of political change in Eastern Europe / eds S. Berglund, J. Ekman, F.H. Aarebrot. Chaltenham, 2004. P. 14.
18) *Леонтович В.* История либерализма в России... С. 6.
19) См.: *Kuss K.-J.* Rechtsstaatliche Wurzeln in den osteuropaischen Staaten // Jahrbuch des offentlichen Rechts der Gegenwart. Bd 34. S. 591 и др.
20) *Pipes R.* Flight from Freedom: What Russians Think and Want // Foreign Affairs. 2004 May/June. P. 1.
21) См.: *Алексеев Н.* Советский федерализм // Общественные науки и современность. 1992. № 1. С. 112.

도 주장하고 있다. 러시아인은 자신을 법률에 따라 판단하기보다는 진리(즉 정의)에 따라 판단해 주기를 바란다. 17세기 러시아 문화에 '법과 정의'라는 이분법이 나타난 것은 우연한 일이 아니었다. 관습에 따라 이루어진 권력의 행위는 공정하지만, 법률은 비인간적이고 가혹하다. '진리'를 확보하지 못한 권력, "사회 규범을 따르지 않는 권력은 모든 신뢰의 근거를 상실하여 윤리적으로 정당화된 기만과 음해의 대상이 된다. 러시아 민중의식은 '나쁜' 권력일지라도 주어진 의무를 성실하게 이행하고 전통 규범을 준수하며 그것이 타국에 의해 무너지지 않도록 지킨다면, 그것이 진실 되지 않은 또는 우유부단한 권력보다 더 좋다고 생각한다."[22] 그리고 "절대권력 자체도 그리고 민중도 단일하고 완전한 권력이야말로 절대권력의 유일하게 올바른 활동 방식이라고 여겼다."[23] 그런 상황에서, 『빈쿠에 관하여』라는 책의 저자인 농민 페레스베토프(Иван Пересветов)의 말을 빌자면, 러시아 통치자는 '위협 없이는 있을 수 없었고'[24], 러시아 민중은 질서와 진리를 지키지 못하는 차르를 진정한, 즉 엄격하지만 공정한 '러시아 땅의 주인'으로 교체하고 싶은 유혹에 지속적으로 빠져들었다. 러시아 참칭자(僭稱者)들의 근원이 바로 거기에 있는 것은 아닐까? 이와 관련하여 우스펜스키(Борис А. Успенский)는 이렇게 언급했다. "민중의 차르에 대한 태도의 특수성은 무엇보다 차르의 권력을 신적인 본성을 가진 신성한 권력으로

---

22) *Черников М.В.* Фактор Правды в российской политике // Политическая Россия: Придмет и методы изучения. Материалы международной интернет-конференции, проходившей 20.03-14.05.2001 на информационно-образовательном портале www.auditorium.ru / под общ. ред. М.В. Ильина. М., 2001. С. 206.

23) *Глебова И.И.* Политическая культура России: образы прошлого и современность. М., 2006. С. 248.

24) См.: *Пересветов И.Т.* О скудости и богатстве. М. 1937. - 그리고 저자는 표트르 1세에게 모든 계급 대표자 회의를 조직하여 함께 국가적인 문제를 해결하자고 제안했다.

받아들이는데 있다."[25] 차르를 신성화하는 것은 참칭과 연관된다. "참칭한 권력(외적으로 유사한 권력)은 신이 부여한 권력(자연에 따른 권력)과 대립되며, 자신으로부터 나온 권력은 신으로부터 나온 권력과 대립된다. ... 만일 진정한 차르가 신으로부터 권력을 받는다고 한다면, 가짜 차르는 악마로부터 권력을 받는다. ... 따라서 진정한 차르가 예수와 비견되고 신의 형상, 살아있는 성상화로 여겨질 수 있는 반면, 참칭자는 가짜 성상화, 즉 우상으로 여겨질 수 있다."[26] 한편, 메레주콥스키(Дмитрий С. Мережковский)가 강조한 것처럼, "우리는 러시아 역사에서 때때로 전제군주와 참칭자의 구별이 어렵다는 점을 잘 알고 있다."[27]

러시아 국가권력 그리고 그에 대한 표상은 19세기 말 러시아 사회의 개혁을 통한 진화 과정에서 더 이상 세습적인 것이 아니게 되었는데, 1914년 무렵에 자신의 세습적인 차원을 다소 상실했다. 고대 모스크바의 토지에 대한 지고의 권리가 압도되지 못했기 때문에, 농업국가에서 '농민에게 시민적 구조를 확산시키는 과정'이 종결되지 못했다(В. Леонтович). 그 과정은 1917년 무렵까지도 완료되지 않았으며, 이후 역사의 새로운 구비에서 볼셰비키가 세습적 지배의 변형된 형식을 만들어 냈다. "1917년 프롤레타리아 혁명가들이 '현대성이라는 배'에서 던져버릴 수 있는 모든 것을 던져버렸지만, 권력의 심포니라는 모델은 소비에트 시대에도 살아남았다. 그것도 그냥 살아남은 것이 아니라 권력의 순수 화학적 변형체가 되었다. 40년 동안 소비에트 정부의 다양한 수준에서 고위직을 차지했던 바이바코프(Николай К. Байбаков)는 노멘클라투라 집단이 마치

25) *Успенский Б.А.* Царь и самозванец. Самозванничество в России как культурно-исторический феномен // Успенский Б.А. Этюды о русской истории. СПб., 2002. С. 150.

26) Там же. С. 155.

27) *Мережковский Д.* Грядущий хам. Собр. соч. М., 2004. С. 140.

'과거 지주들이 자신의 농노들을 마구 다루었던 것처럼 전횡을 일삼았다'고 회상했다. 결국 1990년대의 사회·경제적, 정치적 개혁이 그런 전통을 없앴으며, 관료 집단이 실질적으로 엘리트의 지위를 차지했다. 키예프 루시 이후 처음으로 관료집단이 최고 권력의 노예 상태에서 벗어났다."[28] 사실 현재 러시아의 정치체제 해석에 유사세습정/신세습정(квазипатримонализм/неопатримонализм) 개념이 널리 사용되고 있다.[29]

세르비닌(Алексей И. Щербинин)의 견해에 따르면, "모스크바 차르 시대부터 이후의 모든 러시아 국가 역사는 양적인 변화의 흐름을 따라 진행되었다. 표트르 1세가 만든 경찰국가를 거쳐 전체주의적 통치를 지나 오늘에 이르렀다. ... 결국, 유럽 국가들과는 달리 러시아 국가는 질서 및 질서를 통한 권력을 보존해 왔을 뿐 아니라, 소비에트식 전체주의 시스템에서 정점에 달했던 '자신의' 권력, 즉 사회와 개인에게 나누어주지 않는 소유물로서의 권력을 유지해 온 것이다."[30]

러시아에서의 민족국가 건설은 오늘날에도 종료되지 않았다. 이와 관련하여 독일 학자 시몬(Gerhard Simon)은 "러시아에서는 국가건설(State Building)이 민족건설(Nation Building)에 선행하였으며, 많은 면에서 민족건설을 지체시켰다."[31]고 언급했다.

수백 년이 지나는 동안 다양한 특성의 거대한 영토를 지키고 통

28) *Гаман-Голутвина О.* После империи: особенности формирования постсоветского политического класса // НГ-Сценарии. 2007. № 3(74). 27 марта. С. 12.
29) См.: *Levitsky S., Way L.* Competitive Authoritarianism: Hybrid Regimes After the Gold War. Cambridge, 2010; *Панов П.В.* Институты, идентичности, практики: теоретическая модель политического порядка. М., 2011 и др.
30) *Щербинин А.И.* От полицеизма к тоталитаризму // Полис. 1994. № 1.
31) *Simon G.* Zukunft aus der Vergangenheit: Elemente der politischen Kultur in Russland // Osteuropa. 1995. 5. S. 478.

치하고 세금을 걷고 제국에 필요한 군대를 유지하는 과제 해결에 들인 노력에는 전 국민이, 특히 러시아인이 국가 건설의 이익에 복종하는 것이 필요했다. 러시아 제국 건설 과정에서의 영토 확장은 실로 전례가 없는 것이었다. 16세기 중반부터 17세기 말 사이 기간에만도 (150년 동안!) 모스크바는 매년 현재의 네덜란드 면적만큼의 영토를 확장했다. 17세기 초 무렵 모스크바 공국의 면적은 유럽 전체의 면적과 맞먹었으며, 17세기 전반에 통합한 시베리아는 유럽 전체 면적의 두 배가 넘었다. 17세기 중반에 러시아는 세계에서 영토가 가장 넓은 국가가 되었으며, 18세기 중반 러시아 영토는 이반 3세 재위 초기 모스크바 공국 면적보다 50배가 넓어 졌으며, 육지 전체 면적의 1/6에 달했다. 그러나 제국의 확장은 거기서 끝나지 않았다. "러시아제국 건설의 그런 속도와 파라미터는 국가에 복무하는 조건에 따라 한시적인 특권을 부여한다는 원칙에 따라 지배계급을 구성하는 모델을 결정할 필요성을 부각시켰다.[32] 그 결과 국가는 '비대해졌고, 국민은 빈곤해졌다(Василий О. Ключевский).'"

이와 관련하여 그린펠드(Liah Greenfeld)는 이렇게 썼다. "18세기가 끝나갈 무렵, 미래의 모든 러시아인이 자신의 정체성을 구성할 바탕이 만들어 졌으며, 민족 소속감이 태동했다. 그것은 어렵게 태어났지만, 출산의 고통은 이미 끝났고 이미 그것을 어머니의 뱃속으로 돌려보낼 수 없게 되었다. 그때부터 그런 상황이 러시아 역사의 행보를 결정하게 된다."[33] 그리고 러시아의 국가성(государственность)과 러시아 국민의 발생 과정에 대한 학술적인 논란이 시작된 것도 18세기 무렵, 즉 로모노소프(Михаил В. Ломоносов) 시기이며, 바로 당시에 그 과정에 대한 독일인 또는 '노르망디인'의 결정적인 역할

---

32) См.: *Гаман-Голутвина О.* После империи: особенности формирования постсоветского политического класса... С. 13.
33) *Greenfeld L.* Nationalism. Fire Roads to Modernity. Cambridge, 1992. P. 260.

에 관한 두 가지 가설이 형성되었다. 민족(민족주의 이전의) 이념과 정치적 대표를 가져야하는 공통체로서의 러시아 국민(народ) 개념이 스페란스키와 노보실체프(Николай Н. Новосильцев) 등이 마련하여 알렉산드르 1세가 주창한 프로젝트들에 등장하게 된다.

그러나 18세기 러시아에서 민족적 자의식과 '민족명문가' 발생은 과거와 현재의 많은 다른 국가들에서와 마찬가지로 서구와 비교할 때 민족적 불완전성에 대한 콤플렉스의 재발과 관련되며, 그 콤플렉스는 때로 그로테스크한 형태로 나타났다. 시인 트레디야콥스키(Василий К. Тредияковский, 1703~1768)는 '슬라브어'가 유럽에서 가장 오래된 언어이며, 그로부터 게르만어와 켈트어와 나온 것이라고 심각하게 주장했으며, 수마로코프(Александр П. Сумароков, 1717~1777)는 로망스어가 슬라브어에서 발생했다는 가설을 제시하고 'domus', 'nasus', 'oculus' 등의 로망스어 단어가 슬라브어 단일어인 'дом', 'нос', 'око' 등을 그 예로 들었다. 또 당시 애국자들 사이에서는 쿠라킨 공작(Борис И. Куракин, 1676~1727)의 글 '차르 표트르 알렉세예비치에 관한 이야기'를 근거로 슬라브족(слявянство)이라는 단어와 영광(слава)이라는 단어 등이 어원적으로 동일하다는 말이 많이 떠돌았다.[34)]

좀 더 이후인 19세기 초 러시아에서는 카람진(Николай М. Карамзин, 1766~1826)과 슬라브주의자들이, 폴란드에서는 미츠케비치(Adam Mickiewicz, 1798~1855)가, 보헤미아에서는 팔라츠키(Фр. Палацкий)가 자민족의 메시아적 자의식에 대해 말했다. 스미스(Anthony Smith)의 견해에 따르면, "미슐레(Мишле), 버크(Берк), 뮬러(Мюллер), 카람진(Карамзин), 팔라츠키(Палацкий) 그리고 그 외에 많은 사람들이 자

---

34) См.: Россию поднял на дыбы...История Отечества в романах, повестях, документах. М., 1987. С. 357.

국 내 민족주의 발생의 토대를 제공했다. 역사학자들과 어문학자들은 매우 다양한 방법으로 자신의 꿈꾸는 민족의 합리적인 토대와 현장을 준비했다."[35]

18세기 말부터 19세기 초까지 '지식층 사회'에 러시아 민족 자의식이 각성, 확산되었다는 정확한 징후로서 그 사회 대표자들 사이에 조국의 역사에 대한 관심이 전례 없이 커졌다는 점을 들 수 있다. 러시아 역사학자들(Василий Н. Татищев, Михаил М. Щербатов, Николай М. Карамзин 등)이 등장했을 뿐만 아니라 그들의 저작에 관심을 둔 러시아 대중 독자들도 발생했다. 푸시킨(Александр С. Пушкин)은 카람진의 『러시아 국사』(История Государства Российского)의 출판 상황에 대해 다음과 같이 썼다. "이 책의 출현(당연한 일이지만)은 많은 논란을 불러 일으켰고 커다란 인상을 주었다. 3천 부가 한 달 만에 소진되었다(카람진 본인도 전혀 예상치 못한 일이었다). 이것은 러시아에서 유일한 사례다. 모두들, 사교계 여성들조차, 지금까지 알지 못했던 조국의 역사를 읽기 시작했다. 그 책은 그들에게 새로운 발견이었다. 고대 러시아는 마치 콜럼버스가 아메리카를 발견한 것처럼, 카람진에 의해 발견되었다."[36] 이런 상황에 대한 강력한 촉진제가 된 것은 나폴레옹 전쟁에서의 승리와 1812~1814년 러시아군의 유럽 원정, 그리고 이 역사적 사건들로 인해 초래된 애국심의 고양이었다. 이와 관련하여 콘(Hans Kohn)은 이렇게 썼다. "칼 대제와 시저의 후계자를 자처한 나폴레옹과의 전쟁에서 러시아인들은 자신의 황제를 콘스탄티노플 황제들의 후계자로 보았으며, 성스러운 루시를 기독교 로마제국의 진정한 후계자로 보았다. 1812년에

---

35) *Смит Э.Д.* Национализм и историки // Нации и национализм / Б. Андерсон, О. Бауэр, М. Хрох и др. М., 2002. С. 236.

36) *Пушкин А.С.* Воспоминания // Пушкин А.С. Соч. В 3 т. Т. 3. М., 1986. С. 412.

러시아인들은 나폴레옹에 대해 진정한 믿음의 요새인 모스크바로 이단적인 서구 유령들을 몰고 오는 적그리스도로 생각했다."[37] 유럽 자체는 18세기말부터 19세기 초까지 혁명과 정치적 불안의 시대로 접어들기 때문에 식자층의 많은 사람들이 러시아를 질서의 보루라고 보았다. '민족의 정신'과 '민족의 이익'에 중점을 둔 유럽(특히 독일의) 낭만주의의 발생과 확산이 많은 면에서 러시아와 서구 간 관계를 과대평가하는데 일조했다. 학습의 시기를 거친 러시아 문화는 바로 19세기 상반기에 황금기를 맞이하며, 세계적으로 알려진 위대한 문학가, 역사가, 화가, 철학자들이 등장했다.

식자층이 개념·범주 수준에서 러시아와 서구의 차이 그리고 러시아의 독특한 민족 정체성을 인식하는 상황에서 그 모든 것이 민족자결 문제에 관심을 두게 만들었다. 그리고 그 차이의 원인은 서로 상반되는 방식으로 해석되었다. 그것은 한편으로는 서구의 문화적·문명적 우위와 러시아의 역사적 낙후성을 인정하는 것인데, 차다예프(Петр Я. Чаадаев)의 '철학 서신'에서 처음으로 명확하게 제시되었다. 바로 여기에서 러시아를 현대화하여 서구를 따라잡고 계몽, 정치구조와 경제 및 기술 발전을 이루어 '유럽이 되자'는 가능한 발전 전망이 제시되었다. 다른 한편으로는 서구와의 관계에서 러시아의 동질성, 우월성, 역사적 사명을 인식하고 '자생적인 민족적 뿌리'로 회귀할 때 '또 다른 유럽'이 된다는 것이다. 한편, 이 주제에 대한 서구주의자와 슬라브주의자 간 논쟁에서 국민(народ)적 또는 민족적 특성이 현대화 개혁과 어떤 관계를 가지느냐는 것이 가장 심각한 문제였다.

19세기 초 카람진의 노력에 의해서 '전제군주제와 민족성'을 정점

37) *Кон Г.* Азбука национализма // Проблемы Восточной Европы. 1989. № 25-26. С. 113-114.

에 내세운 러시아적 보수주의의 역사적 개념이 최초로 정립되었다. 그 이후 "국가에 대한 러시아 보수주의 시각의 시발점이 된 것은 루시에서의 국가 형성과 발전의 특징, 러시아의 국가 건설과 유럽의 경험과의 원칙적인 차이에 관한 관념이었다."[38] 과거를 계승한다는 점과 민중의 오랜 역사적 전통에서 정당성을 찾는 러시아 민족주의(русский национализм)는 서구의 팽창에 대한 지적인 반응으로 발생했다. 러시아 민족주의의 기본적인 주제는 민족 정체성 탐색('우리는 누구인가?'라는 질문에 대한 해답)이었고, 기본적인 논조는 '러시아에게는 자신만의 길이 있다'는 것이었다. 이 '자신만의 길'이라는 이데올로기가 러시아에서 발생한 것은 러시아가 현대화의 길로 접어들고, 정치제도는 변함없이 유지하거나 순수 상업적인 목적에서 변화시켜가면서 유럽으로부터 적극적으로 신기술을 도입한 이후의 일이다. 파인(Эмиль А. Паин)의 견해에 따르면, 바로 전제군주적 정치 제도를 합법화할 필요성에 따라 '자신만의 길'이라는 이념에 의지하게 된 것이다.[39]

한편, 심각한 외부적 위협 앞에서 전에 없이 애국심이 고양되고 러시아 사회의 제 계급이 연합했음에도 불구하고, 민족주의는 민중에게 침투되지 못했으며(기본적인 애국심과 '낯선 자들', 침략자들에 대한 적개심이라는 반응은 불러일으켰다), 19세기 말까지 주로 지식층의, 그것도 다수가 아닌 소수의 이념으로 남아있었다. 이와 관련하여 밀러(Алексей И. Миллер)는 이렇게 썼다. "초기 민족주의자 또는 민족주의자의 원형인 카람진은 황실과 더불어 제국에 대한 권리가 있

38) *Мусихин Г.И.* Власть перед вызовом современности. Сравнительный анализ российского и немецкого опыта конца XVIII - начала XX веков. СПб., 2004. С. 149.
39) См.: Идеология «особого пути» в России и Германии: истоки, содержание, последствия / под ред. Э.А. Паина. М., 2010.

다고 여긴 러시아 귀족집단을 전적으로 대변한 것이었다."[40] 러시아 민족주의를 각성시킨 커다란 자극제가 된 것은 1830~1833년과 1863년의 폴란드 봉기였다. "(1830~1833년의) 봉기 이후에 이곳 제국의 서부 변방에서 러시아 민족주의가 그리고 점차 러시아 제국도 '소러시아인이거나 백러시아인인 그 지역의 농민들도 러시아인'이라는 아주 명확한 테제를 형성한다. 그리고 러시아인은 우리가 현재 인식하는 것처럼 대러시아인이 아니라 대러시아인, 소러시아인, 백러시아인을 포함하는 공통의 러시아 민족이라는 관념이 지배적인 것이 되어 러시아 제국 말기까지 유지되었다."[41] 즉, 동슬라브인의 민족적 공통성이 강조된 것이다. 문화적 차이는 주로 폴란드 영향의 해악으로 설명되거나, 백러시아인과 소러시아인이 제츠포스폴리타(Rzeczpospolita)에 현혹되어 믿음의 형제들로부터 멀어졌었지만 이제는 '가상적인 새로운 공동체', 러시아 민족이 되었다고 설명했다. 이와는 반대로 폴란드 지식인들에 의해 '대러시아인의 우랄알타이 기원설'이 제시되었다. 그 이론의 요점은 폴란드인, 우크라이나인, 벨로루시인은 슬라브인이며, 그것이 이들을 비슬라브 우랄알타이 민족인 모스크바인에 맞서도록 연합시켜준다는 것이다.

공통 러시아적 관념을 부정하는, 독특한 민족 정체성으로서의 '우크라이나 정체성 프로젝트'는 1840년대 키릴-메토디 형제단에 의해 처음으로 구성되었다. 그들은 우크라이나를 넓은 슬라브 연맹 내의 독립적인 정치 단위로 보았다. 새로운 정체성 전략의 가장 중요한 포인트는 러시아어를 '낯선' 언어로 규정하고 '부흥하는 민족'의 매개체로서 우크라이나어를 확산시키는데 있었다.[42]

---

40) *Миллер А.* Национализм и империя. М., 2005. С. 18.
41) Там же. С. 18, 19.
42) *Миллер А.* Прошлое и историческая память как факторы формирования дуализма идентичностей в современной Украине // Политическая наука. Сб. науч. трудов. М., 2008. № 1. Формирование нации и государства в

계몽시대부터 서구에서 지배적인 이성과 개인의 독자성 중심의 사고와 러시아적 현실의 '비합리성'이 명백하게 불일치하는 만큼 '러시아 유럽인'들이 가장 존중하는 대상, 애국적 보수적 비판의 주요 대상은 바로 유럽적 이성과 개인주의였다. '러시아의 영혼'(русская душа)이라는 낭만주의적 개념(독일 낭만주의의 명백한 영향으로 발생한)은 '유럽 계몽주의 정신'에 대한 안티테제로서 만들어졌으며, 그것의 확산은 프랑스 혁명 및 나폴레옹 전쟁과 관련된 것이었다. 그리고 '러시아의 영혼'이 가지고 있는 신비주의적 특성, 무한성, 예측불가능성 등의 면모는 분별가능성, 합리성, 명료성 등 유럽적 특징에 반하여 발생된 것이다. 그리고 독일에서 러시아로 '문화 - 문명'의 대립 구조가 들어왔으며, 그 범위 내에서 고무된 러시아 민족 문화가 전체적으로 서구의 영혼 없는 초민족 문명에 대립되었다.

바로 그렇게 '러시아 민족 문화'와 '러시아적 특성'에 대한 표상이 형성되었으며, '과거의' 슬라브주의자들의 시대부터 그런 특징을 가잘 잘 보유하고 있는 것이 유럽의 합리주의적 문명의 해악에 물들지 않은 '뿌리', '토양'쪽 가까이에 위치한 민중들이라고 여겨졌다. 농촌 부계사회 러시아인의 이상화된 형상은 '러시아성'(русскость) 전체의 표준적이고 원형적인 형상이 되었다. 차후에, 특히 19~20세기에 실제로 러시아 농민 공동체가 겪은 급진적 변혁도 그런 원형성을 없애지 못했다. 베르댜예프(Николай А. Бердяев)에 따르면, 인민주의는 "다양한 형태로 러시아인의 지성과 감성을 사로잡았다. 러시아에는 보수적 인민주의, 혁명적 인민주의, 종교적 인민주의, 유물론적 인민주의가 있었다. 그러나 인민주의는 어둠에 빛을 주어야 하는 소명을 가진 러시아 문화 층위가 세련되지 못한 차르 체제의 끝없는 암흑 앞에 항상 항복하는 것이었으며, 항상 러

современном мире. С. 85-86(ред.-сост. А.И. Миллер).

시아의 후진성에 대한 표현이었다."[43]

19세기 러시아 민족주의는 바로 문화·철학적인 발전 단계에서 국가 정책을 '민족의 이익'에 부합하지 않으며 문화적 전통 및 민족적인 러시아적 '토양'에서 거리가 멀다고 비판했다. 러시아 민족주의 발전은 동유럽, 특히 독일 민족주의 발전과 동시에 이루어졌다. 그러나 "문화적 민족주의가 정치적 색채를 띨 때, 민족주의 이데올로그들이 이미 토착적인 문화적 가치가 아닌 국가적 또는 민족적 이익을 호소할 때 시간적 격차가 발생하기 시작했다."[44]

겔너(Ernest Gellner)에 따르면, 유럽 동부에서는 강조점이 문화에서 정치로 이동한 결과로 민족국가 건설을 목표로 하는 반제국주의적 민족운동과 실지회복주의[45]가 발생했다.

러시아에서는 러시아 (정치적) 민족주의가 제국의 붕괴를 주장하는 프로그램이 아니었고, 반대로 제국을 구원하고 보호하는 것을 합법화하는 반동적 이데올로기였다. 그러나 러시아적 제국 패러다임이 러시아가 적극적으로 유럽에 진출하는 것을 전제로 했기 때문에, 러시아에서 정치적 민족주의는 러시아가 동유럽, 남동유럽에 진출하거나 그 영토에 대한 통제권을 확보하는 것을 합법적인 '민족적 이익'에 포함시켰다. 따라서 러시아가 특수한, 초가치적인 역사적 사명을 가지고 독자적인 국제 활동을 전개하는 것을 합리화하기 위한 노력이 바탕이 되는 '민족적 이익의 제국적 변종'이 발생

---

43) *Бердяев Н.* Философия неравенства // Русское зарубежье. Власть и право. Л., 1991. С. 23.

44) *Межуев Б.В.* Понятие «национальный интерес» в российской общественно-политической мысли // Политическая наука в России. Хрестоматия. М., 2000. С. 443.

45) 실지회복주의는 민족주의의 특별한 형태로서, 민족주의적 입장에서 '자신의 것'이라고 생각되는 영토와 민족이 하나의 국가 속에서 통합되는데 중점을 둔다. (*Миллер А* Прошлое и историческая память как факторы формирования дуализма идентичностей в современной Украине. С. 16).

했다.[46] 즉, 제국주의적인 것과 민족주의적인 것의 복잡한 혼합이 발생한 것이다.

전체적으로 모든 '서구적인 것'에 대비되는 '러시아성'(русскость)의 해석 범위 내에서 비잔틴적 이념(모스크바 – 제3로마)의 자리를 점차 슬라브적 이념(비록 슬라브적 이념에서 비잔틴적 요소들이 계속해서 지배적인 역할을 수행했지만)이 차지했다. 1840년대부터는 독일의 정치, 경제, 문화 확대 공간으로서의 '중유럽'(Das Mittel-Europa)이라는 '반동적' 개념에 대응하여 러시아를 중심으로 한 슬라브 단일화(Иван С. Аксаков, Николай Я. Данилевский[47] 등) 및 보스포루스(Bosphorus) 진출 이념과 같은 다양한 범슬라브주의 변형 개념들이 확산되기 시작했다. 또한, '슬라브주의'와 유럽을 첨예하게 대립시킨 것을 '서구'의 우위에서 깊은 상처를 받은 러시아 인텔리 계층 일부의 병적인 반응으로 볼 수 있다. 이처럼 서구에 대한 태도는 러시아 지식사회가 '서구주의자'와 '슬라브주의자'로 분열되는 시발점이었다. 그리고 러시아의 이 두 가지 이념적 조류의 충돌로 인해 민족 자의식 형성은 힘겹고 모순적인 과정을 거치게 되었고, '러시아 역사의 내적 의미' 문

---

46) *Межуев Б.В.* Понятие «национальный интерес» в российской общественно-политической мысли... С. 444.

47) 다닐렙스키의 '문화·역사적 유형' 개념에 따르면, 유형들 간 차이는 그것을 형성하는 민족들의 특징에 달려 있다. 그는 '민족(народ)적 특징'을 세 가지로 분류한다. 1) 민족의 심리 구조에서 표현되는 민족지학적 특징, 2) 도덕적 특징, 3) 민족 육성의 역사적 과정과 조건에 의해 형성되는 특징. 이런 특징들은 민족의 모든 행위에서 표현되며, 민족이 형성하는 문화뿐 아니라 역사 속에서 어떤 역할을 수행하는가의 조건이 된다. 태양계에 행성들과 더불어 때때로 나타나는 혜성들이 있는 것처럼, 이 세상에도 역사를 창조하는 민족들, 문명을 창조하는 민족들과 더불어 파괴하는 민족들, '인류에게 부정적인 행위를 하는 민족들'(훈족, 몽골족, 튀르크족)이 있다. 그들은 마치 '천벌'처럼 이 땅을 휩쓸고 낡은 문명을 파멸시키며, 그런 후에는 다시 '이전처럼 미미한 존재'로 돌아간다. 그 외에 자생력의 급속한 쇠퇴나 기타 이유로 인해 역사에서 긍정적인 역할도 부정적인 역할도 하지 못할 운명을 가진 민족들(핀족, 켈트족)이 있다. 그들은 '민족지학적 자료'를 구성하여 문명을 풍부하게 만든다(달리 말하자면 밑거름이 된다). (*Данилевский Н.Я.* Россия и Европа. М., 1991. С. 89-90, 112-113).

제에 대한 접근 자체도 다양한 유형으로 나타나게 되었다.

러시아의 미래에 대한 시각의 대립과 서구에 대한 태도는 '영웅들의 시대'인 1830~40년대 서구주의자와 슬라브주의자의 특징이라기보다는 그들의 후계자들이 보인 특징이었다는 점을 밝혀둔다.[48] 이와 관련하여 게센(Сергей И. Гессен)은 이렇게 썼다. "그들 중 일부는 러시아의 토양에서 서구 문화를 지속하는 과제를 그것을 수동적으로 모방하는 개념으로 교체했고, 다른 일부는 러시아 역사를 전 인류의 행복을 위해 새로운 성과를 달성하는 것으로써 정당화하는 과제를 단순히 러시아의 과거를 보존하고 러시아가 기계적으로 인류를 지배하는 것으로 교체했다."[49] 바로 여기서 러시아 민족주의의 우선 과제가 명확히 드러난다. 그것은 러시아 중심적 제국의 보존, 러시아에 낯선 서구의 자유민주주의와 시장경제 모델에 대한 적극적 대응, 개인주의 배격, 러시아의 특별한 길, 특별한 역사적 사명에 대한 믿음 등이다. "이데올로기적 또는 문화중심적이라고 할 수 있는 '민족의 이익'에 대한 그런 이해는 그들(러시아 민족주의자들)을 윤리적 입장에서 '민족의 이익'을 위한 정치의 합법성에 대한 논란을 불러일으켰던 순수 이상주의자들과 구별시켜주며, 또한 유럽에서의 '힘의 균형' 유지의 필요성을 주장하고 '민족의 이익'이라는 대외정치적 파라미터를 자원 획득과 국민의 물질적 복지 증대로 제한한 극단적인 현실주의자들, 특히 유럽의 현실주의자들

48) 슬라브주의의 계승자를 자처한 러시아의 수호자들과는 달리, 그들은 유럽 문명에 개방적이었으며, 그들에게 서구는 '신성한 돌의 나라'였다(А.С. Хомяков). 물론, 슬라브주의의 중점은 '자신의' 문화를 강조하고 헐벗은 합리주의와 실용주의라는 날개 없는 영혼이 지배하는 서구를 비판하는데 있었다. 슬라브주의자들은 서구가 과거의 가치를 상실하고 정신적 위기의 시대에 돌입했다고 보았으며, 그런 상황에서 러시아만이 진정한 기독교 신앙의 유일한 보호자로 남아 있다고 생각했다. 그러나 서구의 정신적 빈곤에 대한 비판은 자신의 역사에 대한 충분히 비판적인 태도를 배제하지 않았다. 이 점도 슬라브주의자들이 수호자들과 다른 점이었다.

49) *Гессен С.И.* Основы педагогики. Введение в прикладную философию. М., 1995. С. 354.

과도 구별시켜준다."[50)]

러시아 정치·철학사상에서 때때로 국가가 도덕적 가치의 최고 단계로 격상되었던 것이 특징적이다. 국가는 권력자들뿐만 아니라 정치적 현실을 고려하는 피지배자들도 추종하는 가치였다. 국가의 정치적 미래를 결정하는 그 어떤 행위를 국가로부터 기대했을 뿐만 아니라 바로 국가가 그런 행위를 해야 한다는 것에 대한 확고한 합의가 있었다. 이와 관련하여 모셸코프(Евгений Н. Мощелков)는 러시아에서의 개혁은 '국가 중심 발전 구도'에 전형적인 사회문화적 환경 속에서 실현되었다고 언급했다. 그러나 국가의 행위 방향, 동기, 최종 목표는 정반대로 해석될 수도 있었다.[51)]

아리스토텔레스적 전통에서 국가의 속성은 인간의 '사회적' 속성에서 도출되었다. 많은 러시아 사상가들이 국가를 인간 공동체의 존재 형태 가운데 최고의 형태로 보았다. 그리고 인간이 정치적으로 연합하는 이유가 인간의 본원적 죄악이나 나약함(유럽의 국가 이론에서 보는 것처럼)에 있는 것이 아니라 소통을 향한 자연스러운 의지에 있다고 보았다.[52)] 러시아 민족주의적 사고의 특징을 파악한 수니(Ronald Grigor Suny)는 다음과 같이 언급했다. "러시아 민족주의적 사고는 보통 국가에 집중되거나 또는 정체성과 집단생활 개념

50) *Межуев Б.В.* Понятие «национальный интерес» в российской общественно-политической мысли... С. 444.

51) См.: *Мощелков Е.Н.* Переходные процессы в России. Опыт ретроспективно-компаративного анализа социальной и политической динамики. М., 1996. С. 21-22.

52) См.: *Карамзин Н.М.* О древней и новой России в ее политичемком и гражданском состоянии // Пыпин А.Н. Исторические очерки общественного движения России при Александре I. СПб., 1908; *Тихомиров Л.А.* Монархическая государственность. СПб, 1992; *Ильин И.А.* Основы борьбы за национальную Россию. Париж, 1938; *Алексеев Н.Н.* Введение в изучение права. Париж, 1931; *Устрялов Н.В.* Понятие о государстве. Харбин, 1931 и др.

의 종교적 이해에 집중되었다. 그런 식으로 생각하는 가장 보수적인 인물들의 견해에 따르면, 그런 집단생활은 모든 슬라브인을 포함하는 것이다. 재사용한 양피지에 있는 것처럼 항상 있는 민족이라는 주제는 다른 보다 첨예한 사회 정치적 주제들에 의해 덮여 있었다. 평범한 사람들의 문제와 그들과 지식인 사회와의 상호관계 문제에 대한 우려는 계급과 무관하게 모든 '민족' 공동체를 통합하는 의미에서의 민족에 관한 표상이 개념적으로 복잡하다는 점을 드러냈다."[53)]

이와 관련하여, 러시아의 "공식적 국가 개념은 그 어떤 민족적 원리에 기반을 두지 않았다는 점을 밝혀둔다. 국민은 민족별로가 아니라 무엇보다 종교별로 분류되었다. 러시아인(русские)에는 항상 우크라이나인, 벨로루시인 그리고 때로는 모든 정교신자가 포함되었다. 대부분의 비기독교도 국민은 소위 '이민족'(инородцы)에 포함되었으며, 단지 부분적으로만 러시아 법률을 따랐고 권리와 의무에서 제한이 있었다.[54)] 이 시기에 "러시아인이라는 말은 기본적으로 소속 종족이나 국가를 규정하는 것이 아니었는데, 그것은 제국의 신민이 되면 민족적 특성은 제거되기 때문이다."[55)] 이와 관련하여, 1897년에 실시된 제1차 러시아 제국 총인구조사 설문지에 소속 민족에 대한 질문이 없었다는 사실은 주목할 만하다(소속 민족에 대한 질문은 소비에트 시기 인구조사에서부터 포함되었다). 러시아 제국의 정치 엘리트도 다국적 집단이었다. 이에 대해 카펠러(Andreas Kappeler)는

---

53) *Suny R.G.* The Empire Strikes out: Imperial Russia "National" Identity, and Theories of Empire // A State of Nations: Empire and Nation-Making in the Age of Lenin and Stalin / R.G. Suny, T.D. Martin. Oxford, 2001. P. 50.

54) *Алпатов В.М.* 150 языков и политика: 1917-1997. Социолингвистические проблемы СССР и постсоветского пространства. М. 1997. С. 27.

55) *Лурье С.* К вопросу об изучении имперских доминант // На перепутьях истории и культуры. Труды СПб. филиала института социологии РАН. СПб., 1995. С. 148, 147.

이렇게 썼다. "18세기부터 러시아 귀족 집단을 통합시켰던 것은 러시아어나 러시아 문화, 러시아 정교가 아니었고, 귀족이 된 배경, 황제의 판단 그리고 서구적인 정신에서 양육되고 교육되면서 형성된 생활 방식이었다."[56)]

러시아 제국의 '공식 민족주의' 개념 형성과 공식적 이데올로기의 도그마, 즉 '민족성'(народность) 원리의 현대화에 커다란 역할을 한 것은 19세기 러시아 민족주의 역사에서 핵심적인 인물이었던 카트코프(Михаил Н. Катков)였다(그는 1863년 폴란드 민중 봉기를 계기로 자유주의적 입장에서 민족주의적 입장으로 전환했다). 우바로프(Сергей С. Уваров) 백작은 '정교회'와 '전제군주제'라는 개념이 내용면에서 충분하게 규정되지 않은 '민족성'(народность)이라는 개념을 지배한다고 생각했으며, 카트코프는 민족이라는 개념을 보다 구체화시키고 세 가지 요소 가운데에서 그것의 역할을 강화시켰다. '민족성'은 전제군주제가 역사적으로 러시아인의 관습 및 전통에 일치된 것으로 설명될 뿐만 아니라 사회가 최고 권력을 직접적이고 공개적으로 지지하는 것, 권력과 인민의 이익에 대한 제한을 인정하는 것으로도 설명되었다. 진정한 민족주의는 '권력과 인민, 정부와 사회, 자유와 질서'가 견고한 유기체로 통합되며, '가장 강력하게 발전된 군사력'보다 더 강력하다. 결과적으로 '러시아에서는 모든 러시아인(русский народ)이 국가적 무리(государственная партия)를 구성한다.' 카트코프는 러시아가 다민족 국가라는 문제를 점진적인 동화와 러시아화(руссификация)라는 방법으로 해결할 것을 제안했다. 그는 국가를 건설함으로써 다양한 지정학적 공간을 통합할 힘과 국가적 이익에 헌신하고자하는 변치 않는 열망을 보여준 러시아는 "러시아의 경계

56) *Каппелер А.* Россия многонациональная империя. Возникновение. История. Распад. М. 1997. С. 120.

내에 에스토니아인도 리보니아인도 스웨덴인도 독일인도 없도록 하고, 또 독일인이 독일어를 잊지 않고 종교도 바꾸지 않고서도 자신을 먼저 러시아인이라고 부를 수 있고 그런 명칭을 귀하게 여길 수 있게 할 권리를 가지고 있다."고 확신했다.[57] 이처럼 카트코프의 해석에서 '러시아 이념'(русская идея)은 '러시아가 하나의 국가적 민족성'을 가질 수 있음을 인정하는 것을 기반으로 한다. 그러나 그의 민족성 개념은 종족적 개념이 아니라 정치적인 내용을 가지는 것이며, 다양한 문화, 종족 집단이 전제군주제의 권위적 국가의 기치 아래 연합한 것이다. 즉, 그것은 신민들의 공동체이지 자유로운 시민들로 구성된 민족이 아니다.[58] 따라서 카트코프에게 있어서 '러시아인을 위한 러시아'(Россия для русских)라는 구호는 종족적인 내용을 가지는 것이 아니며, 민족이 아니라 모두에게 공통된 국가/왕조에 대한 충실함과 정치적 충성 원칙의 의미를 가지는 것이다.[59]

1990년대에 저명한 러시아 사상가 비블레르(Владимир С. Библер)는 다음과 같이 썼다. "민족성(우바로프 백작의 용어로)은 이 사회에 살고 있는 모든 사람들, 모든 층위와 계급, 모든 소집단을 머리가 여러 개 달린 단일한 하나로 볼 수 있게 해준다. 그런데 머리가 하나 달린 주체는 국민(народ)이다. 분리될 수 없는 유일한 전체로서의 국민만이 국가성, 즉 단일한 국민적 행동을 하는 힘을 갖는다. ... 국민은 국가적 단일성의 토대이다. ... 종교성과 민족성의 경계는 바로 사회생활의 토대로서, 보다 고차원적인 동의어로서의 전제성(державность)

57) *Катков М.Н.* По поводу статьи «Роковой вопрос» // Русский вестник. 1863. Т. 45. Май. С. 399.

58) 러시아 국민은 오늘날에도 자신을 그렇게 느낀다. 필자가 우연히 들은 두 명의 러시아인의 대화가 그것을 말해준다. "페탸, 너는 국가에 봉사하니? 난 국가를 위해 일해."

59) 한편, 카트코프의 민족주의 독트린에 대한 다른 해석도 있다. См.: статьи В.А. Тишкова и А.И. Миллера в книге: Наследие империй и будущее России. М., 2008.

과 국가성의 경계이다. 이 삼각형의 모든 각들의 결합 속에서 사회라는 개념은 민족성과 종교성이라는 이념에 의해 떠받쳐지는 국가라는 개념으로 귀결된다."[60]

바로 그런 해석에서 19세기 후반 러시아 관리들은 그런 공식 민족주의의 정치적 모델을 가동시키려 했다. 즉, 제국을 보호하기 위해 '위로부터 내려오는' 엘리트 이데올로기 모델(Эмиль А. Паин)을 러시아 사회 내 정치적, 사회적 분쟁을 예방하기 위한 현실적인 행동에 적용시키려 했다. 그러나 그와 더불어 "러시아의 공식 민족주의의 보호적 특성에 중점을 둔 러시아 통치 엘리트들은 전통적인 제국에 대한 충성심이 아직 잠재적인 가능성을 소진하지 않아 충분히 깊게 사회의식 속에 뿌리를 내릴 수 있다고 확신하여 그것과 일정한 거리를 계속 유지했다."[61] 이와 관련하여 밀러는 이렇게 썼다. "로마노프 제국은 민족주의 담론을 활용했을 뿐만 아니라 19세기 내내 '민족화'에 끈질기게 저항했다. 다양한 형태의 러시아 민족주의는 전제군주제의 동맹자이자 적으로 나타날 수 있었다."[62] 많은 면에서 바로 그렇기 때문에 제국 시대에 '단일성은 가능한 곳에서, 다양성은 필요한 곳에서'(А.М. Салмин)라는 원리에 따라 구성된 러시아 제국 내의 동화 경향은 상대적으로 약하게 나타났다. 한편, '타민족'에 대한 죄의식이 '진보적' 러시아 인텔리 대부분의 특징적인 면이었다. 따라서 솔로비요프(Владимир С. Соловьев)는 19세기 말 제국 내 제 민족의 문화적 단일화와 동화 정책을 비판했는데, 그

---

60) *Библер В.С.* Национальная русская идея? - Русская речь! // 1993. № 2. Октябрь. С. 156-157.

61) *Полякова Н.В.* К вопросу о русском национализме // Формирование гражданского общества как национальная идея России XXI века. СПб., 2001. С. 131.

62) *Миллер А.И.* Империя Романовых и национализм. Эссе по методологии исторического исследования. М., 2006. С. 9-10.

는 러시아 내 제 민족은 '세계라는 유기체의 독립적인 구성 부분으로' 남아 있어야 한다고 생각했고, '종족(племя)적, 종교적 적대감'이 '기독교 정신'에 반하며 '도덕적 타락'으로 이끌기 때문에 러시아의 미래에 위험한 것이라고 일갈했다.[63]

따라서 서구 학계에서 '러시아화'라는 말을 강압적인 문화 동화 정책을 통해 소수민족들을 동화시키는 국가 정책이라고 기술하는 것은 명백한 과장이다.[64] 모든 민족국가들은 대부분의 경우 그런 정책을 러시아 제국보다 더 집요하고 강력하게 시행했다. 프랑스의 경우 1951년에야 학교에서 파투아어, 즉 프랑스어가 아닌 지역 언어를 교육하도록 허가했다. 그 이전에는 엄격하게 금지했다. 러시아 제국에서는 그런 일이 전혀 없었다. 다만 러시아 제국에서는 1863년 폴란드 봉기 이후 발트 민족들(народы)의 라틴문자 사용을 금지하고 키릴문자로 전환시킨 일이 있었는데, 그것은 언어를 금지한 것이 아니라 문자를 금지했던 것이다. 게다가 그 조치도 많은 불만을 있어 취소되었다. 오늘날 대부분의 학자들은 "러시아 제국의 다양한 종족 집단에 대한 정책은 탄압의 수준면에서 당시 대부분의 제국들과 별 차이가 없었다."[65]고 평가한다.

오늘날 어떤 요인들이 '러시아 민족주의의 동화 노력'을 어렵게 만들었던가에 대해 과거보다 더욱 명확하게 이해할 수 있게 되었다. 1870년대에야 모병제에서 징병제로 바뀐 군대 등 제도적 미비, 초등교육을 포함한 교육 제도 미비, 황실이 권력의 전통적인 법제화 메커니즘(신으로부터 부여받은 것)에서 헌법과 대의기구 도입이 필

---

63) *Соловьев В.С.* Чтения о богочеловечестве. Философская публицистика. М. 1989. С. 237, 281-282.

64) См.: *Андерсон Б.* «Воображаемые сообщества». Размышления об истоках и распространении национализма. М., 2001 и др.

65) *Миллер А.И.* История империй и политика памяти // Наследие империй будущее России / под ред. А.И. Миллера. М., 2008. С. 37.

요한 현대적, 민족주의적 메커니즘으로 전환하기를 원하지 않았던 것 등이 그 요인이었다.

그리고 러시아 민족주의가 약했던 가장 중요한 요인들 가운데 하나로 인텔리 계층과 권력 간의 분쟁을 들 수 있는데, 그렇게 서로 멀어지게 된 잘못은 양측 모두에게 있었다. 결과적으로, 이미 앞에서 언급했듯이, "대중적인 수준에서의 민족 정체성은 실상 러시아 제국의 전체 역사에서 지배적인 것이 아니었다."[66] 제국의 신민을 '대러시아인'과 '이민족'으로 나누었지만 국가로부터 정교회를 분리시키지 않았던 러시아 제국은 영토 전역에 러시아어로 이루어지는 초등 의무교육 제도도 만들지 않았으며, 거의 다 문맹이었던 신민들은 계속해서 자신들을 '프스코프인', '칼루가인' 등 '특정 지역민'으로 분류했다. 그리고 그들은 계속해서 '고립적인' 상태로 살았다. 그런 상황에서 러시아 (정치적) 민족국가 형성은 이루어질 수 없었다. 다만 밀러의 지적처럼, 러시아가 일관성은 없지만 점진적으로 '민족화한 국가'로 변화되었다는 점은 인정할 수 있다.

한편, 러시아 민족주의와 제국 정부의 '러시아화' 정책 시행을 위한 일관성 없는 시도에 대한 반응으로 러시아 제국 변경에서 종족별 민족주의가 발생했다. 다종족 제국에서의 러시아 민족주의는 객관적으로 반 제국적인 성격을 가졌다. "민족주의는 제국을 '민족화'하려고 노력하면서 다른 민족들의 민족주의 발생을 촉진시켰고 제국에 대한 전통적인 충성심을 약화시켰다. 러시아 제국에서 독일인, 핀란드인, 아르메니아인 등은 로마노프 왕조(혈연적으로 독일계인)에는 충성할 수 있었지만 러시아인의 제국이라고 선언하는 국가에 충성할 수는 없었다. 그리고 (러시아) 민족주의는 러시아인의 제국에 대한 충성심도 일정 부분 약화시켰다. 민족주의가 전통적인

66) Там же. С. 37-38.

조건에 따라 객관적으로 형성된 충성심을 민족주의적 특성을 가진 제국에 대한 충성심으로 변질시키기 때문이었다."[67] 제국 정부도 그 점을 인식하여 "전통적인 합법성의 침식으로 새로운 이데올로기적 기반을 모색해야 했지만, 러시아 민족주의를 제한하려 노력했으며, 제국주의적 구호들을 차용하기도 했다. 그러나 어려운 시기(1906~1916)에는 제국주의를 활용하기도 했다. ... 20세기 초 러시아 민족주의는 군주제와 자유주의자 및 혁명가들에 대한 적대심이 여전히 유지되는 상황 속에서 제국을 붕괴시키는 이념적 세력들 가운데 하나가 되었다."[68]

한편, '변방의 민족주의' 역시 1914~1917년 제국을 붕괴시켰던 원인들이 혼합된 현상 가운데 하나가 되었다. '제1차 세계대전'의 시작과 더불어 종족 문제의 본질과 역할에 대한 이해가 급격하게 변했다. "세계대전 개전과 더불어 열강들은 자국 후방에서 적의 잠재적인 동맹자들을 혹독하게 억압했고 경쟁국의 민족주의적 분리주의자들의 지지를 아무런 제한 없이 활용했다. 열강들이 민족주의 운동과 투쟁하면서 제국들 간의 연대를 유지하는데 보다 많은 주의를 기울였던 이전 시기에는 그들에게 많은 제한을 두었었다. ... '바르지 않은' 정체성 또는 정체성 자체가 이제는 체포, 강제 추방, 재산 몰수의 충분한 근거가 될 수 있었으며, '올바른' 정체성은 기대하지 않았던 특권의 근원이 되었다."[69] 이 모든 것은 많은 면에서 자원의 규모, 그리고 제1차 세계대전 이후 유럽 대륙 최후의 3개 제국들의 폐허에서 생겨난 국가들의 민족주의의 '형식'을 결정했다.

---

67) *Фурман Д.* [Рец.]: Т. Соловей, В. Соловей. Несостоявшаяся революция: исторический смысл русского национализма. М.: «Феория», 2009. 440 с. // Pro et Contra. 2009. № 3-4. С. 161.

68) Там же.

69) *Миллер А.* Прошлое и историческая память как факторы формирования дуализма идентичностей в современной Украине... С. 91.

그리고 앞에서 말한 것처럼, 대중적 수준에서의 민족 정체성은 러시아 제국의 실질적인 모든 역사에서 지배적인 것이 되었다. 러시아의 민족(народ) 정체성(러시아 제국이 사라질 때까지의)은 주로 종족적 기반이 아니라 종교적 기반(우리' - 정교도, 기독교도, '그들' - 비기독교도, 이교도 또는 우상숭배자, 가톨릭교도), 계급적 기반('우리' - 농민, '우리' - 소지주) 또는 영토/지역적 기반('우리' - 프스코프인, '우리' - 트베르인)에서 형성되었다. 농민들은 특별한 경우에만 자신을 전제적 차르로 대표되는 국가와 동일시했다.

두 가지 기본적인 사회 세력인 민중(народ)과 통치 계급이 마치 서로 다른 시간대와 서로 다른 문화적 공간에 살고 있고, 각각의 삶은 서로 다른 역사적, 이념적 뿌리를 가지고 있다는 표상(И.В. Киреевский) 등 러시아의 사회문화적 분열에 관한 표상은 어떤 의미에서는 이미 19세기 러시아 철학과 시평의 '공통적인 요소'였다. 보수주의자(슬라브주의자)들도 자유주의자들(С. Соловьев, Н. Бердяев, Д. Мережковский 등)도, 그리고 극단적인 혁명가들(П. Ткачев, В. Ленин)도 그런 점에 대해서 썼다.

표트르 대제의 개혁과 그 이후 러시아의 발전에 유기적인 특징이 없다는 점도 오래 전부터 서구 학자들(Jean-Jacques Rousseau, Oswald Spengler, Martin E. Malia, Ronald Grigor Suny, Geoffrey Alan Hosking 등)이 지적한 바이다. 그러나 20세기 말에야 그런 은유가 러시아의 역사적 발전의 깊은 특수성을 보여준다는 가정이 제시되었다.[70]

아히에제르(Александр С. Ахиезер)의 견해에 따르면, 분열의 양극 간 관계 변화가 러시아의 역사적 과정의 내용을 규정했고 또 규정하고 있다. 바로 양 극단에서 "결정적인 사건들이 발생한다. 러시아의 양극 간 타협은 항상 역동적이었고, 주기적으로 가능성들의 양

70) См.: *Ахиезер А.С.* Россия: Критика исторического опыта. В 3 т. М., 1991.

극단으로, 즉 붕괴, 분쟁, 상호파괴 또는 사회를 융합적인 상태로 돌려놓으려는 힘의 활성화 등을 향해 움직였다. 러시아 역사는 그런 타협을 억제하려는 권위적인 관료주의 세력의 시도와 ... 국가를 파괴시키는 활발해진 지역 세력의 시도 사이에서 끊임없이 움직였다. ... 러시아의 경험은 그런 '사이 영역'(сфера между)이 지속적인 타협에는 커다란 문제가 된다는 점을 보여준다."[71]

결과적으로 러시아 민족(русская нация)을 결정화시키는 핵이 될 수도 있는 러시아 사회의 정치적, 경제적, 문화적 제도들이 파괴되거나 제국의 요구에 따라 힘을 소진했으며, 권력을 합법화하는 전통적 형식이 파괴되어 사회 현대화라는 새로운 상황에서 국민의 충성심을 유지할 능력이 없는 국가는 약해져 갔다. 이와 관련하여 아히에제르는 이렇게 언급했다. "분열의 가장 중요한 국면은 국민과 권력과의 소통 단절, 서로 대립적인 문화로 변해가는 문화의 두 가지 의미적 층위 형성이다."[72] 이때 민중과 '지식층'은 외모, 생활 방식, 언어로 구별될 뿐 아니라(그런 '상류층' 언어는 처음에는 독일어였고 18세기 중반이후에는 프랑스어였다), 정보 전달의 수단에 의해서도 구별된다. 민중은 주로 비합리적, 신화적 수단에, 지식층은 주로 합리적, 비판적 수단에 의존했기에, 러시아 사회의 '상류층'과 '하류층'은 종종 서로서로를 이해하지 못했다.[73] 따라서 하나의 문화 전통

---

71) *Ахиезер А.С.* Специфика исторического опыта России: трудности обобщения // Pro et Contra. 2000. T. 5, № 4. C. 219-220.

72) Там же. С. 218.

73) 러시아 역사학자 보카레프는 이렇게 말했다. "많은 농민 봉기가 그들 사이에 돌아다니는 소문에 의해 야기되었고, 정권이 농민들로 하여금 이미 형성된 신념에 반해 행동하도록 강요한 것, 좋거나 싫은 것보다는 농민 정서에 이해가 되지 않는 명령을 수행하도록 강요한 것 때문에 야기되었다. ... 흉년이나 지주들의 전횡은 익숙한 현상이어서 폭동을 초래하지 않았다. 그러나 지주가 죽으면 농민들에게 농노해방증을 주는 법이 있다는 소문이라도 돌게 되면, 합법적인 상속자가 상속받는 것에 대해 격렬하게 저항했다." (*Бокарев Ю.П.* Бунт и смирение. Крестьянский менталитет и его роль в крестьянском движении // Менталитет и аграрное

적 현상들을 다른 언어로 번역해야 하는 문제가 발생한다.

19세기 러시아 인텔리 계급은 러시아 사회의 작은 부분으로서 민중과 권력 간 중개자 역할을 하고자 했고, 제국적 문화와 민중의 종족 문화의 융합을 통해 '고급문화', '가상적인 공동체'를 만들고자 했다.[74] 그러나 "민족문화에 상대적으로 깊은 뿌리를 내리지 못했던 점, 지식 계급이 다분히 인위적이고 강압적으로 형성되었다는 특징을 가졌고 주로 유럽식 계몽과 생활방식을 지향했다는 점 등이 '표트르 대제 문명'이 진실하지 못하고 피상적이라는 느낌을 주었으며, 많은 점에서 다음과 같은 순수 러시아적 현상들이 발생하는 배경이 되었다. 즉, '회개하는 귀족', '민중 속으로 들어감', 전사회적으로 민중을 귀하게 여기고 평민을 이상화함, 분리주의와 반서구주의 그리고 주기적으로 표출되어 대규모 문화가 된 표트르 대제 이전 시대의 전일성에 대한 향수의 폭증, 농민 혁명과 사회주의의 초석으로서의 농민 공동체에 대한 믿음, 민중의 창조력에 대한 절망, 러시아 혐오주의 또는 서구에 대한 굴종적인 태도와 러시아와 관련된 모든 것에 대한 증오 등등. '민중으로부터 고립'된 데 대한 죄책감을 느꼈던 인텔리 계급은 이것들과 더불어 다른 많은 것들에 따라 러시아의 현실을 이해했고 농민을 '러시아성'(русскость)의 구현으로 여겼다."[75] 결국 인텔리 계급은 그저 두 개의 맷돌 사이에 끼어 짓눌린 상태가 되었다. 그런 과정의 정점은 1917년 혁명과 시민전쟁이었다.

развитие России (XIX-XX вв.). Материалы международной конференции. Москва. 14-15 июня 1994 г. М., 1996. С. 170 и др.).

74) 20세기 초까지도 귀족과 성직자는 국민의 2%에 불과했으며, 식자층, 즉 추상적인 사고를 할 줄 안다고 자부하는 사람들은 19세기 말에 겨우 인구의 3~4%에 불과했다. (*Миронов Б.Н.* Социальная история России периода империи (XVIII-начало XX в.)... Т. 1. С. 264-265).

75) *Ачкасов В.А.* «взрывающаяся архаичность»: традиционализм в политической жизни России. СПб., 1997. С. 81.

러시아 지식 엘리트층이 민족주의의 다양한 변형을 만들어 낸 결과로 인해서 민족주의의 그 어떤 변형체도 폭넓은 지지를 받지 못했고, 잠정적인 '러시아 민족'도 그것이 어떤 것인지 이해할 수 없게 되었다. 러시아의 저명한 문화사학자 비칠리(Петр М. Бицилли)는 이와 관련하여 망명 중에 다음과 같이 썼다. "러시아 혁명의 비극은 러시아 민중이 1917년까지 민족으로 변모하지 못했다는 데 뿌리를 두고 있다. 그리고 그것은 '민족'의 정치적 법적 구성체인 국가도 '구성'될 수 없었다는 점을 의미한다. ... '민족'이 보다 성숙되고 보다 완전하게 준비되어 있을 때, 그것은 보다 견고하게 구성체와 연관될 수 있다. 그리고 '민족'의 삶이 보다 더 의식적일 때, 즉 민족을 구성하는 사람들이 더 많이 민족 형성 과정에 참여할 때, 그들의 '정치'에 대한 참여도 더 적극적인 것이 된다. ... 러시아는 ... 유럽에서 가장 '준비가 덜 된', '가장 완성되지 못한 '준비되지 않은 민족적 구성체'였다."[76] '역사적인 러시아' 내에서 역사적으로 동일화된 단일체는 민족국가 건설을 통해서가 아니라, 차르에 대한 복종과 러시아정교를 통해 확보되었다. 수니가 지적하듯이, "엘리트와 국민 대부분 사이에 위계, 차이, 거리가 유지되는 상황에서는 민족이라는 형태로 시민적 관계를 구성하는데 이상적으로 적합한 수평적인 민족적 친연 관계를 만들어낼 수 없었다."[77] 민족국가 형성은 국가에 대해 특정한 의무뿐만 아니라 권리도 가지는 시민들로 구성되는 권력의 근원인 국민(народ)의 존재를 전제로 한다. 성공적인 민족건설의 결과로 "특정한 구조의 정치 질서와 그것의 지배를 받는 집단 전체의 굳건한 결합이 발생하며, 그것은 민족국가라

76) *Бицилли П.М.* Нация и государство // Современные записки(Париж). 1929. № 38. С. 384.

77) *Суни Р.* Империя как она есть: имперский период в истории России, «национальная» идентичность и теории империи // Национализм в мировой истории / под ред. В.А. Тишкова, В.А. Шнирельмана. М., 2007. С. 59.

는 개념을 통해 표현된다. 민족국가라는 개념이 굳어지면, 해당 영토 내 국민들의 정치적, 문화적 정체성이 일치하게 되고, 영토의 중심에 대한 상징적, 감정적 의무가 선언되며 인간 존재와 사회생활의 근원적이고 시원적인 차원이 그것에 결합된다."[78]

소비에트 시기와 관련된 브루베이커(Rogers Brubaker) 등 많은 학자들의 견해에 따르면, 소련은 이론적인 면에서도 실질적인 면에서도 민족국가로 여겨지지 않았으며, 역설적이게도 러시아 제국의 유산을 유지하면서도 시민적 민족국가 건설 독트린을 추구한 적이 없다. 혁명 전까지 국민 공통의 정체성이 차르의 신민이라는 점과 정교회에 의해 확보되었다면, 소련 시대에는 소비에트적 애국심에 의해 확보되었다. 학자들은 "러시아 제국 – 소련 유형을 '제국 - 제국주의'라는 공식으로 규정한다. 이것은 제국의 중심이 영토 주변부에 대한 공급자 역할을 했고, 따라서 주변부 주민들의 생활수준이 종종 중심부의 주민들의 생활수준보다 더 높았다는 것을 의미한다."[79] 미국 역사학자 마틴(Terry Martin)의 표현에 따르면, 소련은 '긍정적인 활동의 제국', 즉 학술적 연구, 민족 지리지도 제작, 인구조사 및 통계 시스템 구축에서부터 국가 구조와 '민족(народы) 간 우호'라는 공식 이데올로기에 이르기까지 종족성을 대규모로 지원하는 독특한 실험을 한 국가이다.[80]

실상 소련에서는 '다민족성', '민족 간 우호'가 국가 상징 이미지 가운데 하나가 되었지만, 소비에트 시대 현실 정치에서 '사회주의 문화의 민족적 형태'는 바로 다문화주의 정책이었으며 다만 다른

78) *Эйзенштадт Ш., Шлюхтер В.* Пути к различным вариантам ранней современности: сравнительный обзор // Прогнозис. 2007. № 2. С. 218.
79) *Гаман-Голутвина О.* После империи: особенности формирования постсоветского политического класса... С. 13.
80) *Martin T.* The Affirmative Action Empire. Nations and Nationalism in the Soviet Union, 1923-1939. Itthaca; London, 2001.

식으로 불렸을 뿐이다. 소수민족들에 대한 소비에트 정치 분야에서의 모든 지출과 제약 요소, 나아가 범죄까지 이루어졌지만, 그것은 종족적 다양성을 인정하고 지지하기 위한 정책, 순수 문화적 영역(예술, 문학, 학술, 교육)뿐만 아니라 사회·경제적, 정치적 영역도 포함하는 정책이었다.[81] 한편, 민족·영토적 연방의 소비에트식 모델은 종족성의 영토화, '토착화' 프로젝트였다(А. Миллер). 이와 관련하여 브루베이커는 이렇게 언급했다. "그 어떤 다른 국가도 민족성을 국가 전체적인 수준으로 제도화하기 위한 아무런 조치도 취하지 않고 국가 하부 수준에서 그렇게 심하게 민족성을 지지하고 성문화, 제도화하고 일련의 경우에는 발명까지 경우가 없다."[82] 민족문제에 대한 볼셰비키의 이해에 따르면, 민족 소속감은 어떤 지역에 사느냐와 엄밀하게 연계되어 있는 것이었다. 따라서 각 지역에는 고유의 '토착' 또는 '명목' 민족(종족으로 이해되는)이 있으며, 그 지역은 해당 민족의 '민족적 고향'이 된다고 여겼다.[83] 그런 표상이 제도적으로 구현된 것이 바로 '민족·영토적 연방'이라는 독특한 모델이었다.

그런데 종족적 영토들, 그리고 '명목 민족'들은 지위가 동등하지 않았다. 잘 알려져 있듯이, 소련은 4개의 층위로 구성된 민족 구성체로 건설되었다. 주도적인 지위를 차지한 것은 15개 연방 공화국들이었고, 두 번째 지위는 20개 자치공화국, 세 번째 지위는 8개 자치주와 변강주, 네 번째 지위는 10개 자치구가 차지했다. 위계에서 지위가 낮을수록 명목 민족 집단의 지위가 낮았다. 1930년대 소련에는 240개의 종족·영토적 행정구와 5,300개의 상응하는 '민족' 소

81) *Тишков В.А.* О механизмах предотвращения насилия // Единство в многообразии: публикации из журнала «Этнопанорама» 1999-2011 гг. Оренбург, 2011. С. 114-115.
82) *Brubaker R.* Nationalism Reframed. Cambridge, 1996. P. 29.
83) Ibid. P. 83.

비에트가 있었는데, 1936년에 소련 헌법이 제정된 이후 모두 해체되었다.

1930년에 스탈린은 그동안 한 번도 공식적으로 검토되지 않았던 연방 소속 공화국 구성을 위한 기본적인 기준을 마련했다. 그 기준에 따르면, 연방 소속 공화국 영토는 독립적인 국가와 접경해야 하며, 인구가 백만 명이상이 되어야 하며 명목 민족이 인구의 대부분을 차지해야 한다. 그러나 정치적으로 필요에 따라 때때로 '제 민족의 아버지'(отец народов) 스스로가 그 원칙을 무시했다(예를 들어, 1940년에 형성했다가 핀란드와의 관계 개선을 위해 1956년에 폐지시킨 카렐-핀 소비에트사회주의공화국). 결과적으로 통계상 가장 거대한 종족 공동체들이 유사국가(연방 소속 공화국 또는 자치공화국)를 가지게 되었다. 문자가 없던 민족들을 위한 문자도 제정되었다. 종족의 '고급문화'가 위로부터 촉진되어 각 '민족' 공화국에서는 민족의 위대한 작가, 시인, 작곡가 등의 등장했다. 이와 관련하여 티시코프(Валерий А. Тишков)는 이렇게 썼다. "20세기 동안 소련에서는 소수민족 문화가 하나도 사라지지 않았고 거대 국가의 모든 문화 모자이크가 실질적으로 유지된 반면, 다른 나라들에서는 수백 개 소수민족이 사라졌다. 아시아, 아프리카, 라틴아메리카 대륙의 국가들뿐 아니라 문화적 다양성 지원을 위해 재정을 수십 배나 더 투입했던 유럽의 발전된 국가들에서도 그런 일이 발생했다."[84]

그리고 1970년대에 공식적으로 등장하여 종족 관계 분야에서 전적인 조화를 확립했던 '새로운 역사적, 국제적 공동체로서의 러시아인(русский народ)'이라는 공식은 초민족적인 것이었다. 이 '메타종족 공동체'(Юлиан В. Бромлей)는 이미 초민족적인 '소비에트적'

84) *Тишков В.А.* Политика мультикультурализма: Теория и практика. URL: http://www.uic.bashedu.ru(дата обращения: 11.01.2012).

정체성을 전제로 한 것이었다. 그것과 관련하여, '과거에서 전해진 형태' 그대로였던 소련의 민족 문제는 이미 최종적으로 해결된 것으로 선언되었다. 모든 종족 간 불화는 침묵에 붙여졌고 철저하게 차단되었다.

한편, 본질적으로 매우 이상한 자기결정 유형(소비에트적 자의식, 소비에트적 정체성)은 전혀 신화가 아니었다. 그 현상의 실재성은 반정부인사들의 노력에 의해 만들어진 '소프카'(совка)라는 경멸적 형상 속에 자리 잡았다. 서구 관측통들도 "소비에트 시민은 자신들이 성취한 구조와 힘에 자부심을 느끼며, 체제를 조국과 동일시하는 경향이 있다."고 언급했다.[85] 그것은 먼저 러시아인(русские)과 러시아소비에트연방사회주의공화국(РСФСР)의 시민에 해당되는 것이었으며, 다른 연방 소속 공화국들과는 달리 러시아 공화국은 비록 인구의 82%가 러시아인이었지만 러시아인의 공화국이 아니었다. 그것은 혼합적 종족연방(этнофедерация)이었으며, 거기에는 영토적 단위(주, 변강주)뿐만 아니라 민족·영토적 단위(자치공화국)도 포함되었다. 그리고 러시아 공화국은 국가, 공산당, 과학아카데미, 민족 도서관 등 다양한 국가 상징 부속물이 없었다. 또 소련에서 가장 큰 공화국이었음에도 불구하고 유엔에 대표를 파견하지 않았다. 소비에트 시대 후기에 애국적 민족주의자들은 그 모든 것을 소련 내에서 나타난 러시아에 대한 차별의 속성들로 보았다. 그러나 일련의 서구 학자들의 견해에 따르면, "그런 제도를 디자인한 것은 러시아를 차별하기 위해서가 아니라 오히려 그 반대를 위한 것이었다. 이러한 제도의 설계는 러시아인이 소련 전체를 자신들의 '민족 국가'로 간주할 수 있도록 고안된 것이었다." 그리고 소련의 정책은 러시아인 시민들(русские граждане)의 의식 속에 '그들의 주소가 러시아소

85) *Арон Р.* Демократия и тоталитаризм. М., 1993. С. 17.

비에트연방사회주의공화국이 아니라 소련'이라는 표상을 심어주기 위해 러시아적 정체성과 소비에트적 정체성을 의도적으로 혼합시킨 것이었다.[86] 따라서 러시아인 대부분은 "자신을 소련 시민으로 여겼으며, 자신들과 서구인들과의 차이를 강조해야 할 필요가 있을 때는 러시아 공화국 국민 또는 시민이 아니라 '우리는 소비에트인'이라고 하거나 '러시아인'이라고 말했다. 러시아 공화국 국민들은 소련을 전반적으로 자신들의 '큰 조국'으로 보았다.[87] 이와 관련하여 칼훈(Craig Calhoun)은 '시민적' 민족주의와 '종족적' 민족주의 간의 중요한 차이는 공동체 소속의 자발성 여부와 민족이나 기타 범주 소속의 의식적인 결정 여부에 있다고 본다.[88]

따라서 중요한 쟁점을 가지고 있지만 티시코프가 여러 번 밝혔던 견해를 수용할 수 있다. 그에 따르면, 소련은 민족 국가였고, "민족은 그 서구적인 개념에 의거할 때 부자유한 조건에 위치했거나 할 수 있는데",[89] 그것은 민족건설이라는 서구적 프로젝트에 의해 제

86) *Брудный И.М.* Политика идентичности и посткоммунистический выбор России // Полис. 2002. № 1. С. 90. - 서구 학자들은 이 문제에 대해 종종 전혀 상반되는 견해를 가지고 있다는 점을 밝혀 둔다. 예를 들어, 브란덴베르거(David Brandenberger)는 다음과 같이 썼다. "고유의 정당 조직과 과학아카데미가 없는 것은 1920년대 초의 의식적인 전략의 일부였다. 그것은 소비에트 사회 내의 러시아적 영향을 제한하기 위한 것이었다. 러시아 민족을 '동등한 민족들 가운데 제일'이라고 공식적으로 추켜세우면서도 그런 불평등이 1937년까지 유지되었다는 점은 시사하는 바가 크다."(*Бранденбергер Д.* Сталинский популизм и невольное создание русской национальной идентичности // Неприкосновенный запас. 2011. № 4. С. 31).

87) *Рукавишников В., Халман Л., Эспер П.* Политические культуры и социальные изменения. Международные сравнения. М. 1998. С. 272.

88) *Калхун К.* Национализм. М.,2006. С. 110.

89) *Тишков В.А.* Российский народ. Книга для учителя. М., 2010. С. 69. - 티시코프는 국제법과 국제 공동체(즉 UN)에 의해 소련이 민족국가로 인정받았다는 논지를 여러 번 사용했지만, 우리는 그런 논지가 명백하게 '결함이 있는' 것이라고 본다. 오늘날 국제법에 의해 '민족국가'로 인정받는 UN 회원국으로는 아프가니스탄, 수단, 나이지리아, 보스니아, 헤르체고비나 등이 있으며, 정치학자들은 그 국가들을 '완성되지 않은' 국가로 본다. 그 외에 UN 회원국들 가운데 서로를 인정하지 않는 국가들도 있다. 많은 아랍 국가들이

시되는 민족 구성원과 국가 간 관계에 대한 표상들이 일반적이 것이 아닐 수 있기 때문이다.

한편으로 '소비에트 제국'이 '테가 없는 바퀴'(Alexander Motyl)를 연상시키지 않지만,[90] 다른 한편으로는 '소비에트 민족'은 아론(Raymond Aron)이 제안한 정치적 민족 파라미터에 명시적으로 상응하지 않는다. 아론의 파라미터는 다음과 같다. "정치 공동체의 이상적인 유형으로서의 민족은 세 가지 특징을 가진다. 그것은 모든 구성원이 모두에게 적용되는 국방의 의무와 선거권이라는 두 가지 형식으로 국가 활동에 참여하는 것, 그런 정치적 의사 표현과 문화적 공통성이 일치하는 것, 민족국가의 대외 정책의 완전한 독립성 등이다."[91] 여기서 중요한 문제는 현실적으로 시민권이라는 개념이 대중 의식 속에서 자유민주주의나 법치주의 원칙, 정치적 자유, 시민권 등을 연상시키지 않는 소련의 국적이라는 개념으로 대체된다는 것이다.

한편, 파노프(Петр В. Панов) 등은 이렇게 언급한다. "민족이라는 집단은 단일한, 그러나 '내적' 위계상의 특징을 가진 집단들로(주어진 정체성을 가지는 집단들로) 나누어져 있는 정치 집단이다. 따라서 민족 구성원은 동등하고 자유로운 시민으로서 정치적 위계 내의 위치가 능력에 따라 결정된다는 일반론적인 이해와는 달리, 여기서 정치적 위계 내의 위치는 상응하는 특징을 가진 집단의 구성원 자격에 의해 이미 결정되어 있다."[92]

이스라엘을 인정하지 않고 있고, 터키는 사이프러스 공화국을 인정하지 않고 있다.

90) 모틸은 "제국을 위계적으로 조직된 정치 체계로, 마치 테두리 없는 바퀴와 같은 것으로 이해한다."고 썼다. (*Мотыль А.* Пути империй: упадок, крах и возрождение имперских государств. М., 2004. С. 13).

91) *Арон Р.* Мир и война между народами. М., 2000. С. 16-17.

92) *Панов П.В.* Институты, идентичности, практики: теоретическая модель политического порядка. М., 2011. С. 100.

이와 더불어, 우리가 보기에 러시아 제국은 민족국가가 아니었다. 그것은 첫째, 왕조의 '민족화' 과정이 완결되지 않았기 때문이며, 둘째, 황제의 신민 대부분이 러시아(российская) 민족(상류 민족)에 속하지 않거나 '농민이 러시아인이 되는 과정'의 초기 상태에 있었다. 따라서 단지 19세기 말부터 20세기 초까지 러시아제국이 '민족화하는 국가들'에 포함되었다는 것에만 동의할 수 있다.

미국의 슐랴펜토흐(Vladimir Shlapentokh) 교수는 소련 붕괴 원인을 사후에 검토하고서 그것이 민족 간 모순이나 분쟁 때문이었던 것은 전혀 아니라는 결론을 내렸다.[93] 그러나 소비에트 '민족 정책'에 심각한 모순이 자리 잡고 있었다는 점은 의심의 여지가 없다. 종족적 차이를 없앤다는 전략적 목적을 추구하여 적지 않은 성과를 거둔 소련의 민족 정책은 동시에 민족 자의식 형성 과정을 가속화했으며, '종족성'을 강요함으로써 주권을 가진 민족국가 건설로의 이행을 준비해 갔다. 민족건설의 그런 '결점'에 대해서는 이미 '유라시아주의자'인 알렉세예프(Николай Н. Алексеев)가 경고했으며, '소비에트 봉건주의'라는 논문에서 다음과 같이 썼다. "연방 경계 내에 수많은 민족 공화국을 건설한 ... 공산주의자들은 지역 민족주의의 각성을 지원했는데, 그것은 독립적인 세력으로 변모할 위험이 없지 않았다. ... 그것은 극히 위협적인 현상이었는데, 아마도 소비에트 정부의 운명뿐만 아니라 러시아의 미래 운명에 대한 가장 위험한 것 가운데 하나였을 것이다."[94] 볼셰비키가 만든 '명목 민족'이라는 제도도 다양한 종족 집단의 지위 불평등 발생과 다른 종족 집단의 희생을 통한 일부 종족 집단의 권리 확보 시스템 발생을 촉

93) *Шляпентох В.Э.* Советский Союз - нормальное тоталитарное обществно. Опыт объективного анализа // СОЦИС: Социологические исследования. 2000. № 2. С. 119.

94) *Алексеев Н.* Советский федерализм. С. 117, 118.

진시켰다. 그에 따라 생각한 것과는 전혀 상반되는 결과가 나타났다. "소련 정부는 허용 가능한 수준의 민족 관료집단/인텔리 계층을 만들어 소수 민족 집단들을 통제, 흡수하고자 했다. 그러나 그런 통제는 명목 민족 집단 대표자들의 정치적 영향력 강화와 명목 민족 제도 자체의 강화라는 이면을 가지고 있었다."[95]

이처럼 소련 자체가 관료주의적인 방법(민족·영토 연방, 종족민족성을 강요하는 여권(旅券) 제도, '명목 민족'에 특권 부여, 유대인과 민족 공화국 내 '러시아어 사용자들'에 대한 비공식적인 제한, 때때로 정당하지 못했던 대규모 이주 등)으로 다양한 민족들 사이에 이전에는 존재하지 않았던 장벽을 만들었고, 개인을 소속 종족 집단에 '묶어'두었다. 그렇게 소련은 붕괴의 길로 나갔다.

어떤 지위를 가진 집단에 소속됨을 의미했던 종족성은 집단 간 경쟁의 강력한 도구가 되었으며, 나아가 국가의 체계적인 지원을 받았다. 따라서, 자슬랍스키(Victor Zaslavsky)가 지적하는 바, "모든 연방 공화국들에서 1) 토착민족이 거주하는 고유의 행정 영토, 2) 고유의 정치 엘리트와 교육을 받은 중산층, 3) 문화 분야에서 지역 언어 사용 등 독립적으로 존재하기 위한 전제들이 마련되었다."[96] 종족정치적 동원의 첫 단계는 '민족성'(народность)을 형성하고 동원하는 단계이며, 현재의 '탈소비에트 공간'의 민족들(народы)은 '페레스트로이카' 이전에 이미 그 단계를 지났다. 그렇게 해서 영토가 확정되고 민족어와 엘리트 집단이 형성되었고, 민족(народ)의 역사가 기술되고 전통이 '선택'되었으며 (잠재적인 형태의) '적의 형상'이 등장했다.

---

95) *Цуциев А.* Атлас этнополитической истории Кавказа(1774-2004). М., 2006. С. 83.

96) *Zaslavsky V.* Nationalism and Democratic Transition in Post – Communist Societies // Daedalus. 1992. N 2. P. 102.

소비에트 민족 정책은 이중적인 결과를 낳았다. 한편으로는 연방 공화국과 자치 공화국에서 종족민족의 발전을 촉진시키면서 합법성이 약화되고 소비에트 체제가 흔들리는 제도적 전제를 만들었으며, 다른 한편으로는 러시아적 정체성을 약화시키고 소비에트 정체성으로 대체하는 방향의 민족 정책은 러시아적 정체성에 제국적 면모를 부가시켰다. 많은 연구자들의 견해에 따르면, 그에 따라 혁명으로 러시아 제국이 몰락한 이후에 민족국가가 건설되지 않았으며, 새로운 포괄적이고 일반적인 독트린의 기치 아래 또다시 제국이 건설되었다. 그러나 그와 더불어 정치적 민족 형성에 필요한 행보도 이루어졌다. 소련은 이전 러시아의 농민 공동체와 정치, 문화 엘리트를 없애는 방법으로 이전의 사회적 장벽을 강압적으로 제거했다. 그리고 연방공화국들의 발전 과정에서 사회·경제적 불평등 극복을 위한 조치도 취했다. 소련의 교육제도는 모든 사람이 어느 정도 단일한 소련 문화를 수용하게 함으로써 엘리트와 대중 간 분열을 극복하는 전제를 마련했고, 그것은 '소비에트인' 형성 프로젝트의 상대적인 성공에 도움이 되었다. 오늘날 티시코프와 샤바예프(Юрий П. Шабаев)가 지적하듯이, "원칙적인 면에서 후기 소비에트 종족 정책 모델은 미국의 그것과 유사했고 많은 점에서 올바른 것이었다. 그것은 그 모델이 단일 국가에서의 시민적 이상과 가치가 종족성보다 우위에 있어야 하기 때문이다."[97]

그러나 그와 동시에 소련의 비 러시아 '명목 민족'들의 민족적 자결의 전제도 조성되었다. 소비에트 민족들의 '민족적 각성'이 많은 면에서 '민족 인텔리 계층'을 마련했기 때문이다. 소련의 공식적 공산주의 이데올로기가 침식되어 가는 상황에서 민족 엘리트들에 의

97) *Тишков В.А., Шабаев Ю.П.* Этнополитология: политические функции этничности. Учебник для вузов. М., 2011. С. 136.

해 이루어진 '민족' 역사의 새로운 해석은 비 러시아인 공화국들에서 반 소비에트적이고 반 러시아 민족주의적 색채를 띠었다. "과거의 역사에서 이제 긍정적인 것(강성했던 고대와 독립적인 국가 존재)과 부정적인 것(러시아 식민주의자들과 소련에 의한 심각한 부작용)을 명확히 구분하게 되었다."[98] 소련 붕괴 즈음에 종족성이 유일하게 효과적으로 기능하는 제도였기 때문에 '주권 행진'의 추진력이 되었다. 포스터(Charles William Foster)가 지적하듯이, 소련 정치체제의 자유화 시기, 페레스트로이카 시기에 '종족적 연대성의 정치화'가 이루어졌다.

1980년대 초 전반적인 사회주의 시스템의 위기가 분명해 졌고, 위기 극복을 위한 그 어떤 현실적인 조치를 취하지 못한 공산당 지도부의 무기력과 무능력은 체제 붕괴가 멀지 않았다는 부가적인 증거였다. 위기는 동일한 질적 상태를 유지하면서 사회가 자체 발전할 가능성이 소진되었음을 보여주었다.

오늘날 많은 학자들은 민족 운동이 차르 제국과 소련 붕괴에 뚜렷한 영향을 주었다고 평가한다. 카펠러는 다음과 같이 썼다. "그러나 그것은 통치의 중심이 붕괴된 이후 또는 내적으로 심각하게 약화된 이후에야 발생한 2차적인 현상이었다. 민족들의 혼란이 아닌 중심에서의 사건들, 즉 2월 혁명과 10월 혁명 그리고 고르바초프의 페레스트로이카와 1991년 8월 쿠데타가 두 개의 다민족 제국 분열의 동기가 되었다."[99] 저명한 미국학자 케네디(Paul Kennedy)의

98) *Добронравин Н.* «Глобально лишние»: негосударственные народы и сырьевое государство // Пути модернизации: траектории, развилки и тупики. Сб. статей / под ред. В. Гельмана и О. Маргания. СПб., 2010. С. 240.

99) *Каппелер А.* Образование наций и национальные движения в Российской империи // Российская империя в современной зарубежной историографии. Работы последних лет. Антология / сост. П. Верт, П.С. Кабытов, А.И. Миллер. М., 2005. С. 397.

견해에 따르면, 첨예한 소비에트 문제들의 근원에는 세 가지 위기가 자리 잡고 있었으며, 그 각각이 나머지 두 가지에도 영향을 주어 체제의 종말을 앞당겼다. "소비에트 체제의 정치적 합법성 위기는 경제적 생산과 사회적 보장 위기와 맞물렸고, 이 두 가지 위기는 종족적, 문화적 상호관계의 위기로 인해 더욱 심화되었다. 그 결과 문제들이 극복할 수 없도록 뒤섞였다."[100] 독립적인 정치 단위로서의 소련, 공산주의를 공식 이데올로기로 삼은 현존하는 정치 체제로서의 소련의 합법성도 부인되었으며, 고르바초프를 중심으로 한 통치 엘리트들도 그것의 합법성을 부인했다.

오늘날 1980년대 말부터 1990년대 초까지의 수많은 정치적 사건 참여자들의 증언에 의해 알려지게 된 바, 민족 인텔리들이 주도한 소련 각 공화국들에서의 원심적인 운동은 각 공화국 내 통치 세력뿐만 아니라 소련 통치 세력의 암묵적인 지지를 받았으며, 그것이 민족 운동 성공의 중요한 요인이었다. 그리고 소련에서 '민족적 요인'에 가장 중요한 사회적 표지 기능이 부여되었고 종족성이 특정한 지위를 가진 집단에 소속됨을 의미했기 때문에, 즉 제도화되었기 때문에, 탈소비에트 사회에서 종족성은 집단 간 경쟁의 강력한 도구가 되었고 권력 투쟁에서 공화국의 민족주의를 적극 활용했던 정치 엘리트의 체계적인 지원을 받았다. 바로 종족성의 그런 제도화가 제3의 관찰자가 보기에 놀라울 정도인 탈소비에트 엘리트의 이념적 유연성과 그들이 '열정적인 국제주의자'에서 일순간 그에 못지않게 열정적인 민족/종족 이익의 수호자로 거의 순간적으로 변신한 원인을 많은 면에서 설명해 준다.

---

100) *Кеннеди П.* Вступая в двадцать первый век. М. 1997. С. 274-275.

Политика идентичности мультиэтнических государств
в контексте решения проблемы безопасности.

제8장

러시아의 민족 정체성 위기와 안보 문제

제8장 러시아의 민족 정체성 위기와 안보 문제

소련의 붕괴는 실상 국민의 의사가 고려되지 않았고 새로운 독립 국가들의 국경에 관한 협상도 없이 이루어졌다는 점에서 합법적이라고 할 수 없다. 그리고 소련 붕괴의 결과는 러시아 시민 대부분에게 '아무도 원하지 않았던 국가'의 등장으로 다가왔다(Леокадия М. Дробижева). 이와 관련하여 영국 사회철학자 그레이(John Nicholas Gray)는 이렇게 예측했다. "소련 붕괴의 가장 중요한 의미는 그로 인해 종족적 분쟁과 종교적 분쟁, 실지회복주의적 요구와 비밀스런 외교로 가득한 고전적 역사로의 회귀가 예상된다는 것이다. ... 자유주의와 마르크스주의처럼 계몽주의 시대의 타협할 수 없는 이데올로기 간의 분쟁이 아닌, 종족적, 종교적 공동체에 대한 충성심에 기반을 둔 오랜 그리고 영원한 열망이 21세기 사태 발전의 추이를 결정하게 될 것이다."[1]

1990년대 초 러시아 공간의 형상과 조직의 급격한 변화로 그 공간

1) *Грей Дж.* Поминки по Просвещению. Политика и культура на закате современности. М., 2003. С. 70.

에 대한 집단적 표상의 변화가 발생했고, 그것은 민족 정체성의 붕괴 또는 '상실'로 이어졌다. 이와 관련하여 필리포프(Василий Р. Филиппов)는 이렇게 언급했다. "소련 붕괴와 러시아인(русские)이 분리된 민족이 된 점, CIS 국가 및 발트 국가에서의 러시아인에 대한 차별, 종족 분쟁 지역에서의 이주 물결, 러시아의 국제적 입지의 급격한 약화와 모스크바의 모호한 대외 정책, '만형'이라는 자의식과 지위 상실로 민족 자존감 훼손 등, 이 모든 것이 러시아의 가장 다수 민족의 정체성을 병적으로 변형시켰다."[2)]

'잃어버린 나라' 신드롬을 겪은 러시아 사회는 방향 감각을 완전히 상실했다. 민족 자의식도 없었다. 러시아가 과거 오늘날과 같은 국경을 가진 역사가 없기 때문에, 사람들은 '우리는 누구인가?', '우리는 어디로 가고 있는가?'라는 질문에 대답할 수 없었다.

그리고 1990년대에는 '러시아의 가장 좋은 민족 이념 확립'을 향한 희비극적 경쟁이나 옐친 대통령 연설에 포함된 러시아 민족(российская нация)과 관련된 몇 가지 연습(아카데미 정회원 티시코프(Валерий А. Тишков)의 주장에 따른 것으로 보인다) 이외에는 '이 나라'의 민족 정체성 위기를 극복하기 위해 행해진 것이 아무것도 없다. "새로운 정체성을 '정렬'시키기 위한 계획적인 행동이 없었다는 점이 사회가 마치 자신에게 주어진 듯한 권력을 필요로 하고 또 그것을 찾고 있는 기본적인 상황을 가장 명확하게 드러냈다."[3)] 많은 학자들이 지적했던 그 시절 러시아의 지역 신화와 정체성 만들기는 민족 정체성이 급격한 위기를 맞은 상황에서 시민들의 지역적 자기 동일화의 '축소'와 '활성화' 과정을 반영했다. 사회학적 여론 조사를 통해 밝

2) *Филиппов В.Р.* Кризис этнического федерализма в России // Регионы и регионализм в странах Запада и России. М.. 2001. С. 188.
3) *Ефременко Д.В.* Переизобрести Европу — перевообразить Россию // МЕТОД. Московский ежегодник трудов из обществоведческих дисциплин. С. 6. науч. трудов / редкол. М.В. Ильин (глю ред.) и др. М.. 2010. С. 65.

혀진 바, 1990년대에 대부분의 응답자가 연방 정부 관리들보다는 지방 정부 관리들을 더 신뢰한다고 언급한 것은 우연한 일이 아니다.

연방 중앙의 종족 정책은 당시(오늘날에도 여전히 그렇다) 반동적이었는데, 지방의 도전에 대해 어느 정도 상응하는 반응이었다. 옐친 시기에 그런 도전은 러시아의 종족적 소수로부터 시작되었는데, 2천 년대 들어서는 이미 종족적 다수의 도전이 되었다. "종족 공동체 가운데 어떤 집단에 대한 정부의 일방적인 지지는 주목 받지 못한 집단들의 부정적인 반응과 결집을 초래"[4]하는 결과로 이어졌고 또 지금도 그렇게 되고 있다.

전반적으로 지난 20년 간 러시아에서는 사회적 공간의 전 영역에 걸쳐 종족화 및 러시아화(расиализация) 과정 그리고 연대와 국가에 대한 충성이라는 시민적 이념의 퇴출 과정이 밀도 있게 이루어졌다. "러시아연방의 다양한 민족들(народы)의 언어와 문화적 전통 발전에 주목할 필요성이 있다는 구실로 실상 소비에트 국제주의의 토대가 붕괴되었고, 러시아 사회의 지속적인 분리와 종족, 종족종교적 분할이 이루어졌다. 종족성은 효과적인 정치적 도구, 중요한 사회적 표지로 변모했다. 시민적 연대가 약화되고 외국인 혐오 분위기가 가시적으로 커지는 것은 우연이 아니다."[5]

따라서 오늘날에도 "민족 정체성이 러시아의 현대 정치적 문제의 이해에 핵심적인 요인이라는 데 동의할 수 있다."[6] 실상 전 세계에서 러시아처럼 전사회적인 의미를 가지는 가치와 기본적인 문제

---

4) Крутлый стол: ≪И снова национальный вопрос≫. Российские и казахстанские эксперты обменялись опытом в области этнополитических исследований // Единство в многообразии. М., 2007. № 3. С. 14-15.

5) *Шабаев Ю., Садохин. А.* Программа гражданской интеграции: формирование гражданского общества в политэнической России // Вестинк российской нации. 2011. № 3. С. 20.

6) *Брудный И.М.* Политика идентичности и посткоммунистический выбор России // Полис. 2002. №. 1. С. 101.

들에 대한 공감대가 형성되어 있지 않고 또 그런 문제들에 대한 엘리트층과 시민들의 의견이 그렇게 심한 차이를 보이는 국가는 없다. 러시아의 지정학적, 사회경제적, 문화적 특수성의 이해와 세계 속 러시아의 역할에 대한 이해, 대표적인 역사적 사건들에 대한 평가도 그런 문제에 해당된다. 지식층 내에서도 "러시아를 민족국가로 볼 것인지, 그리고 러시아가 그런 국가가 되도록 노력해야 할 것인지에 대한 합의가 없다. 러시아는 단순한 제국이 아니었고 제국으로 남아있을 운명이기 때문에 민족국가를 건설할 필요가 없다는 입장도 명확히 제시되었다. 러시아에서는 '민족 정체성과 국가의 공생 기미도 없었다.'는 시각도 있다(Сергей П. Переудов). 따라서 그 어떤 원칙적으로 새로운 구조를 찾아야 한다. 전통적인 제국 형식과 민족국가 형식은 낡은 것이기 때문이다. 또한 민족이 있는데 단지 우리가 그것을 이해하지 못하거나 인정하려 하지 않는다는 표상이 사회 내에 자리 잡고 있다."[7] 마지막으로, "오늘날의 러시아는 후진적이고 분열된 제국이며, 아직 완전하게 형성되지 않은 민족이다."[8]는 입장도 표명되었다.

한편, 탈공산주의 러시아가 여전히 민주주의적 또는 시민적 정체성을 지향하지 않고 있다는 점은 분명하다. 그러므로 국가적인 '민족' 정책은 기본적으로 시민들의 국가에 대한 또는 권력(제도 또는 제도를 대표한 인물들)에 대한 충성심을 확보해주는 정체성을 형성하고 지지하는 것에서 구현된다. 스코플린(James Schoepflin)은 그런 정체성을 국가중심주의적 유형이라고 부른다. 그런 정체성은 기껏해야 시민의 정체성이 아닌 신민의 정체성이다. 따라서 우리는 국

7) *Миллер А.* Тема нации в российской политике последних лет // Два президентских срока В.В. Путина: динамика перемен. С. 6. науч. трудов / отв. ред. и сост. Н.Ю. Лапина. М.. 2008. С. 324.
8) *Ефременко Д.В.* Переизобрети Европу — переобразить Россию... С. 77.

가중심주의적(신민적) 민족 정체성과 시민적 민족 정체성을 구별해야 한다고 생각한다. 신민적 민족 정체성이 전통적으로 지배적 민족 집단의 종족 정체성을 연상시킨다는 것은 별개의 문제다. 따라서 다음과 같이 쓴 샤바예프(Юрий П. Шабаев)의 견해에는 거의 동의할 수 없다. "러시아 민족(российская нация)이 존재하느냐 존재하지 않느냐에 대한 논란은 ... 의미가 없다. 시민권 범주가 민족에 대한 소속 기준이 되기 때문이다."[9] 그러나 러시아에 시민 범주, 즉 국가에 대해 의무뿐만 아니라 권리도 가지는 사람들이 존재하느냐는 논제는 입증이 필요하다.

따라서 러시아에 정치적 민족이 있다고 인정한다 해도, 그것은 국가와 계약 관계인 자유로운 시민으로 구성된 민족이 아니라, 국가와는 아무런 계약이 없는 '신민들로 구성된 민족'이다. 그리고 그 신민들은 주기적으로 그리고 전면적으로 국가와 '통치자들'(귀족, 노멘클라투라, 관료)의 합법성을 부정하고 신뢰를 거두며, 국가에 대한 전적인 종속감에서 벗어나 그것으로부터의 완전한 해방을 느낀다. 알렉세예프(Николай Н. Алексеев)의 견해에 따르면, 1917년 러시아에서는 1) 탈주농노의 이념, 즉 '법적인 기반 결여', '대중의 전횡', '개인의 무권리'로 분별되는 직접적, 원시적 민주주의 이념, 2) 독재 이념, 즉 귀족주의 및 귀족들의 권력에 대한 불만 그리고 대중 노예화 및 착취와 투쟁하는 사회적 군주제 이념, 3) 이 땅에 공산주의를 기반으로 지상 낙원, 공정한 사회 질서를 구축한다는 이념이 지배적이었다.[10] 1980년대 말부터 1990년대 초까지 러시아는 또다시 그와 유사하지만 정반대의 기호를 가진 상황을 겪었다. 국가의 신

9) *Шабаев Ю.П.* Этнический национализм и гражданская нация в современной России // Этнополитическая ситуация в России и сопредельных государствах в 2010 году. Ежегодный доклад / под ред. В. Тищкова и В. Степанова. М., 2011. С. 69.

10) *Алексеев Н.Н.* Русский народ и государство. М.. 1998. С. 118.

민들은 완전한 사회적 정의 대신 무제한적인 개인의 자유를 원했던 것이다.

현재의 러시아 국경을 수용 가능한 것으로 여겨야 하느냐의 문제에는 의견이 일치되지 않고 있다. '민족' 개념의 내용 자체에 대해서도, '러시아 민족'(российская нация)이 있느냐 없느냐에 대해서도 마찬가지다. 아카데미 정회원인 티시코프는 러시아에는 로모노소프(Михаил В. Ломоносов), 카람진(Николай М. Карамзин), 알렉산드르 1세 시대부터 정치적 러시아 민족(российская политическая нация)인 '다민족적 민족'(многонародная нация) 또는 '민족들의 민족'(нация наций)이 존재했다는 (그리고 지금도 존재한다는) 표상을 확산시키기 위해 많은 노력을 기울이고 있다.[11] 실제로 그런 입장을 러시아 정치 지도자들이 연설을 통해 자주 거론하고 있다.[12] 반면에 일련의 자유주의적 경향의 학자들은 "정치적 러시아 민족은 존재하지 않거나 또는 적어도 견고하게 결합된 상태는 아니다."[13]라고 주장한다. 한편, 위 학자들에게 있어서 민족이 정치적인 범주라면, 러시아 대부분의 정치가, 지식인, 시민들에게 '민족은 종족 이외에 아무 것도 아니다.' 즉, 배타적인 종족문화적 공동체로서, 인간은 부모로부터 태어나면서

---

11) См.: *Тишков В.А.* 1) Российский народю Книга для учителя. М., 2010. С. 96-97; 2) Россия — это нация наций // Тишков В.А. Единство в многообразии. Оренбург, 2011. С. 174-178 и др.

12) 푸틴은 이미 2007년에 이렇게 말했다. "운명에 따라, 절대자의 의지에 따라, 이 거대한, 그러나 단일한 영토 위에 형성된 수많은 역사적 상황에 따라 한 하늘 아래 매우 다양한 민족에 속하며 다양한 문화와 종교를 가진 사람들이 살게 되었으며, 동시에 각자의 독자성과는 무관하게 우리는 자신을 하나의 국민(народ), 하나의 민족으로 느낀다. (*Путин В.В.* Выступление в День россии на церемонии вручения Государственных премий Российской Федерации 12 июня 2007 г. // Вестник российской нации. 2008. № 1. С 11; *Медведев Д. А.* Выступление на приеме в честь архиереев — участников Поместного собора Русской православной церкви. 2 февраля 2009 г. URL: www.kremlin.ru/transcripts/3033 (дата обращения: 18.01.2012).

13) *Каспэ С.* Политическая теология и nation-building: общие положения, российский случай. М., 2012. С. 7-8.

구성원으로서의 위치를 가지므로 자신의 '민족적 소속'을 바꿀 수 없다. 따라서 바로 '종족들'이 역사의 진정한 주체가 되며, 그들 간의 상호 작용이 모든 사회적 변화를 설명해준다.

서방 관찰자들의 언급에 따르면, "러시아에서 민족 담론의 가장 큰 특징 가운데 하나가 극단의 시간적 양면성이다. 민족의 본질이 자주 민족적 특징의 저변에 놓인 심오한 역사적 원리들과 연관되기는 하지만, 그것 역시 자주 진보적인 역사적 운동과 혁신과의 관계 속에서 생각된다."[14]

결과적으로 티시코프는 다음과 같이 언급한다. "러시아에 대한 기본적인 내적 도전은 국민들 사이에서 국가의 새로운 형상이 확립되지 못하고 있는 점, 필요한 정도만큼 러시아인들이 모두 공감하는 시민적 정체성 부재 그리고 시민적 책임감과 애국심 부재 등에 있다. 러시아에서는 국민들의 사회문화적 동질성이 매우 높은 수준임에도 불구하고, 정치가, 종족 운동가, 전문가 수준에서는 아직도 다종족적인 시민적 민족의 존재가 부정되고 있다."[15]

러시아의 지도자들이 동일 국적자로 구성된 민족과 새로운 정치문화 형성을 과제로 설정하지 않았다고 말할 수는 없다. 2011년 2월 11일 우파에서 열린 국무위원회의에서 메드베데프 (당시) 대통령은 이 과제를 다음과 같이 제시했다. "우리에게는 미래의 정체성 형성이라는 커다란 과제가 있습니다. 현실적으로 우리의 과제는 우

14) *Платт К.М.Ф.* Ностальгия и инновация: темпоральность модернизирующейся нации // Неприкосновенный запас. 2010. № 6 (74). С. 79. — 사실, 러시아의 몇몇 학자들은 "주권민주주의 이념은 오늘날까지 이어지는 정부의 가장 의미 있는 민족 형성 노력의 일환이다. 정확히 말해서, 주권민주주의 이념의 도움으로 정부는 오늘날 상상할 수 있는 러시아 민족(российская нация)의 윤곽을 설정한다." (Ефременко Д.В. Переизобрести Европу — перевообразить Россию... С. 71)

15) *Тишков В.А.* Межэтнические отношения и конфликты: перспективы нового тысячелетия // Антропология власти. Хрестоматия по политической антропологии. В 2 т. / сост. и отв. ред. В.В. Бочаров. Т.2. Политическая культура и политические процессы. СПб., 2006. С. 486.

리나라에 거주하는 모든 국민의 정체성을 유지하면서 완전한 러시아 민족(российская нация)을 창조하는데 있습니다."[16] 이어서 2012년 초에 이 문제를 다룬 푸틴의 논문 '러시아: 민족 정책'이 발표되었다. 그런데 그런 선언들은 "명시적으로 구성된 계획이라기보다는 다분히 혼란스럽고 중의적인 기원 성격을 가진 것이다."[17] 따라서 국가 지도자들의 정치적 선언도 중요하지만, 현실에서 민족 정책(또는 민족건설 정책)이 실현되는 것이 중요하다고 할 수 있다.

그렇게 정치적 언술에서 '러시아인'(россияне), '러시아 민족'(российская нация) 등의 개념이 활용되지만, 엘리트층의 언어를 포함한 일상 언어에서는 그런 것이 관찰되지 않는다. 따라서 '러시아의'(российский)라는 말은 자주 통합적인 용어가 되는 것이 아니라, '비(非)러시아성'(нерусскость)의 표지가 된다. '통합러시아' 당의 '러시아 프로젝트'(русский проект)도 그런 현상에 (직간접적으로) 일조했다. 이와 관련하여 말리노바(Ольга Ю. Малинова)는 다음과 같이 지적했다. "프로젝트 기획자들은 정치적으로 보다 올바른 '러시아의'(российский)라는 말 대신 '러시아의'(русский)라는 말을 사용함으로써 두 가지 목적을 추구했다. 옐친 시대의 정책과 거리를 두는 것이 한 가지 목적이었고, 민족 정체성의 '시민적' 유형을 추진하려고 노력하는 '자유주의자들'의 '민족적 니힐리즘'과 거리를 두고 역사적으로 '러시아의'(русский)라는 명칭이 고정된 제국의 과거와 문화적 전통을 부활시키는 것이 두 번째 목적이었다. 이 과정에서 '러시아성'(русскость)을 언어와 문화 용어로 정의해야지 기원과 관련된 용어로

16) Заседание президиума Госсовета о мерах по укреплению межнационального согласия (стенограмма). Сайт Президента РФ. URL: http://state.kremlin.ru/state_council/10312/11/02/2011 (дата обращения: 18.01.2012).

17) *Платт К.М.Ф.* Ностальгия и инновация: темпоральность модернизирующейся нации... С. 83.

정의해서는 안 된다는 점이 지속적으로 강조되었다."[18]

그러나 첫째로, 만일 '러시아성'(русскость)이 프로젝트 기획자들에 의해서 '러시아성'(российскость) 대신 제안된 것이라면, 자신을 러시아 문화와 동일시하지 않거나 또는 자신을 러시아인(русский)이라고 부르지 않는 러시아 국민들을 민족에 포함시키는 문제가 첨예하게 대두된다. 티시코프에 따르면, "러시아성(русскость)의 명성과 러시아인의 지위는 러시아성(российскость)을 부정하는 방법이 아니라 이중적 정체성(русскя и российская)을 확립하는 방법으로, 러시아인이 주로 거주하는 지역의 생활수준 향상과 러시아 국가 내에서의 그들의 사회적, 정치적 대표성 강화를 통해서, 제고할 수 있으며 또 제고해야 한다."[19] 둘째로, 러시아의 정치적 담론에서는 러시아 정체성(русская идентичность) 규정의 다양한 방법이 공존한다. 앞에서 이미 언급했듯이, '민족적 소속', 즉 종족성은 러시아인 대부분이 전과 마찬가지로 그 어떤 태생적이고 불변적인 것으로 생각하며 '종족들'은 '역사의 기본적인 등장인물'로 본다. 그런 시각은 1990년대 초 현실에서 '민족의 자기결정'을 종족 집단(명목 종족)의 정치적인 자기결정으로 이해하는 결과로 이어졌고, 오늘날에는 보다 많은 집단이 노동 이민자들과 타민족(종족적 의미의) 소속의 러시아인을 받아들이려 하지 않고 그들과 대립적 분쟁을 일으키는 결과를 초래했다. 만일 민족이 종족, 즉 그 어떤 자연적이고 영구적인 본질이라고 한다면, 모든 거주민, 모든 국민이 거기에 포함될 수 있고 동등한 시민권을 부여받을 수 있는 것이 아니다. 물론, 이민자들, 특히 소위 '가시적인 이민자들'은

---

18) *Малинова О.Ю.* Символическая политика и конструирование макрополитической идентичности в постсоветской России // Полис. 2010. № 2ю С. 97.

19) *Аствацатурова М.А., Тишков В.А.. Хоперская Л.Л.* Конфликтопогические моделл и мониторинг конфликтов в Северо-Кавказском регионе. М., 2010. С. 101.

러시아 민족(российская нация)에서 제외된다. 최근 러시아에서 보다 잦아진 '이방인'에 대한 공격성은 사실 종족문화적인 차이에 의한 것이라기보다 인종, 외모 차이에 의한 것이다. 공격하는 자들은 사실 피해자가 구체적으로 어떤 종족 집단에 속하는지, 그가 어떤 언어를 사용하는지, 어떤 문화권에 속하는지, 국적이 무엇인지 알지 못한다.

또 다른 점도 경각심을 불러일으킨다. 종족적 대립은 점점 더 자주 종교적인 대립에 '겹쳐지면서' 복합적인 효과를 낳고 있다. '어떤 종교가 가장 낯설게 느껴집니까?'라는 질문에 대한 응답에서 다수 러시아인(26%)이 이슬람을 꼽았다.[20] 이미 1990년대 말에 사회학자 쿠드랴프체프(А.В. Кудрявцев)는 다음과 같이 썼다. "한편으로는 자기인식의 위기, 다른 한편으로는 전반적인 사회경제적 불안을 배경으로 러시아 내 '소상공인들'의 뚜렷한 확산을 토양으로 하여 번성하는 외국인혐오주의가 반이슬람 분위기의 기본적인 기생 환경이다."[21] 나아가 러시아의 저명한 이슬람학자 말라센코(Алексей В. Малашенко)는 다음과 같이 지적했다. "북캅카스로부터의 이주 물결에 따라 러시아의 도시들에 수만 명의 젊은 이슬람교도들이 들어오고 있다. 그들과 토착 주민들과의 관계는 점잖게 말해서 잘 형성되지 않는다. (카렐리아 공화국) 콘도포가에서 발생했던 사건을 상기하는 것으로 충분하다. 모스크바나 아스트라한 주, 볼고그라드 주, 스타브로폴 변강주와 크라스노다르 변강주 등 이슬람의 비중이 급속이 커지는 지역에서 토착 주민들은 점차 강해지는 이주 물결을 현재 자신들의 지위에 대한 침략, 위협으로 여기기 시작하고 있다. ... 그리고 그것은 사회적 긴장의 심화로 이어지고 있다."[22] 이주민 집단이

20) См.: *Малашенко А.В.* Каким нам видится ислам // Россия в глобальной политике. 2006. № 5. С. 48.

21) *Кудрявцев А.В.* Исламофобия в постсоветской России // Ислам в СНГ. М., 1998. С. 170.

22) *Малашенко А.* Ислам и политика в России // Pro et Contra. 2016. Т. 10, №

결속이 잘 되고 '토착 주민'과의 관계에서 우월감을 느끼며 그들을 수용하는 환경과 통합되려는 아무런 뚜렷한 노력도 보이지 않을 때, 그런 현상은 특히 위험하다. 사회학자들의 연구 자료에 따르면, 캅카스 출신 이민자의 3/4 이상이 자신들의 문화를 유지하면서 다른 종족 공동체(주로 러시아인)와의 접촉 결과로 수용하게 된 새로운 문화적 가치와 행위 모델을 엄격하게 준수하려는 강한 입장을 보이고 있다.[23]

대중적 불만과 내적 긴장을 겪고 있는 사회는 사회적 공포증이 생겨나 사회적 문제들을 야기한 죄인을 찾으려 하는 경향이 있으며, 그런 죄인은 주로 내외의 '낯선 자'들이 된다. 종족적, 종교적 소수 집단이 그런 역할에 가장 적합하다. 그런 부정적인 기반에서의 정치적 동원은 정권이 예상치 못한 대중적인 것이 될 수도 있다. 종족 간 긴장이 급상승한 예로 2010년 12월 모스크바에서의 축구팬들의 난동을 들 수 있다. 잘 알려진 대로, 이는 노골적인 외국인 혐오 구호 아래서 대규모 난동으로 확대되었고 일련의 국내 대도시들을 휩쓸었다. 이와 관련하여 서구 관찰자들을 이렇게 언급했다. "마네시 광장에 수백 수천의 시위대가 모였다. 그들 중 많은 사람들이 자신을 소외와 상대적 박탈의 희생자로 여긴다. 모스크바에서 명백하게 볼 수 있는 경제적 번영이 그들에게는 해당되지 않는 것이기 때문이다. 그들은 사회적 부에 대한 자신들의 몫에 대한 권리를 주장하면서 분노한 모습으로 사회적 공간에 등장했다. 그러나 당국은 그들을 전적으로 무시했다."[24]

5-6 (34). С. 170.

23) См.: *Дятлов В.* Кавказцы в Иркутске: конфликтогенная диаспора // Нетерпимость в России: старые и новые фобии / под ред. Г.Витковской, А. Малашенко. М.. 1999. С. 113-135.

24) *Грин С.* Природа неподвнжности российского общества // Pro et Contra. 2011. Январь-апрель, № 1-2 (51). С. 15.

한편, 러시아 학자들은 그들의 등장이 다음과 같은 특징을 보인다고 언급했다. "첫째, 그런 운동의 다양한 지도자들과 조직자들이 활용할 수 있는 대규모 사회 조직(팬클럽, 사이버 축구팬 연합체들)이 존재한다. ... 둘째, 그런 행동은 반정부적 경향을 나타낸다. 감정 폭발은 바로 법의 테두리 내에서 정의를 구현할 가능성에 대한 불신과 사법기관과 법원이 매수되었다는 표상, 즉 국내에 법적 정의가 없다는 표상에 의해 초래된다. ... 대중적 시위(2010년 12월 모스크바의)의 대상은 직접적인 의무를 이행하지 않는 국가 최고 권력이었다. ... 세 번째는 외국인 혐오를 바탕으로 해서만 ... 부정적인 연대를 매개로 해서만 규합이 가능했다는 점이다. ... 낯선 자, 타인에 대한 증오감, '낯선 자'들에 대응하는 '우리'의 단합이 모두를 결집시켰다."[25]

러시아 대도시 청년들의 마네시 광장 사태에 대한 태도를 대상으로 한 사회학적 연구(설문 응답 대상은 모스크바, 상트페테르부르크, 니즈니노브고로드, 로스토프-나-도누, 노보시비르스크, 첼랴빈스크의 다양한 종족 출신의 15~30세 청년)가 보여주는 바, 응답자 대부분이 모스크바 시위 참가자들에 어느 정도 공감을 나타냈다.[26] 학자들은 연구 결과에 따라 다음과 같은 결론을 내렸다. "마네시 광장의 무질서와 도시 청년 대부분의 지지는 모스크바에 국한한 국지적인 외국인 혐오의 폭발이 아니며, 많은 러시아 도시들에서의 장기간에 걸친 사회의식 상태를 반영한다. 만일 그런 사태가 러시아의 어떤 대도시에서 반복된다면, 그 도시뿐만 아니라 러시아의 다른 거대 도시 대부분에

25) *Гудков Л.* Инерция пассивной адаптации // Там же. С. 37.
26) *Романов М.В., Степанов В.В.* Беспорядки на Манежной площади в восприятии молодежи // Этнополитическая ситуация в России в сопредельных государствах в 2010 году. Ежегодный доклад / под ред. В. Тищкова и В. Степанова. М., 2011. С. 30.

서도 공감하게 될 것이다."[27]

그런 종류의 '민족주의', 즉 한편으로는 현대 러시아 사회의 불공정한 구조에 대한 대중적 표상[28]에 의해서, 다른 한편으로는 '위대한 러시아의 재건', '무릎을 세워 일어섬', '우리'와 '우리가 아닌 자들'의 엄격한 구분 등의 이념을 바탕으로 하는 공식 프로파간다에 의해서 탄생된 '민족주의'는 오늘날 국가 통제를 벗어나서 현재의 러시아의 바람이나 목표로부터 독립적으로 발전해가고 있다. 그런 저항 활동은 '나시'(Наши) 또는 '청년 근위대'처럼 권력에 의해 조직된 단체와는 달리 독자적인 행동에 근거하며, 따라서 민족주의자들을 활용하거나 그들의 조직을 이용하려는 권력의 모든 시도는 실패를 겪게 마련이다.[29] 그리고 그런 저항 행동은 기본적으로 다른 활동가나 조직들(무엇보다 국가 조직들)의 행동에 대한 반응으로 나타나는 종속적인 것이므로 아직은 지속적이거나 자족적일 수 없다.

그런 결과로 더 큰 사회 분할과 분열이 발생했고, 그런 상황 속에서 실상 그 어떤 전통도, 그 어떤 민족 정체성 해석도, 그 어떤 국가 상징도, '승리의 날'[30]을 제외한 현대 러시아의 그 어떤 공식 '경축일'도 대부분 범주의 러시아인에 의해 '자신의 것'으로 인정되지 않고 있다. 이 모든 것에서 사실 러시아의 국가안보와 미래에 대한 심

27) Там же. С. 30-31.
28) 응답자 대부분은 현대 러시아 사회가 불공정하다고 밝혔다.(Там же. С. 29).
29) См.: *Пачтин В.И.* Политическая и цивилизационная самоидентификация современного российского общества в условиях глобализации. URL: http://www.pcli/studies.ru/fulltext/2008/5/6.htm (дата обращения: 20.01.2012).
30) 투마르킨(Nina Tumarkin)이 대조국전쟁에 대한 기억을 '소비에트 시민의 종교'라고 부른 것은 우연이 아니다. 현재 이 '시민 종교'는 러시아적인 것이 되었다. 오늘날 카스페(Святослав И. Каспэ)가 말하듯이 "전쟁은 '소비에트적'인 문제의 중심인데, 중요한 것은 '소비에트적'인 것이 '러시아적'인 문제의 중심이라는 점이다. 모든 것은 바로 이 점으로 귀결된다." (*Каспэ С.* Политическая теология и nation-building: общие положения, российский случай. С. 132).

각한 위협이 자라나고 있다. 부잔(Barry Gordon Buzan)의 잘 알려진 정의에 따르면, "국가 안보는 국가와 사회가 기능적 완결성과 무관하게 자신의 정체성을 유지하는 능력이며, ... 그 능력은 생존 조건과의 관계에서 커다란 문제들을 포함하고 있다."[31] 그런데 국가의 역량은 무엇보다 국민이 국가를 자신과 동일시하는 수준으로 결정된다.

많은 학자들의 견해에 따르면, 러시아 정치 계급이 사회적 결집 강화, 국가 기구에 대한 지지 확대, 국가 기구 권력의 합리화 등에 필요한 '합법적인 정체성'(Э. Кастельс) 선택을 완수할 능력이 없거나 그럴 의사가 없다는 점이 민족 공동체 결집으로 가는 길에 가장 중심적인 문제가 된다. 민족건설이 가치적 차원을 가진다는 점도 의심의 여지가 없다. 러시아의 정치 엘리트와 지식 엘리트들은 정체성의 도전에 대해 적당한 해답을 줄 능력도 없고, 러시아인들에게 이념, 사고, 지향점, 바람직한 소속감을 제시하거나 러시아인들을 다수가 인정하는 긍정적인 가치 기반위에서 결집시킬 능력도 없고, 내외부의 적을 찾지 않고 새로운 동맹을 찾거나 옛 동맹을 회복하고 그에 상응하게 세계 정치 무대에서 그리고 국제관계와 국제 노동 분업에서 현대적인 주체로서 스스로 결정해 나갈 능력도 없는 것으로 보인다.

러시아의 엘리트들은 이런 저런 결정을 내리는 데서 오는 실용적 이익을 무엇보다 강조함으로써 실상 자신들의 정책에 대한 가치 이데올로기적 정당화를 거부했다고 말할 수 있다. 불가리아 정치학자 크라스테프(Ivan Krastev)는 다음과 같이 언급했다. "다른 모든

31) *Buzan B.* People, States and Fear: An Agenda for International Security in the Post-Cold War Era. Second ed. L., 1991. P. 18-19.— 1950년대 초 울퍼스는 안보를 '획득된 가치에 대한 위협이 없는 것'으로 규정했다. (*Wolfers. A.* "National Security" as an Ambiguous Symbol // Political Science Quarterly. 1952. Vol. LXII, N4. December. P. 485).

정치체제와 마찬가지로, 푸틴 체제는 어떤 집단적 정체성을 형성하기 위해 민족주의적 분위기 또는 소련에 대한 향수를 활용하면서 가능한 모든 것을 하고 있다. 그러나 "우리는 워싱턴의 지시에 따라 살고 싶지 않다"는 주장은 이데올로기가 아니다. 러시아 엘리트들이 얼마 전에 '주권민주주의'라는 구호에서 '현대화'라는 구호로 그렇게 쉽게 넘어간 것은 현 체제의 탈이데올로기적 속성을 강조해준다." 그리고 그는 바로 이데올로기의 결여가 러시아의 현재 정치체제가 견고한 이유 가운데 하나라고 주장했다.[32] 나아가 크라스테프는 그 어떤 실제적인 이데올로기가 없다는 점이 러시아 집권 엘리트층이 자신들을 조합(корпорация)처럼 보는 이유를 설명해 준다고 했다. "권력 주위에 남아있기 위해서 그들은 사회적 이익이라는 개념 자체를 없애려고 한다. 그런 맥락에서 시장을 찬양하는 것은 새로운 권위적 자본주의를 훼손하지 않을 뿐만 아니라 그것을 강화시킬 수도 있다. 만일 사회적 이익이라는 것이 수백만 명의 개인적 이익을 그저 합산한 결과일 뿐이라면, 사회적 이익을 위한 모든 희생은 공연한 것이 된다."[33]

결과적으로 정치제도(특히 대의제)에는 국민의 신뢰가 없고, 사회에는 공통의 가치적 동기가 없다. 소비가 '국민적 이상'이 되었고, 돈이 가장 중요한 목적이 되었다. 이와 관련하여 러시아 역사학자 보이초프(Михаил А. Бойцов)는 다음과 같이 주장한다. "현대 사회의 자기정체성의 기반 자체가 변했다. '우리는 어디서 왔는가?'라는 질문은 점차 뒷전 깊숙이 물러나고 있다. 현재의 사회 속에서 '우리'는 이미 스스로를 과거를 공유하는 공동체로 규정하지 않는다. 좋든 싫든 '우리'는 스스로를 소비 경험의 공동체로 규정한다. 달리

32) *Крастев И.* Парадоксы нового авторитаризма // Pro et Contra/ 2011. № 3-4. С. 98.

33) Там же. С. 102-103.

말하자면, 새로운 '우리'는 동일한 상품과 서비스를 획득할 가능성을 가진 사람들이다."[34]

러시아 과학아카데미 비교정치연구소 연구진이 1996~2002년에 수행한 사회학 설문조사 연구 결과에 따르면, 러시아 사회질서 구축에서 기본적 역할을 하는 것은 이익, 성공, 강자의 권리 등 규범적 표상들이었으며, 법률의 의미, 인권, 타인의 의견 존중 등은 대부분의 조사 대상자 응답에서 낮은 수준에 머물렀다.[35] 그 이후 별로 변한 것이 없다. 러시아 국가이념 선정을 위한 경쟁과 무수히 많은 설문조사 가운데 하나(2009년 4월)에서는 설문 대상자의 1/3정도(31.55%)가 애국자 양성과 군대의 위상 회복을 선택했다. 즉, 실상 푸틴식 국가이념 공식인 '애국심, 강대국, 국가주의'을 지지했다. 그리고 거의 유사한 수준인 27.48%가 '각 가정마다 냉장고에 병아리 한 마리, 차고에 자동차 2대'라는 루즈벨트식 이념을 지지했고, 러시아 시민사회 건설 이념은 3위인 17.18%였다.[36]

러시아 엘리트는 "사회에 도덕적, 지적 모범을 보여주는 대신 좋지 못한 모습, 종종 대중이 일상생활에서 지켜나가는 품성이나 원칙보다 더 뒤쳐진 모습을 보여주고 있다."[37] 그 결과로 많은 사람들에게 '최빈 (특정 사회에서 전형적으로 나타나는) 인성'(modal personality)이 된 것은 '전 국민의' 재산 일부를 옳지 못한 방법으로 취득했거나 '타인(소비에트)의 유산'을 착취하여 초고소득을 얻었지만 생산과 혁신에 투자하는 것이 아니라 해외에서 요트나 성채, 축구 클럽

---

34) *Бойцов М.* История закончилась Забудьте // Культура. 2005. № 32.

35) *Патрушев С.В.* Варианты универсализации институционального порядка // Форум 2003. Социум и власть. М., 2003. С. 15.

36) 애국심 배양과 군대의 위상 회복은 러시아의 국가 이념이 되어야 한다. - 설문조사 결과 // РИА Новый регион. URL: http://www.nrnn.ru/nn/41629.html (дата обращения: 21.12.2011).

37) *Мартьянов В.С.* Инволюция элиты в обществе модерна // ПОЛИТЭКС. Политическая экспертиза. 2010. Т. 6, № 3. С. 44.

을 구매하고 여자 친구들에게 보석을 사주는 등 기생충 같은 소비를 하는 러시아식 벼락부자였다. 러시아 TV(특히 TNT, NTV, STS 등의 채널)가 그 모든 것을 잘 보여주고 있으며, 사회적인 부러움을 자극하고 사회 내에 점점 더 큰 분노와 소외를 낳고 있다.

따라서 신뢰의 위기에 뒤이어 피할 수 없는 도덕의 위기와 국가권력 기관과 정당, 사회단체들의 합법성과 정치적 지지 수준 저하가 뒤따랐다. 러시아 사회학자 림스키(Владимир Л. Римский)는 "일반 시민보다 사회조직 지도자들이 스스로 윤리적 규범이나 도덕을 무시할 수 있다고 확신한다"고 주장한다.[38] 바바예바(Светлана Бабаева)는 다음과 같이 애석해 한다. "러시아 사회는 이미 수년간 도덕적 방향, 수용된 기반이나 결합시켜주는 이념 없이 살고 있다. 그러나 우리 주변의 삶이 끝없이 오랫동안 단지 명확히 드러난 힘, 끝없는 돈 또는 무사통과 능력에만 근거할 수는 없다. 어쨌든 삶은 다른 지평에 놓인 그 무엇을 요구하게 될 것이다. 그것을 영원한 가치들이라고 부를 수 있다. 그 반대의 경우에는 사회의 되돌릴 수 없는 주변화가 시작될 것이다."[39]

한 서구 학자의 지적에 따르면, 러시아도 모든 탈소비에트 공화국들도 전과 마찬가지로 "집단 정체성을 확보해주는 형식적 제도와 비형식적 제도의 취약, 그리고 권력 및 이익을 향한 비이데올로기적인, 비구조적인, 개인화된 경쟁이라는 정치적 삶 속에서 지배적으로 드러나는 '탐욕스러운 개인주의' 확산"[40]이라는 특징을 보인다.

저명한 러시아 사회학자 레바다(Юрий А. Левада)의 견해에 따르

38) Выступление В.Л. Римского на конференции РАПН ≪Изменение России: политические повестки и стратегии≫ 26 ноября 2010 г.

39) *Бабаева С.* Свобода от морали. Что ценит современная Россия? // Россия в глобальной политике. 2007. Т. 5, № 4. С. 25.

40) *Way L.*, Weak states and pluralism: The case of Moldova // East European politics and societies (Berkley). 2003. Vol. 17, N 3. P. 475.

면, "바로 1990년대 러시아에서 눈앞의 성공을 추구하며 그 어떤 가치나 사회집단 범위에 따른 책임감을 느끼지 않는 '재빠른 인간'이 사회의 지배적인 유형이 되었다."[41] 따라서 '공산주의의 포기'가 새로운 경제, 사회적 분열로 이어졌다고 할 수 있다. 오늘날 러시아에서는 부유층과 극빈층의 소득 격차가 임계점에 달하여 열대 아프리카 국가들과 비교될 정도가 되었다. 게다가 엘리트층도 자신의 기반을 바탕으로 재생산되기 때문에, 수직 상승을 위한 사회적 엘리베이터가 '녹슬고' 있다.

그러나 앞에서 이미 언급한 대로, 탈소비에트 국가들에서 대부분의 경우 권력으로부터 사회가 소외되는 현상이 위로부터의' 종족 정치적 대중 동원을 방해한다. 그러나 2010년 겨울 모스크바 마네시 광장 사태가 보여주듯이, 탈구조적인 기반에서 '아래로부터의' 종족정치적 대중 동원도 가능하다. 민족자결 과정이 계속해서 늘어진다면 "러시아는 국제정치에서, 보다 넓은 의미에서 국제적 역사 과정 전체에서 자신의 자연스러운 법적 위치와 역할을 잃게 될 가능성이 농후하다. 또한 러시아가 국제적 발전 과정의 변두리로 밀려날 가능성이 있으며, 그렇게 되면 러시아뿐만 아니라 전 세계에 극히 부정적인 결과가 초래될 수 있다."[42] 그리고 그런 상황에서는 주권 민족 국가로서의 러시아의 존재 자체가 의심될 것이다.

러시아의 민족 정체성 위기는 엘리트들이 러시아의 민족적 이익을 명확히 정의하고 추진해나갈 능력이 없다는 점을 보여준다. 따라서 국가적 이익은 '러시아는 유럽 공동의 집의 일부'라는 실현될 수 없는 이념이나 목적 또는 '2010년까지 포르투갈 넘어서기', '주

---

41) *Левада Ю.* От мнений к пониманию. Социологические очерки. 1993-2000. М., 2000. С. 274.

42) *Кортунов С.В.* Становление национальной идентичности: какая Россия нужна миру? М., 2009. С. 5.

권민주주의', '러시아 현대화' 등 피해를 초래할 이념이나 목적으로 대체되었다. 그것은 표트르 대제 시절의 '바이킹족 초빙'처럼, 사회 발전 알고리즘의 질적인 변화 없이 기술 혁신이나 양적 성장을 차용하는 것으로 이해될 수 있다. 현대 러시아에서 중요한 대내외 정책 결정이 확실한 국가 이익을 바탕으로 이루어졌거나 이루어지고 있는 것이 아니라, 발생한 사건에 어느 정도 상응하는 반응처럼, 러시아에 초래될 가능성이 있는 결과는 생각하지 않고 전적으로 통치 엘리트의 이익을 위해 또는 정치 지도자의 실용적인 사고에 따라 이루어졌거나 이루어지고 있다. 나아가 "진행되고 있는 개혁은 현대화라는 목적을 추구하는 것이 아니라,[43] 탈공산주의 러시아에 형성되어 있는 사회 제도의 최적화와 러시아를 옥죄는 모든 불필요한 것에서 벗어나는 것을 목적으로 하고 있다. 그런데 국가의 무능력을 감추기 위해서 하는 일을 국가의 능력 강화를 위한 일로 포장하고 있다."[44]

따라서 사회가 수용한 국가 발전 전략을 러시아 정치 엘리트들이 명확하게 공식화하지 못했고, 대외 정책에서 국가 이익과 우선 과제를 규정할 수 없었던 것은 놀라운 일이 아니다. 그런 식의 모든 시도는 민족 정체성 규정이라는 해결되지 못한 문제에 봉착할 수밖에 없었다. '우리는 누구인가?', '우리는 누구와 함께 하는가?', '우리는 어디에서 와서 어디로 가는가?' 등의 가장 중요한 문제들에 대한 해답 없이는 대외 정책에서의 전략적 선택도 불가능하다. 만일 우리가 '유럽이라는 거대한 집'의 일부라면, 러시아 대외정책의 주요 방향은 유럽·대서양이 될 것이다. 그런데 만일 우리가 특별한 문

43) *Рябов А.* Закрепление инерционного развития или новые возможности // Свободная мысль. 2007. № 2. С. 26.
44) Запись выступления А.Пшеворского на семинаре в Институте демократии и сотрудничества, Нью-Йорк,5 ноября 2009 г.

명으로서의 지위를 원하고 세계 속의 독립적인 힘의 중심이 되고자 한다면, 대외정책은 '다원 외교'를 지향해야 하며 러시아의 국가 이익을 굳게 고수해야 한다. 그리고 만일 우리가 "유럽과 아시아의 가교가 되고자 한다면, 대외정책적 전략이 달라져야 한다. 그런데 러시아 통치 엘리트들은 잠재적인 '러시아의 주변화, 러시아가 우스꽝스럽고 꼴사나운 '아시오파'(Азиопа)가 아니라 충분히 구체적인 유로-차이나로 변모하는 것이 만족스러운 것일까?"[45] 이 모든 문제들에 대한 명확한 답은 아직 없다. 따라서 러시아의 미래에 대한 여러 가지 암울한 예측이 점점 더 늘어나고 있다. "현재 정치 엘리트와 사회가 사실상 자연스럽게 흘러가는 시나리오를 실행하고 있는데, 그에 따라 러시아가 세계정치, 문명지도에서 자발적으로 빠져나가는 결과가 초래될 것으로 전망된다."[46] "만일 어느 정도 전망 가능한 미래에 러시아연방 영토 내에 민족이 형성되지 않는다면, 러시아연방이라는 이름을 가진 국가의 정치적 미래는 매우 좋지 않을 것이다. 국가성이 온전하게 유지되지 않을 것이다."[47] 등등.

몇몇 학자들의 견해에 따르면, "현대 러시아의 기본적인 역설은 엘리트층이 온 힘을 다해 이미 수명을 다한 가부장적 질서로 개방적인 도시 공동체를 통제하려고 한다는 것이다. 그 모든 것은 실용주의라는 형태로 이루어지고 있으며, 혁신적인 수사에도 불구하고 러시아 엘리트층은 미래에 살기를 원하지 않는다. ... 그들은 경제 분야에서의 경쟁과 정치 분야에서의 (결과의) 불투명성과 관련된 현대의 모든 속성조차 커다란 의심과 불만만 가지고 참아내고 있

---

45) *Тренин Д.* Интеграция и идентичность: Россия как ≪новый Запад≫. М., 2006. С. 11-12.

46) *Кульпан Э.С.* Альтернативы российской модернизации, или реставрация Мэйдзи по-русски // Полис. 2009. № 5. С. 161.

47) *Аузан А.* Национальные ценности и модернизация. М., 2010. С. 50.

다."[48]

러시아의 민족 정체성 모색과 그에 따른 국가 발전전략 규정은 세계적으로 발생하고 있는 혼란스럽고 모순적인 세계화 과정과 더불어 더욱 복잡해지고 있다. 이와 관련하여, 사프란(William Safran)은 이렇게 언급했다. "세계화는 민족 정체성을 뒤흔들어 문제점을 노출시키는 한편, 그에 대한 필요성을 강화시키고 있다. 세계가 보다 개방될수록 우리는 더욱 민족 정체성이라는 모습의 닻을 더욱 필요로 하고 있다."[49] 실상, 세계화는 한편으로는 국가, 민족 간의 경계를 허물어 국가의 역할에 대한 의문을 가지게 만들며, 국내외 정치 간의 경계와 '국가 주권' 개념의 내용을 희미하게 만들고 있으며, 그것은 민족 정체성의 위기로 이어지고 있다. 다른 한편으로 세계화는 다양한 민족 공동체들의 문화를 단일화, 표준화시키면서 그들의 문화적, 문명적 정체성을 재규정할 필요성을 강화시키고 있다. 서구 선진국들을 포함하여 전 세계적으로 지역 민족주의가 강화되는 것도 지역적 정체성을 활성화시키고 재구성하는 방법으로 문화적 세계화라는 도전에 대한 대응하는 것이며, 이것은 많은 국가들이 전일성을 보존할 수 있을 것인가 의문을 가지게 한다. 오늘날의 '지역적 정체성' 강화(민족 정체성 붕괴의 결과만은 아니지만)는 마치 '아래로부터' 무너지는 것 같은 민족 정체성 붕괴에 적지 않은 기여를 하고 있다.

저명한 프랑스 사회학자 투렌(Alain Touraine)은 세계화 조건에서 이루어지는 사회적, 정치적 변화를 분석하여 오늘날 우리가 과거에 사회라고 불렀던 것이 파편화되고 무너져가고 있다는 결론을 내

48) *Мартьянов В.С.* Инволюция элиты в обществе модерна...С. 51.
49) *Сафран У.* Национальная идентичность во Франции, Германии и США: Современные споры // Политическая наука. 2011. № 1. Этничность и политика(редю и сост. О.Ю. Малинова). С. 94.

렸다. 이 과정은 한편으로는 전통적인 정체성 상실과 병행되며, 다른 한편으로는 폐쇄된 공동체와 사라진 정체성을 복원하려는 노력을 낳고 있다. 사회는 국민의 주권, 경제적 효율성 또는 적어도 군사적 지배가 아닌 신, 신화 또는 공동체의 전통에서 합법성을 찾는 종교적, 문화적, 정치적 권력자들에 의해 지배되는 영토 내의 문화, 정치, 권력을 긴밀하게 연합시키는 공동체들의 통합체로 변해가고 있다. 정체성 정책의 현실에서는 배제가 가장 중요한 것이 되고 있다.[50] 이처럼 세계화는 민족 정체성을 희석시켜 보다 문제가 많은 것으로 만들어 가고 있으며, 동시에 그에 대한 요구를 강화시키고 있다.

오늘날 러시아 사회에는 민족 정체성의 기반이 되는 가치, 공동의 목표나 제도 문제와 관련된 공감대가 형성될 기미가 보이지 않는다. 그런 상황은 비정상적일 뿐만 아니라 극히 위험하다. 호로비츠(Donald Horowitz)는 많은 경우 민족 정체성과 관련되는 종족문화적 요인들과 종족 간 모순을 바탕으로 발생되는 대규모 군사적 분쟁이 탈공산주의 국가들의 민주주의로의 이행 결과에 경제적, 제도적 요인들보다 훨씬 더 큰 영향을 주고 있다고 지적했다.[51] 이전에도 이미 언급했듯이, 국가들의 가장 심각한 문제는 경제, 정치 또는 국방 문제보다는 우선적으로 비물질적인 무형의 문화적 상징들과 관련된다. 이와 관련하여 러시아 학자 세메넨코(Ирина С. Семененко)는 이렇게 썼다. "경쟁력, 투자 매력도, 국제정치에 대한 영향력, 민주주의 발전 지표 또는 부패 지수와 마찬가지로, 평균적인 사회, 경제적 지표들은 국가 발전의 질적인 면에 대한 완전한 표상을 가지게 해주지

50) *Touraine A.* Can we live together? Equality and difference. Cambridge, 2000. P. 13.

51) *Horowitz S.* Sources of Post-communist Democratization: Economic Structure, Political Culture, War and Political Institutions // Nationalities Papers. Vol. 31. 2003. N 2. June. P. 135.

못한다. 오늘날 민족국가의 잠재력을 결정하는 요인들은 명확하게 표현된 문화적 차원을 갖는다."[52]

쿠아로니(Кристина Куарони)의 말에 따르면, "모든 공동체에서 바로 문화적 공통성과 단일한 가치가 모두가 이해할만한 결정을 내릴 수 있게 해준다. 그와는 반대로, 그런 가치가 없거나 그 어떤 개별적인 이익이 우위를 차지한다면, 각각의 결정을 내리는데 기나긴 협상이 필요하다. 그런 경우에는 오로지 소위 최소 동의의 정치 또는 한 집단이 다른 집단들보다 우위에 있는 상황 덕분에 동의가 이루어질 수 있다. 그런 결과로 국민은 압박감을 느끼게 되며, 민주주의적으로 선출된 정부의 결정이 충분히 합법적인 것으로 보이지 않게 된다."[53] 바로 그것이 오늘날 러시아의 상황이다.

현대 러시아 사회에는 전과 마찬가지로 단일한 게임의 법칙, 가치, 목적, 일반적으로 수용된 개념과 진리를 위한 토대가 마련되어 있지 않다. 매력적인 미래상도 없으며, '민족으로서의 우리는 무엇을 원하는가?'라는 질문에 대해서 국가도 인텔리도 시민사회 조직도 답을 내놓지 못하고 있다. 그 누구도 당연히 추구할 만하고 '아래로부터'의 폭넓은 반향을 불러일으킬 만한 목표를 사회 앞에 제시하지 못하고 있다. "국가 이념 또는 목표의 결여는 러시아에서는 역사적으로 지식 사회라고 불러온 사회 주도 세력이 깊은 혼란에 빠지게 만들었으며, 이에 따라 폭넓은 논의의 대상이 될 만한 구체적인 프로젝트를 포함하여 지속적인 발전 방안과 관련된 제안도 나오

52) *Семененко И.С.* Культура, общество и образ России // Неприкосновенный запас. 2007. № 1. С. 58.

53) *Куарони К.* Европейская идентичность, или Как помочь людям ощутить себя гражданами Европы // Журнал Европейского Союза. 2004. № 35. URL: http://www.delrus.ec.europa.eu/em/39/eu35_07.htm (дата обращения: 24.01.2012).

고 있지 않다."[54] 사회학자들은 그런 문제들을 해결할 좋은 조건이 존재한다고 언급한다. 러시아 과학아카데미 사회학연구소가 1998, 2004, 2007년에 수행한 연구 결과를 바탕으로 작성한 '사회학적 차원에서의 러시아 정체성(российская идентичность)'이라는 제목의 보고서에는 "충분히 높고 점증하는 러시아 사회의 내적 통합 수준, 가까운 장래에 러시아에 시민적 민족(гражданская нация)이 형성될 가능성"이 존재한다고 언급되어 있다.[55]

이처럼 전과 마찬가지로 러시아 앞에는 합법적이고 효과적인 정치 제도 구성 및 '착근', 사회의 정치적 연대와 국가 단일성 유지를 확보해 줄 수 있는 민족 정체성 형성이라는 복잡한 문제가 놓여 있다.

---

54) *Кульпан Э.С.* Альтернативы российской модернизации, или реставрация Мэйдзи по-русски. С. 160-161.

55) *Горщков М.К.* Российская идентичность в социологическом измерении // СОЦИС. Социологические исследования. 2009. № 3. С. 15.

Политика идентичности мультиэтнических государств в контексте решения проблемы безопасности.

제9장

현대 러시아의 지역 정체성과 민족건설

제9장 현대 러시아의 지역 정체성과 민족건설

앞에서 언급했듯이, 현대인은 다양한 정체성의 총체적 '앙상블'을 가진 존재이다. 소위 분리된 충성심, 즉 자기동일화의 다양한 형식을 가지는 것이 인간의 속성이다. 그에 따라 인간의 의식 내부에는 자신이 포함된다고 생각하는 여러 '민중들', 가령 특정 도시 '민중', 특정 지역 '민중', 그리고 특정 국가 '민중' 간의 위계가 형성된다. 그런데 문제는 그 각각의 민중이 구체적인 개인의 정체성 위계에서 어떤 위치를 차지하느냐이다. 그리고 이미 오래전부터 알려진 바, 개인이나 집단이 가지는 다양한 정체성들은 서로가 서로를 강화시키거나 상호 분쟁을 일으킬 수 있다. 버크(Edmund Burke)는 사회적 행태의 주요한 원칙은 사회의 작은 구성 부분에 대한 소속감이라고 언급했다. 그리고 "전체에 대한 사랑은 그 작은 부분에 대한 소속감에 의해 전혀 제거되지 않는다."[1]고 했다.

사실, 다문화·다종족적 러시아의 역사적 발전이 그것을 확인해

1) Цит. по: *Хантингтон С.* Кто мы? Вызовы американской национальной идентичности. М., 2004. С. 60.

준다. 러시아는 항상 그 넓은 공간 속에 종족적, 영토적 공동체 형성과 관련되어 왔으며, 그 공동체들은 자신의 정체성을 뚜렷하게 부각시키고 있으며, '지역적 정체성' 개념으로 규정할 수 있는 나름의 사회문화적 특징을 가지고 있다. 한편, 그런 지역 정체성은 종족적 러시아인에게는 민족적·종족적 소속감이 아닌 지역적 소속감이었으며, 그것은 러시아인 자신과 타인의 눈에 사회적으로 특수하고 문화적으로 의미 있는 것으로 보이는 속성들을 부여했다. 소로킨(Питирим А. Сорокин)의 견해에 따르면, "사람들을 연결시키는 모든 관계들 가운데 지역적 관계가 가장 강력하다. 거주 지역의 공통성은 사람들 마음속에 공통의 지향과 관심을 낳는다. 어릴 때부터 형성된 생활방식의 유사성, 가족 관계, 친구 관계는 그들에게 공통의 특징을 부여한다. ... 그 결과 해당 지역의 다양한 색채를 드러내는 집단이 형성된다. 러시아의 '야로슬라블인', '포모르인', '시베리아인' 등이 바로 그런 집단이다."[2] 현대 학자들도 다음과 같이 언급하고 있다. "러시아인(русские)은 다분히 무정형의 (종족) 정체성을 가진다. 러시아인의 다양한 지역 집단(예를 들어, 포모르 집단, 유럽 북부 집단, 캅카스 집단) 간 문화적 거리가 그들이 오랜 세월 동안 접촉해온 다른 민족들(народы)과의 문화적 거리보다 더 클 수 있다."[3] 러시아의 드넓은 공간은 단일한 러시아 정체성(русская идентичность)을 형성하는데 방해가 되므로, 그런 상황을 바탕으로 새로운 종족성들을 구성하려는 시도가 이루어지고 있다. 오늘날 별도의 '코사크', '시베리아', '포모르' 등 지역적/하위종족적 정체성들에 관한 학술적 연구가 이루어지고 있고 학위논문도 출판되고 있다. 그런 정체성들을 종족적 또는 종족민족적 정체성으로 인정하자는 정치적 운동도 이루어

2) *Сорокин П.* Система социологии. Т. 2. М., 1993. С. 210, 213.
3) Осенний кризис 1998 года: российское общество до и после. Аналитические доклады РНИСиНП. М., 1998. С. 133.

지고 있다. 1990년대에는 테레크 강, 돈 강, 쿠반 강 지역 코사크인들이 코사크를 별도의 종족으로 인정해 달라고 요구하고 코사크공화국 설립 프로젝트(돈, 쿠반, 젤렌추크-우루프 등에 별도의 공화국 설립 방안, 러시아연방 소속의 러시아 남부 코사크공화국연방 설립 방안 등)를 제시하기도 했었다.[4] 한편, 포모르 운동 주도자들은 포모르인은 민족지학적 집단이나 심지어 '러시아인의 하위종족(субэтнос) 집단'이 아닌, 비(非)슬라브계 핀-우고르계 종족이라고 선언하고 있다. 이런 상황이 몇 가지 긍정적인 측면을 내포하고 있다는 점을 밝혀 둔다. 실제로 상기한 상황은 오늘날 러시아인(русские)을 정치적으로 동원하는 전략이 실현되기 어렵게 만들고 있다.

이처럼 지금까지 세계 여러 민족들(народы)의 삶에서와 마찬가지로, 러시아인(россияне)의 삶 속에서 '작은 조국'이라는 요인이 커다란 역할을 하고 있다. 따라서 지역적 동일화는 문화·역사적, 사회·지역적 공동체 형성의 결정적 요인들, 안정화 요인들 가운데 하나로 작용하고 있다. 그리고 그런 상황에서 "지역 공간은 사회적으로 구성되는 현상일 뿐만 아니라, 지역 공간 자체가 행태, 정체성, 의식 그리고 소통 전략을 형성하고 있다."[5] 프랑스 역사학자 리크(Charles Rick)가 언급한 것처럼, "지역 정체성이라는 요인은 지역 집단의 '민족적' 집단으로서의 확립이며 지역 집단의 '목소리'이다."[6] 지역 정체성은, 논란의 여지가 있지만, 종족 정체성 또는 보다 정확하게 말해서 하위종족 정체성으로 볼 수 있다고 생각한다.

---

4) См.,: *Харченко В.А., Хоперская Л.Л.* Состояние казачьего движения в республиках Северного Кавказа // Возрождение казачества: надежды и опасения. М., 1998.

5) *Макарычев А.* Регионализм глазами конструктивизма: агенты, структуры, идентичности // Неприкосновенный запас. 2010. № 3. С. 142.

6) *Рик Ш.* Феномен идентичности // Образование и социальное развитие региона. М., 1996. № 3-4. С. 212.

드라군스키(Денис В. Драгунский)의 견해에 따르면, 산업사회 이전 공간, 산업사회 공간, 후기 산업사회 공간 등 동시에 다양한 공간에서 살고 있는 러시아[7]에서의 지역적 정체성 보존은 헤치터(Michael Hechter)의 '내부적 식민주의' 개념으로 설명될 수 있다. 헤치터는 그것을 '반동적 집단 형성을 촉진시키는 노동 분업의 위계가 다양한 문화 속에 존재하는 것'으로 이해하며, 중앙이 지방을 착취하는 형태로 본다.[8] 그의 견해에 따르면, 그런 요인은, 민족 중앙이 문화적 가치들을 통일하려고 노력함에도 불구하고, 특정 지역에서 종족적, 지역적 정체성을 보존하는데 도움을 준다. 공간적으로 불균등한 현대 산업화 물결은 다양한 변경 지역의 주변화를 강화시켰고, 결국 지방의 층위화(層位化)와 사회의 공간·지역적 서열화를 촉진시켰다. 즉, 헤치터의 견해에 따르면, 전통적 식민주의 조건이 민족 국가 내부에서 재생산될 수 있다는 것이다. 자원에 대한 중앙의 독점과 지방의 중앙에 대한 종속이 바로 그런 조건에 해당되며, 그에 따라 지방의 낙후성, 지방 주민의 교육, 문화 수준과 생활 수준 등의 저하가 발생한다. 또한 헤치터는 지역주의의 두 가지 발현을 구별해야 한다고 본다. 그는 첫 번째 유형을 '기능적 분파주의'라고 부르는데, 그것은 특정 지역의 사회·경제적 발전의 특수 조건에 따라 발생하는 지역의 정치적 적극성을 의미한다. (예를 들어, 특정 자원 또는 산업 특성화, 다른 지역과는 다른 노동력 구조 등) 두 번째 유형은 '주변적 분파주의'라고 부르는데, 문화적 차이 또는 종족종교적 독자성을 바탕으로 하는 지역의 정치화를 의미한다. 한편, 지역의 경제적 발전은 종족적 열망을 약화시키는 것이 아니라(얼마 전까지

7) *Драгунский Д.И.* Национальная идентичность: инфраструктурно-институциональный подход // Проблемы идентичности: человек и общество на пороге третьего тысячелетия. М., 2003. С. 63-69.

8) *Hechter M., Levi M.* Ethno-Regional Movements in the West // Nationalism / eds by J. Hutchinson, A.D. Smith. Oxford; N.Y., 1994, P. 185.

는 그렇다고 생각되었다), 그 반대로 보다 발전한 종족 공동체는 (벨기에의 플랑드르 지역처럼) 자신의 종족정치적 요구를 고수한다.

이미 앞에서 언급했던 것처럼, 현대 인문학의 두드러진 현상 가운데 하나가 현실을 사회적으로 구성하는 현상에 주목하는 사회생활에 대한 시각이다. 그런 접근법에 따라 노르웨이 정치학자 노이만(Iver Neumann)은 한 국가 내의 지역들 또는 초국가적 지역들이, 앤더슨(Benedict Anderson)의 잘 알려진 '상상되는 민족들'(воображаются нации)에 관한 이론처럼, '상상된다'는 점을 확실하게 보여주었다. 바로 그런 상황이 '지역 건설' 개념의 기반에 포함되어 있었다. 지역 엘리트들은 민족국가 건설 과정에서 그랬던 것처럼 자신들의 이익에 따라 그 어떤 공간적·시간적 정체성을 구성한다. 이와 관련하여 노이만은 "정체성은 '차이'로서 구성될 때만 존재할 수 있으며, ... 모든 사회적 현실은 권력의 행위에 따라 구성된다."고 지적했다.[9] 그의 견해를 기반으로 할 때, 지역 건설(한 국가 내에서의 지역 건설, 특히 초국가적 지역 건설)은 무엇보다 지역 정체성 구성과 관련된 목적의식적인 정치 과정이다. 이처럼 지역 정체성은 정치적, 사회적, 제도적 공간 구성의 '열쇠'이며, 지역의 제도적 질서 통합의 필요조건인 정당성 확보의 기반으로 작용한다.

한편, 지역 공동체의 회원이 되는 조건으로 무엇보다 자주 등장하는 것은 '객관적으로' 존재하는 차이가 아니라 범주 부여 현상에 근거한 사회적으로 주어진 차이와 정체성 정책이다. 정체성 실현의 기반인 범주에 대한 의미부여의 도움으로 지배와 복종, 집단의 층위화 체계가 강화되고 유지된다.

이와 관련하여 다음과 같은 문제들을 주요 연구과제에 포함시킬

---

9) *Нойманн И.* Использавание ≪другого≫. Образы Востока в формировании европейских идентичностей. М. 2004: С. 271.

수 있다. 즉, 어떤 세력 또는 집단이 정체성 부여를 통제하며, 무엇을 기반으로 그런 정체성이 구성되는가? 그런 이념은 어떻게 지역사회 내에서 확산되는가? 정체성들은 어떤 분쟁 또는 공존의 잠재성을 포함하고 있는가? 달리 말하자면, 정체성 정책 분석에 주목할 필요가 있다. 즉, '전 유럽적, 지역적, 민족적 정체성 형성을 위한 논의 과정 실현 방법에 주목할 필요가 있다.[10]

그리고 민족국가 건설과는 달리, 지역 '건설'은 항상 그것에 주권국가라는 정치적 지위를 부여하는 것을 최종 목적으로 하지는 않는다. 따라서 지역 건설 과정에서 중요한 것은 정치적 공간 구성이라는 원칙적으로 새로운 과제를 설정하여 낡은 것을 몰아내고 다른 지역과는 다른 고유의 새로운 상징, 형상, 속성을 만들어 대중의 의식 속에 자리 잡도록(언론매체, 정치인과 학자, 예술가들의 연설을 통해) 하는 엘리트들의 동기화된 정치적 활동이다.

지역 건설의 방법과 과제에 대한 그런 이해는 20세기 후반에 형성된 세계 공간과 국제관계의 새로운 구조를 이론적으로 재고하는 시도와 직접적으로 연관되어 있다. 전통적 관념은 지역의 존재를 주로 문화적, 언어학적, 사회·경제적 방법 및 기타 방법으로 설명하며, 경제, 정치적 세력이 형성되어 있고 지도부가 확고하게 자리 잡은 지역의 폐쇄성을 강조한다. 한편, 지역의 전통적 모델에 대한 그런 이해에서는 지역 구조 형성 및 기능에서 어떤 요인을 '외적' 요인으로 보고 어떤 요인을 '내적' 요인으로 보느냐의 문제가 항상 열린 상태로 남아 있었다. 앤더슨에 따르면, 민족은 동시에 개방적 공동체이자 폐쇄적(주권적) 공동체인데, 지역은 개방적 공동체이다. 현대 지정학적 상황은 그 문제에 더 큰 불확정성을 부가했다. 양극적 세계의 붕괴가 과거의 초국가적 지역 붕괴, 그리고 다른 요인들이

10) Там же. С. 267.

형성 과정에서 주도적인 역할을 했던 새로운 초국가적 지역들의 탄생으로 이어졌기 때문이다. 그런 상황에서 지역 건설 개념은 세계(특히 유럽의) 지역 구분 기반에 새로운 시각을 제시했다.

그것이 새로운 점은 무엇보다 지역의 경계와 구성이 문화적 유사성이나 어떤 국제적 블록에 속하느냐에 의해 결정되기보다는 이전에 예정되었던 유럽 전체의 지역화 과정에 포함된 정도에 의해 결정된다는 점과 연관된다. 그리고 그런 경우에 초국가적 지역 형성은 주도적 국가나 국가들의 연합이 선택하는 기준에 따르는 것으로 보인다. 그러므로 이 개념에 의하면 지역도 '가상의 공동체'로, 의도적인 정치적 노력의 결과, 즉 정체성 정책의 결과로 그리고 지역적 민족주의 발생 및 확산에 대한 반응으로 볼 수 있다.

전환기 사회에서 정체성은 다분히 유동적이며, 새로운 사회적 관계와 지역 수준의 동맹을 포함하여 발생되는 동맹의 성격에 종속적이다. 러시아의 지역화 과정의 기본적인 특징은, 앞에서 언급했듯이, 주로 종족적 성격을 가진다는 점인데, 그 이유를 소련이 '민족적·영토적 연방'이었고, '민족성'이 국가의 지역 분할에 있어서 핵심적인 기준이었다는 점으로 설명할 수 있다. 그 결과로 가장 먼저 지역화된 것이 가장 크고 경제적으로 강력한 러시아연방 소속 민족공화국인 타타르스탄과 바시코르토스탄이었다. 연방 중심은 사태의 전개에 주동적으로 참여하지 못한 채 자신의 입지와 세력의 상실 그리고 이의 지방으로의 전이 문제에 대해 수동적으로 대응했다. 그리고 연방 중앙의 통제를 받지 않은 혼란스러운 지역화 과정은 러시아의 정치적, 경제적 공간이 다양하게 분할되는 중요한 요인이 되었다.

전 세계적인 경향에 맞추어 '옐친 시대 러시아'에 출현한 종족적 지역주의는 민족국가 건설을 포함한 정치, 경제적 현대화 과제를 국가가 해결하지 못한 상황에 따라 심화되고 강화되었다. 이와 관련하여 1999년 미트로힌(Сергей С. Митрохин)은 "헌법 입안자들을 고무시켰던 단순한 연방주의 구호 아래 러시아가 놀랄 만큼 빠른 속도로 봉건주의 상태에 가까워지고 있다."[11]고 지적했다.

실상, 1990년대 러시아의 각 지역에서 지역 인텔리들은 민족 자의식과 지역 자의식 계몽, 지역 신화 형성, 러시아에 몰아닥친 글로벌 위기 상황 대처를 위한 나름의 생존 전략 마련에 대단한 열의를 보였다.

그런 상황에서 자신이 속한 집단이 시원성을 상실하고 전통에서 멀어진 사실에 '눈을 뜨게 해주는' 계몽적 '지도자 유형'이 등장했다. 종족 문제 해결을 위한 주요한 투쟁 방법은 사라져가고 있는 원초주의적 종족 형성 표지들에 대한 호소, 종족 공동체의 주변화이다. 침해, 훼손, '낙후성'에 관한 관념과 종족문화의 불완전성에 대한 콤플렉스[12] 그리고(또는) '민중은 희생자'라는 콤플렉스가 집단의식에 뿌리를 내리고 있다. 그리고 그 과정에서 사회적인 문제들의 체계적인 종족화가 이루어지고 있으며, 그것은 다음에서 드러나고 있다.

- 사회적 차이의 종종적인 차이로의 축소, 그리고 사회적인 상호작용의 종족(종족문화적 또는 종족종교적) 집단들 간의 상호작용으로의 축소.
- 개인의 문화적 정체성과 종족적 정체성 동일시, 종족적 귀속에 따른 문화적 소속 고정. "러시아인(русские)으로 태어난 개인은 '러시아 문화'에, '유대인'으로 태어난 개인은 '유대인 문화'에, '추바시

11) *Митрохин С.* Дефективный федерализм: симптомы, диагноз, рецепты // Российский бюллетень по правам человека. Вып. 12. М., 1999. С. 18.
12) *Качкин А.В.* Этническая мобилизация и процесс регионализации: формы и механизмы // Мир России. 2000. № 4.

인'으로 태어난 개인은 '추바시 문화'에 소속시킨다. 그 결과 권력과 자원에 대한 경쟁을 바탕으로 발생하는 분쟁은 종족 집단 상호 간의 불가양립성 발현을 초래한다."[13] 이런 바탕에서 종족 공동체에 그동안 존재하지 않았던 에트노크라시적 엘리트가 형성되어 제도화된다.

일부 지도자들에 의한 종족 운동 발생이라는 새로운 조건하에서 정부가 종족 문제에 관심을 갖게 하고 (예를 들어, 러시아연방에 포함된 민족 지역), 종족 문제를 중요한 정치적 자원으로 인정하게 하는 것을 목적으로 하는 다양한 대중적 조치가 수행되었다. 이에 따라 정부는 종족적인 것을 중요한 문제로 간주하였고, 때때로 권력 엘리트가 종족 활동가들로부터 그 정치적 자원을 '가로채기도' 했다. 지역 정부들이 종족 운동에 대한 '지원'(patronage) 체계를 마련하거나, 종족 운동 활동가들로부터 종족 문제를 가로채 별도의 지위와 특권을 쟁취하기 위한 중앙정부와의 정치투쟁에 사용(타타르스탄, 바시코르토스탄 등)할 수도 있다. 그런 의미에서 타타르스탄 사례는 매우 흥미롭다. 그곳에서는 1990년대 초 "역설적이게도 인문 분야 인텔리 집단, 농민, 노멘클라투라 연대가 주권 투쟁을 이끌었다. 인텔리 집단은 먼저 자치공화국에서 연방공화국으로의 지위 향상이라는 구호를 내걸었고, 이후에는 새로운 연방조약 조인에 독립적 참여라는 구호를, 마지막으로는 국가의 독립이라는 구호를 내걸었다. 타타르어가 보존된 시골 지역이 대중성을 확보해 주었다. 노멘클라투라는 민족주의 조직들(타타르 사회 센터, 타타르 민족독립당 '이티파크'(Иттифак) 등)이 활동하는 데 필요한 조건을 만들어 주었고, 그

13) *Малахов В.* Понаехали тут... Очерки о национализме, расизме и культурном илюрализме. М., 2007. С. 105.

조직들의 투쟁 성과를 이용했다. 그들의 연대는 명실상부한 것이었고, 타타르 민족주의 운동에서 공화국 정부를 신랄하게 비판하는 급진적 세력이 급속히 부각되었다. 이 세 세력은 부분적이지만 공통의 이익에 대한 인식을 분명히 가지고 있었다."[14]

종족정치적 동원의 가장 중요하고 어려운 과제 가운데 하나가 종족 엘리트들의 목적과 지향을 통합되어가고 있는 공동체 내의 비(非)엘리트 계층의 행동 동기로 변환시키는 것이다. 종족의 적(適)이라는 상(象)을 형성하는 메커니즘이 종종 그런 변환의 메커니즘으로 사용된다. 미국의 사회심리학자들에 따르면, "일시적으로 또는 지속적으로 우리의 부정적 속성을 구현하고 있는 적을 찾는 것이 항상 인간의 본성적 요소였다."[15] 바로 그렇기 때문에 그 '인간의 본성적 요소'를 구성하고 강조하는 이데올로기는 민족 정체성의 커다란 위기 상황에서 대단이 효과적이었고, 러시아의 '민족' 지역들에서 종족정치적 동원 과정에서 커다란 의미를 가지는 것이었다. 따라서 '에트노크라시와 종족적 민족주의'는 연방정부와 협상하는 과정에서 지역 엘리트의 힘의 근원이자 논거가 되었으며, 자신들의 땅에서 '낯선 자'들로부터 보호하는 방법이 되었다.[16]

그리고 1990년대 러시아에는 민족공화국들의 종족정치적 동원을 예방할만한 그 어떤 체계적이고 합목적적인 국가적 지역 정책이 존재하지 않았다.

---

14) *Силаев Н.* В Татарстане реализован идеал российского сепаратизма — жить по своим правилам, пользуясь преимуществами большой страны // Россия и мусульманский мир. Бюллетень реферативно-аналитической информации. М., 2007. № 7 (181). С. 21-22.

15) *Volkan V.D.* The Need to Have Enemies and Allies: A Developmental Approach // Political Psychology. 1985. N 6. June. P. 94-95.

16) *Силаев Н.* Город на холме. Проблема межэтнических отношений неразрешима в рамках национальной политики // Эксперт. 2011. 21-27 февр. № 7 (741). С. 67.

중앙정부는, 첫째로, 소비에트의 민족·영토적 구성 원칙을 유지하면서 러시아연방의 구성 주체인 지역 정부들과 '임기응변'(ad hoc) 체제하에서 상호작용했다. 중앙정부는 때때로 지역에 특권을 부여하고 그 내부(타타르스탄, 바시코르토스탄, 칼미키야, 야쿠티아, 티바)에 에트노크라시 체제가 들어서는 것을 눈감아주기도 했으며, 반대로 그들을 범죄 집단으로 취급(두다예프 시기의 체첸)하여 불관용하기도 했다. 그 결과 제도화된 종족성의 정치화와 잠재적으로 불완전하고 비대칭적인 연방화가 이루어졌고, 러시아연방 소속 지역의 사회경제적 발전에 있어 커다란 격차(공식 자료에 다르면 11배, 비공식 자료에 다르면 40배 이상)가 발생하여 '러시아인'(русские) 지역은 물론, 민족 공화국들에서도 끊임없이 불만이 터져 나오고 있다(1990년대 중반까지는 민족적 '소수'가 정치적 적극성을 나타낸 민족 공화국들에서 불만이 더 컸었다). 그에 따라 러시아의 국가적 기반에 대한 의문이 제기되기도 했다.[17] 둘째로, 러시아에 형성된 '협상을 바탕으로 하는 비대칭적 연방제'라는 비공식적 모델은 연방국가의 중심 이념, 즉 두 가지 수준의 정부들 간 권력 기능 및 활동 영역 분배와 각 수준의 정부들이 전권을 가진 영역에서 독자적으로 활동한다는 이념과 명백하게 모순되는 것이었다.

바로 그렇기 때문에 러시아 연방제는 정치적, 경제적 상황 변화의 영향을 강하게 받으며, 주로 중앙 권력과 지방 권력 간 비형식적인 관계가 주기적인 '진자' 형태(중앙화 – 탈중앙화, 통합 – 분산)를 나타낸다. 2000년대 푸틴 대통령 시기에 러시아 공간의 분열과 분산 과정은 일련의 정치적 결정, 특히 러시아연방 영토 내에 새로운 유형의

17) 찰즈 틸리는 다음과 같은 특징을 가지는 나라는 부유한 국가라고 여긴다. 고유의 영토 통합, 국가 의 제도적 영역과 기타 조직들의 영역 구별, 자치권 확보 및 타국들과의 상호 인정, 정치 제도들의 중앙화 및 상호 조화. (The Formation of National States in Western Europe / ed. by Tilly Ch. Princeton, 1975. P. 70-71).

행정/정치 단위인 7개 연방관구 설치, 상원 구성 절차 변경, 대통령에게 연방주체 수장 해임권과 지방의회 해산권 부여, 새로운 지방정부 수장 임명 절차 도입 등에 따라 상황이 반전되었던 것으로 보인다. 그리고 그 결과로 붕괴되었던 권력 간 균형이 회복되었으며, 연방주체들의 법률과 행정부의 기능이 연방헌법에 맞게 수정되었다. 그렇게 연방과 지방 행정부의 수직적 구조가 형성됨에 따라 국가 정책이 보다 효과적으로 수행되고 연방과 지방 권력기구들의 활동이 더욱 일관되게 이루어져야 했다. 그러나 지방 권력을 약화시킨 중앙의 행동은 도구적인 성격을 가졌을 뿐이었다. 겔만(Владимир Я. Гельман)이 언급했듯이, “하위민족의 권위는 전국가적 체제의 지배와 정통성을 확보하는 수단이었을 뿐이었기 때문에 하위민족은 전국가적 체제의 틀에 포함되었으며 지역 지도자들 대부분이 지배 정당의 구성원이 되었다.”[18]

그리고 ‘총체적 단결에 대한 호소’(Святослав И. Каспэ)가 푸틴의 상징 정책에 있어서 기본적인 모티브가 되었다. 수르코프(Владислав Ю. Сурков)는 2000년대 초의 반개혁에 대해 언급하면서, 크렘린으로의 권력 집중은 1990년대 혼돈의 다원주의 이후 생사의 문제가 되었다고 주장했다. 이후 그는 “중앙화가 그 가능성의 한계에 도달했다.”고 인정하기도 했다.

따라서 공개적인 저항의 물결이 잠잠해졌음에도 불구하고, 중앙과 종족/민족적 지역 간 힘의 균형 확립이나 이해의 조화에 대해 말하기는 아직 이르다. 약한 중앙 권력이 국가를 통치할 능력이 안 되고, 일부 지역은 중앙의 특혜를 받는데 나머지 지역들은 가난해지는 상황에서 러시아 연방제가 효과가 없다는 점이 드러났다. 실

18) *Гельман В.* Динамика субнационального авторитаризма: Россия в сравнительной перспективе // Пути модернизации: траектории, развилки и тупики. Сб. статей / под ред. В. Гельмана и О. Маргания. СПб., 2010. С. 318-319.

상 중앙집권적 개혁은 러시아연방의 민족 공화국들을 비롯한 다양한 주체들에게 다양한 의미의 다양한 결과를 안겨주었다. 연방 엘리트와 공화국들의 엘리트 간의 타협은 무엇보다 "투표의 '올바른' 결과와 맞바꾼 독점적 권력 유지"[19]라는 비공식적 계약을 바탕으로 이루어진 것이었다. 그 결과에 따라 타타르스탄과 볼가 유역의 여러 공화국들이 다양한 세제와 금융 특혜를 유지했다. 주바레비치(Наталья В. Зубаревич)가 지적하듯이, 타타르스탄은 "수많은 투자 계획 실현을 위해 다양한 채널을 통해 연방 예산에서 대규모의 추가적인 금융 지원을 받았다."[20]

한편, 셉초바(Лилия Ф. Шевцова)의 지적에 따르면, 북캅카스 공화국들에 형성된 권력 체계는 "씨족적·권위적 형태로 연방의 총검과 보조금 위에서 유지되고 있다. 모스크바는 모든 책임을 중앙으로 떠넘기며 오로지 지역 내에 반러시아적 분위기만 강화시키고 있는 카디로프(Рамзан А. Кадыров) 유형의 지역 지배자들의 포로가 되었다. ... 캅카스가 불타오르면, 모스크바는 그곳에 비상 통치 메커니즘을 도입해야 할 것이다. 러시아는 이러한 종류의 도전에 대응할 수 있는 대안 메커니즘을 가지고 있지 않기 때문이다."[21] 안타깝게도 수년 전에 이루어진 이 예측은 잉구세티아, 다게스탄 그리고 북캅카스 전 지역에서 발생한 사태들로 입증되고 있다. 다양한 사회학 연구 결과가 보여주는 바, "다른 지역에 비해 북캅카스 주민들에게 시민적 러시아 정체성(российская гражданская идентичность)에 대한 중요성이

---

19) *Голосов Г.В.* Электоралный авторитаризм в России // Pro et Contra. 2008. № 1. С. 33.

20) *Зубаревич Н.* Социоэкономические различия между этническими регионами и политика перераспределения // Федерализм и этническое разнообразие в России. Сб. статей / под ред. И. Бусыгиной и А.Хайнеманн-Грюндера. М., 2010. С. 91.

21) *Шевцова Л.* Россия — год 2006: логика политического страха. Часть 2 // Независимая газета. 2005. 16 дек.

훨씬 낮다. 하지만 민족적, 종교적 소속감은 청년들의 경우에서조차 국가에 대한 소속감보다 훨씬 더 크다."[22]

역설적으로 러시아 종족 공동체들의 정치적 적극성 역시 주기적인 '진자'의 형태를 띤다. 1990년대 민족주의는 자연스러운 탈중앙화, 주권화의 기수였던 러시아연방 소속 공화국들에서 발전했으며, 민족·지역 문제는 국가 정치 생활에서 가장 중요한 위치를 차지했다. 그리고 구소련 소속 공화국들에서 민족주의가 정치 엘리트들의 재산과 권력이라는 '전체주의의 유산'에 대한 재분배 투쟁의 효과적인 도구였던 반면, 러시아의 지역 엘리트들에게는 천연자원으로 인한 소득과 지역 통제권을 둔 '중앙'과의 투쟁에 가장 적합한 수단이 되었다. 러시아의 체제전환 상황에서 종족적 소속감도 대중이 가장 접근하기 쉽고 현실적인 집단 심리적 연대 형식이었다. 그런 경향은 "먼저 러시아연방 공화국들의 명목 민족들(народы)에게서 나타났는데, 이전의 전 국민적 정체성이 무너지고 사라진 데 대한 보상으로 발생한 것이었다."[23] 그리고 세대를 거쳐 전해지고 이어져온 역사도 '민족'의 '진정한' 역사적 전통 구성과 민족적 자의식에 매우 중요한 '고대의 형상' 구성의 '원료'로 사용된다. 이와 관련하여 코로테예바(Виктория В. Коротеева)는 이렇게 썼다. "문화적인 위대함과 종족 공동체의 독자성에 관한 확실한 논거가 없을 때 부족한 문화 요소들을 발명하고 역사적 신화를 만들어 내는 작업은 특히 격렬하게 이루어지며, 특히 민족주의적 입장에 대한 합리주의적 비판도 강하게 거부된다."[24]

---

22) См.: *Авксентьев В.А., Аксюмов Б.В.* Портфель идентичностей молодежи юга России в условиях цивилизационного выбора // СОЦИС. Социологические исследования. 2010. № 12.

23) Социальная и культурная дистанция: опыт многонациональной России / отв. ред. Л.М. Дробижева. М., 1998. С. 273.

24) *Коротеева В.В.* Теории национализма в зарубежных социальных науках. М.,

실제로 1995년에 추바시아 1천 주년이 공식적으로 기념되었을 때, 14~15세기에 추바시 민족이 형성되었다는 것이 일반적으로 인정되는 학설이지만, 일련의 추바시 학자들은 '추바시 국가' 발생을 볼가 불가리아와 직결시켰으며, 그런 의심스러운 새로운 역사 해석은 공화국 정치 엘리트를 충분히 만족시켰다.[25] 1990년대 러시아 내에서는 급진주의적 민족주의자들에 의해 이델-우랄(Идель-Урал) 공화국 또는 대부랴티아, '대비아르미아' 등의 국가 형성과 관련된 개념이 제시되었고, 러시아 내 타 지방을 비롯하여 이웃 국가에 대한 매우 의심스러운 역사 구성을 바탕으로 하는 영토적 요구가 있었다. 북오세티야 공화국(알라니아)은 새로운 공식 명칭에서도 볼 수 있듯이 9~10세기에 있었던 알란국의 후계자를 자처하여 주변의 북캅카스 공화국 국민들의 반발을 샀다. 몇몇 민족들(발카르, 카라차이, 체첸, 잉구시)도 '알란의 후손'을 자처하고 있기 때문이다. 러시아 학자들이 언급한 바, "캅카스에서는 과거의 역사가 이데올로기에서도 구체적 문제 해결에서도, 사회적 현실에서 너무나 정치화된 역할을 하게 되었다. 과거사를 영토 분쟁의 근거로 삼는 것은 특히 위험하다. 학술적 형태를 띤 신화를 창조하여 선전하고 사회의식을 변형시켜 파국으로 몰고 가는 역사학자들이 그에 대한 커다란 도덕적 책임을 져야 한다."[26]

타타르스탄에서는 많은 사람들이 이반 4세의 카잔 점령을 민족적 추모의 날로 기억하고 있지만, 과거 해석과 관련하여 완전한 합의가 이루어지지 않고 있다. 잡지 「로디나」(Родина)에 기고된 타타르 민족

1999. С. 82.

25) См.: *Иванов В.П.* Чувашский этнос. Проблемы истории этнографии. Чебоксары, 1998.

26) *Кузнецов В.А., Чеченов И.М.* История и национальное самосознание (проблемы современной историографии Северного Кавказа). Владикавказ, 2000. С. 103.

사에 관한 전 타타르스탄 대통령 샤이미에프(Минтимер Ш. Шаймиев)의 글에서 칸국 시대는 특별한 의미로 다뤄지고 있다. "금장 칸국(킵차크 칸국)이 없었으면 위대한 러시아도 없었다는 주장은 매우 폭넓은 반향을 불러 일으켰다. 종족적 측면에서 갈망이 큰 사회 일각에서는 그런 현상을 타타르스탄이 러시아의 범위 내에서 특별한 지위를 요구할 수 있다는 명백한 신호로 이해하고, ... 통합을 지지하는 사람들은 그 현상을 타타르인과 러시아인의 오래된 단일성, 러시아 연방 내 '타타르 종족의 국가 구성 지위'에 대한 인정으로 이해하고 있다."[27)]

한편, 카잔 타타르를 볼가 불가리아와 연관시키며 타타르 역사에서 금장 칸국이 주도적이라는 가설은 민족 인텔리 일부에 의해 논란이 되고 있다. "그 가설은 카잔 타타르가 몽골 침략 이전 시대 토착민의 직접적인 후손이며, 당시 토착민은 몽골 침략자들로부터 독립을 지키기 위해 용감하게 나섰고 금장 칸국 시대에 커다란 민족적 고통을 겪었다고 주장한다."[28)] 또 몇몇 사람들은 단순히 기계적으로 해당 지역에 존재했던 모든 국가 형태를 타타르 민족 역사에 포함시킨다. 국제타타르민족회의 회장은 이렇게 주장한다. "만일 우리 민족(народ)에게 자유롭게 일할 기회가 주어진다면(타타르스탄의 완전한 주권을 의미한다), 우리는 번영하게 될 것이다. 불가리아 왕국, 카잔 왕국이 번영한 역사를 보라."[29)]

---

27) *Беляков Р.Ю.* Этапы формирования этнополитики в Республике Татарстан // Этнополитическая ситуация в России и сопредельных государствах. Ежегодный доклад 2010 /под ред. В. Тишкова и В. Степанова. М., 2011. С. 124.

28) *Шнирельман В.* Национализм, сепаратизм и будущее России // Профессионалы за сотрудничество. Вып. 1. М., 1997. С. 160.

29) Цит. по: *Магомедов А.* Мистерия регионализма. Региональные правящие элиты и региональные идеологии в современной России. Модели политического воссоздания ≪снизу≫ (сравнительный анализ на примере республик и обастей Поволжья). М., 2000. С. 98.

다양한 종족 공동체들의 과거뿐만 아니라 현재에 대한 '해석 분쟁'이 매우 자주 발생한다. 그런 가운데 다양한 행위자들이 자신들의 제시하는 종족민족의 형상, 그리고 현재와 과거에 대한 해석의 지배력을 강화하기 위해 투쟁한다. 그리고 종족 경영자들에게는 차별과 탄압의 희생물로서의 종족적 표상을 지지하는 것이 유리하며, 그런 종족 집단이 거주하는 국가의 관리들에게는 종족의 권리가 침해 없이 유지되며 해당 국가 구성에 포함됨으로써 발전되었다는 형상을 구축하는 것이 유리하다. 그리고 해당 종족 집단의 일부가 타국에 거주하는 경우, 그곳의 '민족 경영자들'에게는 조국에서 떠나 '권리를 보호받지 못하고 핍박받는 소수'라는 형상이 가장 유리하다.

이 시대는, 한편, 러시아인들(русские)이 '민족 문제'에 대해 다분히 무관심하다 점에서, 다른 한편, 연방주체의 권리를 보장하는 헌법에 의해 국민 다수로부터 보호를 받고 있는 러시아연방의 많은 '민족' 공화국들 내에서 그들 다수의 결정에 따라 '악과 무질서를 초래할' 자유가 실제로 활용되었을 때, '연방주의'의 명백한 오용이 발생했다는 점에서 특징적이다.[30] 그리고 그것은 공화국 내의 '비(非)명목' 소수 민족, 그리고 러시아 내 민족적 다수인 러시아인(русские)의 시민적 권리와 자유의 제한으로 이어졌다. 부시기나(Ирина М. Бусыгина)의 지적에 따르면, "그 어떤 다른 민족도 러시아인들만큼의 자기비하 수준을 보여준 적이 없다. 러시아인들은 거의 러시아인임을 부끄럽게 여긴다. 이처럼 운명에 복종하는 러시아인들이 수적으로 우세한 것으로 말미암아 러시아 지방자치단체 내의 민족주의 운동은 때때로 해괴하며, 심지어 왜곡되기까지 한 특성을 가지게 된다."[31]

30) *Моронюк М.Г.* Современный федерализм: сравнительный анализ. М., 2008. С. 91-92.

31) *Бусыгина И.* Региональный сепаратизм и его последствия для будущего

한편, 1990년대 말부터 러시아 내 민족적 소수 집단들의 정치적 적극성 증가와 탈소비에트 국가들로부터의 이민(주로 불법 이민) 증가에 대한 반응으로 다수 러시아인(русские)의 민족 자의식과 정치적 적극성이 확대되기 시작했다. 그러나 그것은 안타깝게도 종종 관용의 약화와 종족적 제노포비아의 증가라는 파괴적인 형태로 나타났다. 전러시아여론연구센터(ВЦИОМ) 자료에 따르면, 1998~2002년의 5년 동안 '러시아인을 위한 러시아'(Россия для русских)라는 이념을 지지한 비율이 46%에서 55%로 증가한 반면, 21%의 응답자가 이를 절대 허용할 수 없다고 했고, 매우 미미한 비율의 응답자만이 이 이념에 완전한 반대 의사를 표명했다.[32] 그리고 레바다 센터의 여론 조사에 따르면, 소비에트 시대에 태어난 러시아 국민 절반이 '일부 민족의 러시아 영토 내 거주 제한'에 동의했으며, 46%는 타민족(другие народы) 사람들이 러시아에서 러시아인(русские)보다 더 잘 산다고 응답했고, 45%가 민족적 소수가 러시아에서 너무 많은 권력을 가지고 있다고 생각하는 것으로 나타났다. 그리고 노동시장의 최하층을 점하는 외국인 건설 노동자들에 대해서도 35%의 러시아인(россияне)이 부정적으로 대하는 것으로 나타났고, 59%가 입국자 물결을 엄격히 제한하는데 동의한다고 응답했다.[33] 무엇보다 러시아 대도시들과 남부 지역 주민들의 종족적, 종교적 구성의 급격한 변화, 종족성의 정치화화 러시아화, 민족 문제를 다루는 언론매체의 비전문성, 점증하는 테러위협 등과 관련하여 종족적 장벽은 점점 더 분명한 모습을 드러냈다.

따라서 종족 간 대립과 갈등의 주요 지역은 이제 민족 공화국들

России // Страны бывшего СССР и европейская безопасность. Материалы международный конферанции. М., 1994. С. 44.

32) См.: *Паин Э.* Между империей и нацией: модернистский проект и его традичионалисткая альтернатива в национальной политике России. М., 2004. С. 39.

33) Совершенно секретно. 2005. Дек. № 12 (199). С. 10.

이 아니라 러시아의 변방과 남부지역, 그리고 모스크바, 상트페테르부르크 등 대도시가 되었다. 종족 간 대립의 유형도 변했다. 1990년대 중반까지 종족 간 대립은 주로 '중앙 – 지방'이라는 선을 따르는 '수직적' 특징을 가졌었는데, 1996년 이후에는 주로 '수평적' 성격을 나타냈다. 다수인 러시아인(русские)과 민족적 소수집단들 간의 분쟁이 지배적이게 되었으며, 이민자 수의 증가에 따라 분쟁 발생의 빈도도 증가했다('지역적 분리주의가 아직 약하게나마 유지되는 상황'에서 지역 세력가들은 1990년대만큼 적극적이지는 않더라도 여전히 상징 자본의 축적을 위해 종족적 수사를 사용했다).

제노포비아(종족적 형태를 포함한)는 사회적 변화의 모든 형태에서 나타나며, 무엇보다 주변적인 집단들, 사회 공동체나 집단들의 경계선에 집중된다. 한편, 여러 사회학자들에 따르면, 2천 년대 초 러시아는 '다양한 사회 영역에서 나타난 제노포비아적 견해의 확산 폭과 유사성'이 특징적이었다. 종족적 제노포비아는 사회적으로 가장 취약한 계층인 청년층, 장년층, 저학력층에서 시작되어 과거에는 전혀 동조하지 않았던 지식층(현대 러시아에서 이 계층도 주변적 계층이 되었다)을 포함하여 보다 안정된 계층까지 확대되고 있다.[34] 사회학자들은 현대 제노포비아의 또 다른 우려할만한 경향으로 이를 부끄러운 것으로 여기지 않는 현상을 지적하고 있다. 이 모든 것은 아래로부터 저항의 잠재력이 자라 오르고 있는 러시아 사회의 심각한 사회적 차별을 간접적으로 입증해주고 있다.

20년 이상 러시아 사회는 '사회적 위기' 상황에 놓여있다. 통치 계급과 사회 사이의 간극은 깊어져만 가고 있고, 러시아인들은 전과 마

---

34) См.: *Леонова А.* Настроения ксенофобии в электорате основных политических сил в России // Русский национализм в политическом пространстве (исследования по национализму в России). Франко-Российский центр гуманитарных и общественных наук / сост. М. Ларюэль. М., 2007. С. 333-334.

찬가지로 자신을 시민이 아닌 국가의 신민으로 느끼고 있다. 사회적 격차(수평적, 수직적)는 대단히 크며, 다시금 많은 사람들이 속았다고 느끼고 있다. "사회적·경제적 사다리에서 한 층 더 올라가는 것이 점점 더 어려워지고 있는 반면, 아래로 떨어지는 것은 점점 쉬워지고 있다. ... 고대 루시에서 재산은 신성시 된 적이 없었고, 법적으로 인정되지도 않았다. 재산은 오히려 훔친 것으로 여겨졌으며, 불공평한 분배라는 관념을 급격히 고양시킬 뿐이었다."[35] 그것을 바탕으로 사회적 정의에 대한 강력한 요구가 형성되었다. 그런 상황에서 "불평등을 종족적 차원으로 해석하고 '가난한 자'와 '러시아인'(русский) 그리고 '부유한 자'와 '비러시아인'(нерусский)이라는 개념을 동일시하려는 유혹이 발생한다."[36] 역사 상 종족적, 종교적 구호로 위장된 수많은 사회적 저항 운동이 있었다. 그 결과 사회정의의 모색은 악의 세력을 찾아내는 것으로 변모했다. 절망에 빠진 사람들의 탐욕적인 착취자들에 대한 증오가 극단적인 상태에 달했으며, 착취자가 외국인인 경우에는 증오심이 한없이 커졌다.[37] 조성된 상황을 모두 설명해주는

---

35) *Паин Э.* Распутица. Размышления о предопределенности пути России. М., 2009. С. 179-180, 177.

36) 이와 관련하여 지리노프스키(Владимир В. Жириновский) 당의 2003년 선거운동 슬로건 '가난한 사람들을 위하여! 러시아인(русские)을 위하여!' 또는 2011년 슬로건 '러시아인을 위하여!'를 상기해 보는 것으로 충분하다. 그 외에 지리노프스키는 이민이 러시아에 불필요하고 위험하다고 주장하는 몇 안 되는 연방 수준의 정치가들 가운데 한 사람이다. 2005년 10월 27일 '의회 신문'을 통해 그는 이렇게 언급했다. "러시아는 외국인 노동자가 전혀 없어도 된다. ... 외국인 노동력은 러시아 내 범죄율을 증가시키고 있다. 단계적, 순차적으로 지리적 원칙에 따라 외국인 노동자 유입을 줄여 나가야 한다." (Парламентская газета. 2005.10.27.) 러시아공산당도 종종 이민자혐오증과 '적'의 참색이라는 우를 범한다. "현재의 이민 정책은 러시아 민족(народ)의 분산 문제를 해결하는 것이 목적이 아니라 러시아의 토착 주민을 이민자로 교체하는 것이 목적이며, 러시아 국가안보를 약화시키고, 하급 노동력으로 러시아를 채우는 방향으로 이루어지고 있다." URL: http://www.cprf.info/news/party_news/50047.html (дата обращения: 2.02.2012).

37) *Малахов В.* Понаехали тут... Очерки о национализме, расизме и культурном плюрализме... С. 24.

것 같은 그런 종류의 음모론은 대중들의 욕구불만을 해소해주며, 엘리트들이 대중의 분노를 문제의 실제 원인인 통치 계급보다는 종족적 '희생양'에게 돌릴 수 있게 한다. 현대 러시아에서 "사회적 분노 콤플렉스는 매우 빠른 속도로 커지고 있지만, 그것이 사회적인 성격보다는 민족적 분노, 다른 종족과 다른 국가 국민으로부터의 압박감이라는 형식으로 받아들여진다는 것이 특징적이다. 그리고 '검은 사람들', 아제르바이잔인들, 집시들 등의 전횡에 대한 신화가 발생한다."[38] 따라서 오늘날 러시아 민족주의(русский национализм)는 무엇보다 대중적 빈곤, 사회적 불평등과 불공정이 증가하는 것과 관련하여 종족 경영자들이 목적의식적으로 구체화한 표현 양식이다. 티시코프(Валерий А. Тишков)는 이렇게 강조한다. "러시아인(русские)의 종족민족주의는 생활수준이나 문화 수준이 그리 높지 않은 사람들의 종족 구성 비율 변화 등과 같은 국가 내에서 발생하는 급격한 변화에 대한 반작용이다. ... 언론의 과도한 수사(修辭)는 물론 러시아 내에서 러시아인(русские)이 소멸되어 수십 년 후에는 자국이 스스로의 역사적 면모를 상실하게 될 것이라는 일부 학자와 정치가들의 판단도 그것에 영향을 준다."[39] 러시아연방 (국가자문협의기구) 민회(Общественная палата РФ)의 커뮤니케이션·정보정책·언론자유위원회 의장인 구세프(Павел Н. Гусев)는 일련의 언론매체들이 의도적으로 민족적 증오심과 적대감을 선동하고 있다고 주장한다. 그에 따르면, 러시아 내에 100개 이상의 신문과 잡지, 500개 이상의 인터넷 사이트가 그런 활동을 하고 있다.[40]

---

38) См.: *Гудков Л.Д.* Русский неотрадиционализм и сопротивление переменам // Мультикультурализм и трансформация постсоветских обществ / под ред. В.С. Малахова и В.А. Тишкова. М., 2002.

39) *Тишков В.А.* Этнология и политика. Научная публицистика. М., 2005. С. 171.

40) См.: *Нерюев В.А.* Иммиграционные процесс и пресса (опыт российской

러시아는 종족성에 대한 뿌리 깊은 원초주의적 관념, 종족연방주의(этнофедерализм), 사람들의 종족적 소속과 거주지에 따라 규정된 지위와 특권 체계의 위계를 특징으로 한다. 이러한 러시아에서 '중앙 – 지방' 관계 문제 해결에 별로 효과가 없는 심지어 이를 악화시키는 이념적/신화적 전략들이 선택되고 있다는 점을 다시 한 번 언급할 필요가 있다. "자신의 문화와 종족 정체성을 유지하려는 자연스러운 노력과 종족 국가를 건설하려는 꿈 간의 거리는 언뜻 보기와는 달리 그리 크지 않다. 거주 지역과는 무관하게 국민의 실질적인 평등을 확보할 능력이 없거나 의사가 없다면, 국가는 자신의 전체성 기반을 허물게 된다."[41] 러시아연방의 '민족·영토적 기반 완성' 정책을 지속하면서, 그리고 그에 따라 "전 러시아적 문화·언어, 가치지향 공동체를 실험하면서 '다민족성'이라는 프로파간다에 사로잡힌"[42] 러시아 지도부는 국가의 통일성 유지를 위한 노력을 전혀 기울이지 못 하고 있다.

단방국가에서보다 연방국가에서 제도의 설립과 공고화가 훨씬 더 어렵다는 점은 의심의 여지가 없으며, 이 점은 현대 러시아의 현실에서도 쉽게 확인된다. 그리고 연방제는 연방의 중앙과 소속 주체들 간 균형 유지라는 극히 복잡한 문제를 안고 있다. 일레이저(Daniel J. Elazar)는 이렇게 언급했다. "연방제는 공통의 목적 달성을 위한 단결과, 동시에 독립을 유지하면서도 스스로의 통일성 유지라는 구성원들과 국가 조직들의 필요성과 관계가 있다. ... 동반자적 관계(partnership)가 연방제의 핵심적인 원리다."[43] 실제로 연방제는

столицы в последние годы) // Регионалистика и этнополитология / редкол.: Р.Ф. Туровский (отв. ред.) и др. М., 2008. С. 307-308.

41) *Захаров А.* E pluribus unum. Очерки современного федерализма. М., 2003. С. 139.

42) *Тишков В.А.* Этнология и политика. Научная публицистика... С. 195.

43) *Elazar D.* Exploring Federalism. Tuscaloosa, 1987. P. 33.

영토적, 종족적 이익의 영역에서 극히 어려운 협력과 동의라는 그 어떤 '중도적 길'에 대한 지속적 탐색을 전제로 한다. 국가라는 범위 내에서 종족적 다수와 종족적 소수의 자신에 대한 인식은 다를 수밖에 없지만, 그 차이가 클수록 국가의 지속성에 더 큰 위험이 된다. 이에 따라 다종족적 러시아에서 연방 관계 형성의 어려움에 대한 대안으로 2000년대 초 '자유주의자·서구주의자'들조차 자유주의적 '제국' 프로젝트를 제안하기도 했었다.[44]

최근까지 '제국적 르네상스', 그리고 푸틴 대통령으로 의인화되는, 그 어떤 대가를 치르고서라도 지켜져야 할 질서와 통합의 이념에 대한 부정적 컨센서스의 유지와 같은 현상들이 두드러졌다. 그리고 이러한 현상들은 '민족 지도자'라는 지위를 획득한 국가수반에 폐쇄적으로 얽매인 '수직적 권력구조' 구축, 대중과 엘리트의 의식 내에서 민주주의의 제3의 형식적 가치로의 전환, 러시아 민족주의와 강대국주의의 선거를 통한 '정상화' 등과 같은 체제의 공식적 담론 내의 변화에 조응했다. 이어서 그것은 러시아에서 민주적 개혁의 지속이라는 문제를 '정치적 의사일정(議事日程)'에서 사실상 삭제하는 결과로 이어졌다. 그리고 동시에 노골적인 방법으로 러시아 민족(российская нация)과 시민의 형성이라는 과제도 제거해버렸다. 왜냐하면 러시아 공동체(российский социум)의 전통적 존재 형식이 서서히 되살아났기 때문이다. 실상 러시아에는 많은 러시아인(россияне)의 의식 깊숙이 뿌리내린 조국에 대한 충성심에 기반을 둔 오랜 국가주의적 전통이 존재한다. 그와 관련하여 라뤼엘(Marlene Laruelle)은 다음과 같이 언급했다. "따라서 민족을 규정하는데 종족적 접근이 아닌 국가주의적 접근을 옹호하는 사람들은

---

44) Подробнее см.: *Ачкасов В.А.* ≪Имперский ренессанс≫ и легитимация власти в современной России // Власть, государство и элиты в современном обществе. Сб. Науч. трудов / под ред. А.В. Дуки и В.П. Мохова. Пермь, 2005.

오래되고 강력한 러시아적 전통에 속한 사람들이다. ... 러시아의 현 정권도 그 전통을 지지하고 있다."[45]

그러나 푸틴 대통령이 집권 1기에 확립한 연대의 견고성에 대해 오해해서는 안 된다. 종족 간, 지역 간 관계의 영역을 포함한 국가의 근본적 문제들은 제대로 해결되지 못했다. 지역적 분리주의의 원인은 제거되지 않았고, 문제는 그저 '더욱 깊이' 내재화되었기 때문에 국내의 사회·경제적 상황이 악화되면 다시금 극히 시급한 문제로 등장하게 될 것이다. 또한, 대중의 애국심을 이용한 게임은 매우 위험할 뿐만 아니라, "종족적 요소가 일단 영향력 있는 정치적 요소가 되면 정치권력 속에 고정되고 민중의 역사적 기억 속에 뿌리를 내려 세대를 거쳐 전달되기 때문에 커다란 안정성과 재생능력을 가진다는 점을 명심해야 한다. 종족과 종족 간 관계의 탈정치화는 아무리 가속화시키려 해도 매우 느린 속도로 진행된다."[46] 그렇기에 수많은 종족정치적 갈등이 오랜 세월에 걸쳐 길게 이어지는 것은 결코 우연한 일이 아니다.

러시아의 여러 지역에서 1990년대에 습득된 사회문화적 동일화는 여전히 존재하고 있다. 몇몇 지역은 지정학적 위치를 통해 자신의 입지를 강화하고 있다. 예를 들어, 예카테린부르크는 '러시아의 유라시아 수도', 니즈니 노브고로드, 사라토프, 사마라 등의 도시들은 '볼가 지방의 수도'를 자처하고 있으며, 이르쿠츠크와 노보시비르스크는 '시베리아의 수도'라는 입지를 놓고 경쟁하고 있고, 러시아 국경지역에 위치한 프스코프는 '유럽의 문턱'을 자처하고 있다. 많은 민족 공화국들도 전과 마찬가지로 종족적 또는 종교적 표지를 활용하고 있다. 예를 들어, 타타르스탄은 '이슬람의 북방 요새'임을 내세

---

45) Русский национализм в политическом пространстве (исследования по национализму в России) / сост. М. Ларюэль. М., 2007. С. 8.

46) Россия: центр и регионы. Вып. 10. М., 2003. С. 52-53.

우고 있다. 또 다른 경우 역사적 인물을 내세우거나 상응하는 은유를 활용하기도 한다. 예를 들어, 트베리는 금장 칸국 시기에 고통스러운 죽음을 당한 트베르스코이(Михаил Тверской) 대공의 형상을 적극적으로 활용하며, 니즈니 노브고로드는 미닌(Кузьма Минин), 포자르스키(Дмитрий Пожарский)가 이끈 민중 의용군의 고향이라는 형상을 활용한다. 사실 오늘날 권력이 심하게 중앙집권화된 상황에서 이처럼 "자신의 '얼굴'을 획득한 지역들이 그것을 어떻게 활용해야 할지 항상 잘 알고 있거나 이해하고 있는 것은 아니다."[47] 그러나 새로운 혼란의 시대가 그런 정체성들을 다시금 시의적절한 것으로 만들 수도 있다. 그런 점에서 샤바예프(Юрий П. Шабаев)의 견해는 매우 타당하다. "첫째, 러시아 사회는 연대가 불충분하다. 둘째, 러시아의 다양한 지역들과 주민들이 하나의 러시아 정치적·문화적 공간으로 충분히 통합되어 있지 않다. 셋째, 철두철미한 개념적 형식과 실행 자원을 확보한 민족건설 정책이 없는 것이 분명하다."[48]

오늘날 러시아 정치 지도자들은 러시아의 밝은 미래에 대한 낙관과 확신을 보여주어야만 한다. 그러나 또다시 어려운 시기가 우리를 기다리고 있으며[49], 그것은 곧 러시아가 종족을 기반으로 한 새로운 분열 주기를 맞을 수도 있음을 의미한다는 것을 모두가 명확히 이해하고 있으며, 실제로 그런 징후가 가시화되고 있다. 몇 가지 자료에 따르면, 러시아의 인구 위기 수준은 일반적인 수준인

---

47) Макарычев А. Регионализм глазами конструктивизма: агенты, структуры, идентичности. С. 148.

48) *Шабаев Ю.П.* Этнический национализм и гражданская нация в современной России // Этнополитическая ситуация в России и сопредельных государствах в 2010 году. Ежегодный доклад / под ред. В. Тишкова и В. Степанова М., 2011. С. 71.

49) 전 크렘린 고위 관료 파블로프스키(Глеб О. Павловский)는 "러시아의 안정은 세계경제의 안정에 달려 있다. 우리에게 세계화는 필수적이지만, 그 과정에서 러시아 국민과 그 재산이 세계경제의 게임 참가자 명단에 포함되어서는 안 된다."는 실없는 말을 했다. (см. *Павловский Г.* Гениальная власть! М., 2011)

10~15%가 아닌 65%에 달한다.[50] 그리고 '민족학모니터링네트워크'의 자료에 따르면, "2005년 이후 탈소비에트 공간 전체에 걸쳐 정치적 긴장과 민족 간 긴장이 강화되는 경향이 관찰되고 있다."[51]

푸틴이 자신의 논문에서 옳게 지적한 것처럼(그는 얼마 전까지 '고대 러시아 우화'에서 민족 이념을 찾는 것을 비꼬기도 했다), "시민적 세계와 민족 간 조화는 여러 차례 현실화된바 있으며, 또 오랜 세월에 걸쳐 정착된 하나의 상(像)이다. 반면, 그것은 지속적인 변화이며 대화이기도 하다. 그것은 국가와 사회의 힘겨운 작업으로서, 매우 세심한 결정과 사려 깊고 현명한 정책, '다양성 속의 단일성'을 확보해 줄 수 있는 정책을 요구한다. 따라서 상호 의무를 이행해야할 뿐만 아니라 모두에게 공통적인 가치를 찾아야 한다. 강압적으로 함께 하도록 해서는 안 된다. 그리고 계산에 따라서, 이익과 손해를 따지면서 함께 살도록 해서는 안 된다. 그런 '계산'은 위기가 오기 전에만 유효하며, 위기가 닥치면 그 반대로 작동하기 시작한다."[52] 러시아 대통령과는 달리 이 책의 저자 본인은 다만 "우리가 러시아 문화, 역사, 정체성 유형에 의지하여 다문화 공동체의 조화로운 발전을 이룩할 수 있다."[53]고 확신하지 않는다.

러시아 민족주의자들은 오늘날 사회정의의 훼손에 대한 국민적 반감을 활용하여 '더 이상 캅카스를 먹여 살리지 말자!'는 구호 아래 모스크바에서 시위를 벌여왔다. 하지만 그들은 예상치 못하게

---

50) *Каган В.Е.* Homo Xenophobicus: психология ≪своего и чужого≫ // Национальный психологический журнал. 2011. № 2 (6). С. 43.

51) *Степанов В.* Рейтинг конфликтности государств и регионов по данным Сети этнологического мониторинга за 2010 год // Этнополитическая ситуация в России и сопредельных государствах. Ежегодный доклад / под ред. В. Тишкова и В. Степанова. М., 2011. С. 244.

52) *Путин В.В.* Россия: национальный вопрос // Независимая газета. 2012. 23 янв.

53) Там же.

여러 지역으로부터 '더 이상 모스크바를 먹여 살리지 말자!'는 구호를 듣게 되었다('더 이상 시베리아, 극동, 우랄, 볼가지역, 모스크바 근교 ... 등을 먹여 살리지 말자!'는 구호가 전혀 아닌). 심지어 러시아연방 내에 시베리아 공화국을 건설하고 세금 납부를 중단하자(군대 유지를 위한 5% 납세는 제외하고)거나, 연방에서 완전히 탈퇴하자는 등의 제안도 듣게 되었다.[54] 또한, 민족 공화국 주민들은 러시아의 붕괴 위협에 대해 점점 더 둔감해지고 있다. 오히려 각자도생하자는 호소가 점점 더 많은 지지를 얻고 있는 상황이다. 오늘날 비록 소수이기는 하지만 '자유!', '독립!' ... 을 요구하는 집회가 조직되고 있는 것도 분명한 사실이다.

20년 전만해도 러시아연방 소속 공화국들에서 투표를 통해 선출된 대통령들과 엘리트들은 공격적인 종족민족주의를 '순화시키고' 다른 길을 제공하는 한편, 때때로 특별 지위와 경제적 특혜를 받기 위한 연방과의 협상에서 그것을 활용할 수 있었다. 그러나 오늘날 이미 민족주의가 민족 공화국들의 정치체제에 깊숙이 뿌리를 내린 상황에서 중앙정부에 의해 임명된 공화국 수장들이 그런 과제를 해결하기란 거의 불가능하다. 그리고 어쩌면 이것은 곧 러시아의 기반, 영토적 통일성 나아가 러시아의 존재 자체가 의심될 수 있다는 것을 의미한다.

54) См.: *Алленова О.* Что для Москвы Кавказ, то для Сибири — Москва // Власть. Аналитический еженедельник. № 42 (946). 2011. 24 окт. С. 30.

결 론

POLYETHNICITY

결론

종족문화 정체성의 형성이라는 토대하의 종족정치적 동원 과정이 되돌려질 수 있는 것과 마찬가지로 종족성의 원상회복도 충분히 가능한 일이다. 이 경우 시간이라는 요소가 매우 특별한 역할을 하게 된다. 대중적인 지향과 사람들의 관념 속에서 종족정치적 지침은 집단 간의 관계가 첨예한 매우 짧은 시간 동안에만 지배적이 될 수 있다. 이와 함께, 정치 엘리트의 타협에 대한 준비 정도, '종족경영자'들의 주변화, 그리고 이 요소들의 구체적 실현 등과 같은 '주체적 요소'도 중요한 의미를 갖는다.

일반적으로 연구자들은 종족정치적 문제 해결을 위해 다섯 가지 방법을 제안하며, 그 주요 내용은 다음과 같다. 첫째, '통합', 즉 종족 집단들과 그 엘리트들을 국가 정치·행정 구조로 편입한다. 둘째, 융합, 즉 종족성의 탈정치화라는 조건하에서 종족적 다양성을 (다문화 정책 시행, 민족적·문화적 자치권 부여 등과 같이) 문화적으로 대표토록 한다. 셋째, 연방화, 즉 지방분권과 권력분산을 통해 (영토적 의미의) 지역들, 그리고 실질적으로 종족 공동체에게 권한의 일부를 양도한다. 넷째, 국적 부여의 원칙을 '속인주의'에서 '속지주의'로 전환하여 특정 민족국가 영토 내에서 태어난 모든 사람에게 국적을 부여토록 한다. 다섯째, 상징 정책, 즉 공통의 역사적 상징, 공통의 영웅, 공통의 충성심을 탐색하는 한편, 부정적 의미가 분명한 어휘

('캅카스인의 얼굴', '민족적 소수', '민족 말살' 등[1])를 대중 언어에서 퇴출시키고 그 대신 중립적 의미를 가진 어휘를 도입한다.

그러나 수직적·수평적 종족정치 분쟁을 예방하고 해소하기 위해서 "종족성은 반드시 탈정치화되어야 하며, 인권과 개인의 자유가 종족성보다 우선시되어야 한다. 그리고 민족주의는 종족민족주의로 전환되어서는 안 되며, 전국민적 통합과 애국심에 기반을 두어야 한다. 정치적 관계체계 내에서 ... 종족적 요소가 핵심적 역할을 수행해서는 안 된다. 이처럼 종족적 요소가 정치 영역에서 완전히 배제되는 것과 함께, 독립적이고 독자적인 요소로서 문화 영역에서 그 역할을 강화하는 것이 가장 바람직하다."[2] 유럽의 탈공산주의 국가들이 유럽 국제기구들의 적극적인 참여하에서 이 문제를 전반적으로 해결하는데 성공한 반면, 탈소비에트 국가들 대부분은 동일한 성과를 거두는 데 실패했다. 실제로 '민족학모니터링네트워크'의 자료에 따르면, "2005년부터 탈소비에트 공간에서 정치적·종족적 긴장이 강화되는 경향이 관찰됐다. ... 2010년 연구 결과에 따르면, 탈소비에트 국가들에서의 사회정치적 긴장은 10년 전과 동일한 수준이었다."[3]

현대 러시아의 경우에도 새로운 민족·시민 정체성 형성의 성패가 기

1) "압토르하노프(Абдурахман Г. Авторханов)의 책 『체첸-잉구시 민족 살해』는 체첸의 분리주의 분위기 조성에 전조적 역할을 했다. 사회운동 참가자들이 사회적 현실을 어떤 용어로 생각하는가에 그 현실의 성격 자체가 달려 있으며, 사회 활동가들이 그 현실을 어떤 방향으로 변화시킬 것인지도 그것에 달려 있다. '민족 살해', '민족 말살', '민족 해방', '분리된 민족', '체첸 민족의 400년 항전' 등의 메타포가 정치적 행동의 기조가 되면 끔찍하고 파괴적인 힘을 얻게 된다. (*Малахов В.* Национализм как политическая идеология. М., 2005. С. 248.)

2) Россия: центр и регионы. Вып. 10. М., 2003. С. 58.

3) *Степанов В.* Рейтинг конфликтности государств и регионов по данным Сети этнологического мониторинга за 2010 год // Этнополитическая ситуация в России и сопредельных государствах. Ежегодный доклад 2010 / под ред. В. Тишкова и В. Степанова. М., 2011. С. 244.

술 인프라의 현대화뿐만 아니라, 모든 사회 집단, 종족 공동체, 지역의 이익을 대변해야 하는 정치체제의 현대화에 달려있다는 점은 분명하다. 그런 의미에서 '러시아 프로젝트'(российский проект)는 러시아 '내부 민족들'의 종족문화적 정체성을 폐기하지 않는다. 왜냐하면, 러시아 정체성(российская идентичность)은 초종족적인 것이어야 하며, 러시아는 '민족들의 민족'(нация наций)이 되어야 하기 때문이다.

러시아(российская) 민족·시민 형성에 관한 문제는 현대화 프로그램의 성공을 위해서 뿐만 아니라 러시아의 국가적 단일성의 유지를 위해서도 핵심적인 것이다. 따라서 티시코프(Валерий А. Тишков)가 여러 번 주장했고 이제는 정부도 수용한 다음과 같은 목표에 대한 전 세계적 지지가 요구된다. "국가주권과 국가이익에 대한 명확한 인식과 수호, 러시아 인민(российский народ)의 민족적 정체성 강화, '러시아 인민'이라는 개념 자체에 대한 절대적 우선의 확보 등과 관련하여, 우리는 모든 가능한 방법을 사용하여 러시아 민족주의(российский национализм)를 확립해야 한다. 종족적 극단에 기반을 둔 민족주의의 다른 모든 변종들은 그 존립의 근거가 취약할 뿐만 아니라 단호히 거부되어야 한다."[4]

역사적 경험이 말해주는 바, 사회·경제적 불평등의 정도가 심하지 않은 사회, 즉 모든 개인이 사회적 신분 상승을 위한 기회(사회적 유동성)를 가진 사회, 그리고 이해의 조합이 큰 사회에서 '다른 사람들'에 대한 관용적 태도가 보다 쉽게 형성된다. 따라서 공고화된 자유민주주의 국가들은 종족정치적 갈등의 예방과 조정, 민족 정체성의 형성과 위기 극복에서 상대적으로 더 큰 성취를 거뒀다. 비록 그들이 종족 간 충돌과 분리주의에 대한 생래적 면역력을 갖고 있지 않았지만 말이다. 정체성 정책은 다원적 민주주의 사회에서조차 언제나 쉽

4) *Тишков В.А.* О российском народе // Дружба народов. М., 2006. № 8. С. 196.

게 균질화되는 것은 아니다. 지배적 집단의 민족자결에 토대를 둔 고전적 민족국가는 민주주의적 요구를 중요시하지만, 많은 경우에 특정 구성원 내에 구심점을 형성하여 배타적 정책을 수행한다. 이런 점에서 민족국가 역시 정치적 통일성에 대한 요구와 현실의 종족적 이질성을 성공적으로 결합시킬 수 없었다. 공고화된 민주주의 국가들의 정책은 종족적 소수가 자신의 정체성과 이익을 보호할 수 있는 특별한 수단을 찾도록 함으로써 전체 민족 구성원의 선호를 창출한다는 점에서 특유하다. 따라서 다문화주의를 옹호하는 서구 학자들은 종족정치적 대립 가능성의 축소를 위해 자유민주주의자들이 (진정한 민주주의의 필요조건이지만 충분조건은 아닌 시민의 동등한 권리 보장과 함께) 각 집단들의 차이에 대한 권리, 즉 서로 다를 수 있는 권리를 인정할 필요가 있다고 주장한다. 그리고 이미 검증된 바 있듯이, 다문화주의 정책은 서구 민족국가의 '침식'을 예방하고 초국가적 이민이라는 도전에 적당한 해답을 줄 능력이 없다. 즉, 이에 대한 해법은 '용광로' 정책과 다문화주의 정책 사이 어디쯤에서 찾을 수 있을 것이다. 민족국가라는 결과를 낳은 사회적 통합 과정은 실상 민족국가의 역사 내내 지속되고 있다. 달리 말하자면, 민족국가는 지속적으로 '형성' 과정 속에 존재했고, 정체성 위기는 끊임없이 발생했다가 다양한 수준으로 해소되었으며, 종족민족주의와 종족분리주의는 실상 복잡한 민족 구성을 가진 모든 국가들에 대한 위협으로 남아 있다. 따라서 어느 현명한 작가가 주장한 대로, "인류가 주권적 유기체로 나누어질 때까지, 인간은 왕조적, 종교적, 민족적 원칙을 필요로 하게 될 것이며, 이 원칙은 그것이 무엇이든 상관없이 분쟁을 야기하거나 현자들의 질타를 초래할 것이다. 개인을 통합시키는 모든 것은, 반대로 집단들을 상호 대립시키게 마련이다."[5]

5) *Арон А.* Избранное: измерения исторического сознания. М., 2004. С. 136.

Политика идентичности мультиэтнических государств в контексте решения проблемы безопасности.

역자 후기

역자 후기

이 책은 발레리 아츠카소프(Валерий А. Ачкасов)의 2012년 저작인 『안보 문제 해결 맥락에서 다종족 국가들의 정체성 정책』(Политика идентичности мультиэтничных государств в контексте решения проблемы безопасности)을 완역한 것이다. 다만, 다소 긴 원제의 길이와 일부 낯선 표현들을 고려하여 번역본의 제목은 『탈공산주의 다민족 국가들의 정체성 정책』으로 바꿨다는 점을 밝혀둔다.

역자들은 무엇보다 원문에 충실한 번역을 일차적 목표로 삼았다. 그러나 때때로 이 책에서 활용되는 핵심적 개념들의 러시아어 표현을 그 미묘한 차이의 손실 없이 한국어로 완벽하게 번역하는 일이 매우 난해할 뿐만 아니라 경우에 따라서는 불가능하게 느껴지기도 했다. 따라서 번역에 있어 일정한 한계와 그에 따른 타협이 존재했으며, 잘 못되거나 어색한 번역의 책임은 모두 역자들에게 있다는 점을 강조한다.

예컨대, 이 책의 주요 개념 중 하나인 '종족'과 '민족'은 일상생활에서 엄밀한 개념적 구분 없이 혼재되어 사용되고 있다. 한국에서도 '민족'은 공통의 혈연, 역사, 문화를 공유하는 집단으로 인식되고 있으며, 이런 점에서 종족과 민족은 사실상의 동의어로 받아들여지고 있다. 실제로 이 책의 러시아어 '에트노스'(этнос), '나치야'(нация), '나로드'(народ)는 그 개념적 차이에도 불구하고 모두 한국어 '민족'으로 번역할 수 있는 표현들이다. 하지만 이들 간의 개념적 혼돈을 피하기 위해 러시아어 '에트노스'(этнос)는 종족으로, '나치야'(нация)는 민족으로 통일하여 번역했고, '나로드'(народ)는 문맥에 따라 인민, 민중, 국민 등으로 다양하게 번역하되 러시아어를 병기했다. 당연히 이들 개념으로부터 파생된 다양한 표현들도 위의 예를 따랐다.

또한, 러시아어 '루스키'(русский)와 '로시스키'(российский)는 모두 한국어 '러시아의'로 번역되지만 전자는 '종족적' 의미가, 후자는 '시민적' 의미가 담긴 러시아어 표현이다. 따라서 이 경우에는 둘 다 '러시아의'로 번역하되 러시아어를 병기하여 그 개념적 차이를 드러내고자 했다. 마찬가지로 '루스키에'(русские)와 '로시야네'(россияне)는 '러시아인'으로, '루스코스티'(русскость)와 '로시스코스티'(российскость)는 '러시아성'으로, '루시피카치야'(руссификация)와 '라시알리자치야'(расиализация)는 '러시아화'로 통일하여 번역하면서도 러시아어 원문을 병기했다.

냉전의 종식과 함께 역사 무대에 등장한 신생 러시아는 지난 4반세기 동안 급진적 이행을 거듭해왔다. 과도기 또는 이행기로 표상되는 러시아의 체제전환 과정은 이처럼 현재까지도 지난하게 이어지고 있다. 더욱이 탈소비에트 러시아가 체험하고 있는 체제전환의 질적 수준은 단순히 급진적이라는 수식어로 표현하기 어려울 정도로 복잡한 양상을 띠고 있다.

실제로 정도의 차이는 있지만 탈냉전 이후 체제전환을 수행한 구공산주의 진영 소속 국가들은 정치적·경제적 전환과 함께 '국가적 존재양식의 근원적 재규정', 이른바 새로운 '정체성'의 확립을 요구받아왔다. 즉, 러시아를 비롯한 탈공산주의 국가들은 새로운 민족국가 건설 과정에서 예외 없이 정체성의 위기를 겪었으며, 낡은 정체성을 대체할 새로운 정체성의 탐색이라는 과제에 직면했다. 다시 말해서, 탈공산주의 국가들의 체제전환과 이들 국가 간 또는 이들 국가와 주변 국가들 사이의 일련의 상호작용의 핵심에는 민족·종족 문제, 정체성 문제가 자리하고 있다고 할 수 있다.

이 책은 바로 이런 점에서 중요한 의미를 갖는다. 그것은 '정체성 정책'을 러시아를 비롯한 탈공산주의 국가들에서 발생하는 복잡하고 다양한 현상을 이해하기 위한 중요한 매개로 제시하고 있기 때문이다. 또한, 우리는 이 책에서 다뤄지는 여러 사례들이 다종족 사회로 급변해가는 우리나라에게도 적지 않은 시사점을 줄 수 있을 것이 생각하며, 동시에 한국에서 다른 분야에 비해 상대적으로 척박한 이 분야의 학문적 성취를 촉구하는 좋은 지적 자극이 되리라 믿는다.

이 책은 한국외대 러시아연구소 HK(인문한국) 지원사업(NRF-362-2009-1-B00005)의 일환으로 수행된 연구결과임을 밝힌다. 본 지면을 빌어 한국어 번역을 흔쾌히 허락해준 저자 아츠카소프와 지난한 번역 작업 과정에서 지원을 아끼지 않은 강덕수 교수님을 비롯한 한국외대 러시아연구소 동료들께 감사의 인사를 전한다. 더불어, 이 책은 한국외국어대학교 지식출판원 신선호 팀장님과 김민정 선생님의 노고가 없었다면 빛을 볼 수 없었을 것이다. 이 책의 출판을 위해 애쓰신 두 분 선생님께도 깊은 고마움을 전한다.

김민수, 장세호

찾아보기

용어

ㄹ

ㅁ

ㅂ

ㅊ

ㅋ

ㅌ

ㅍ

ㅎ

POLYETHNICITY

인물

ㄱ

ㄴ

ㄷ

ㄹ

ㅁ

ㅅ

ㅇ

ㅌ

ㅍ

ㅎ

탈공산주의
다민족 국가들의 정체성 정책

초판 인쇄 2017년 8월 24일
초판 발행 2017년 8월 31일

지은이 발레리 아츠카소프(Валерий А. Ачкасов)
옮긴이 김민수, 장세호
발행인 김인철
총괄 · 기획 가정준 Director, University Knowledge Press
편집장 신선호 Executive Knowledge Contents Creator
도서편집 김민정 Contents Creator
전자책편집 이리나 e-Contents Creator
재무관리 김은혜 Managing Creator
마케팅 파트장 백승이 Chief Marketing Creator
마케팅 박종원 Marketing Creator
발행처 한국외국어대학교 지식출판원
02450 서울특별시 동대문구 이문로 107
전화 02)2173-2493~7
팩스 02)2173-3363
홈페이지 http://press.hufs.ac.kr
전자우편 press@hufs.ac.kr
출판등록 제6-6호(1969. 4. 30)
디자인 · 편집 (주)이환디앤비 02)2254-4301
인쇄 · 제본 상지사피앤비 031)955-3636

ISBN 979-11-5901-214-3 94920 정가 17,000원
978-89-7464-999-9 (세트)

*잘못된 책은 교환하여 드립니다.

HU:NE은 한국외국어대학교 지식출판원의 어학도서, 사회과학도서, 지역학 도서 Sub Brand이다. 한국외대의 영문명인 HUFS, 현명한 국제전문가 양성(International +Intelligent)의 의미를 담고 있으며, 휴인(携引)의 뜻인 '이끌다, 끌고 나가다'라는 의미처럼 출판계를 이끄는 리더로서, 혁신의 이미지를 담고 있다.